网络与新媒体专业“十二五”规划教材

大数据与新媒体运营

刘 珊 著

中国传媒大学出版社
· 北京 ·

目 录

第一章　从新媒体运营的角度解读大数据

■ **本章要点**

1. 大数据的概念

2. 大数据的特征

3. 大数据与传统数据处理方式的差异

4. 大数据对新媒体产业的改变

第一节　大数据的概念与内涵

一、数据、信息和知识

数据本身是多样化的，既可以来自自然世界，也可以来自人类社会，人们对于数据的定义也有不同的理解。有一种比较通用的理解是，数据是使用约定俗成的关键字，对客观事物的数量、属性、位置及其相互关系进行抽象的表示，从而在这个领域中可以用人工或自然的方式进行保存、传递和处理。维基百科对于“数据”一词的定义是“数据(Data)是载荷或记录信息的按一定规则排列组合的物理符号，可以是数字、文字、图像，也可以是计算机代码”。我们研究、学习“大数据”的基础在于了解“数据”，以及数据对于人类社会发展的重要性。

1990 年，被誉为知识管理“奠基之父”的卡尔一爱立克・斯威比(Karl-Erik Sveiby)出版了著作《知识管理》，这是世界上第一本用“知识管理”一词作书名的专著。这本书对于我们最重要的借鉴是在一定程度上解答了数据与知识之间的关系，也就间接地回答了数据与人类社会发展之间的关系。

在本书中，斯威比认为每时每刻，我们身边都充满了各种各样的数据。但只有将这些杂乱无章的数据转换为信息和知识，才能帮助我们做出明智的选择。数据是我们获得知识，并做出相应决策的重要依据和基础。斯威比构建了一个知识模型（如图1-1），数据、信息、知识、智慧共同构成了一个金字塔结构，而数据正是这个金字塔的底层。

根据这个模型，我们可以得出一个基本的认识：人们对数据的处理，形成了信息，通过信息获得知识，利用知识来做出相应判断，并为各项决定和行为提供参考依据。信息与数据的不同之处在于，信息（Information）是有一定含义的、经过加工处理的、对决策有价值的数据，是人们对数据进行系统组织、整理和分析之后的一些结果，信息是可以用数字化来表示的。

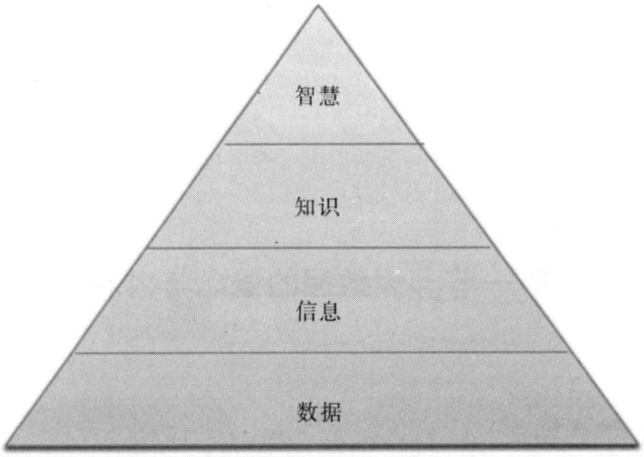

图1-1　卡尔—爱立克·斯威比在《知识管理》一书中提出的知识模型

对信息的接收始于对数据的接收，对信息的获取只能通过对数据背景进行解读。数据背景是接收者针对特定数据的信息准备，即当接收者了解物理符号序列的规律，并知道每个符号和符号组合的指向性目标或含义时，便可以获得一组数据所载荷的信息，即数据转化为信息，可以用公式“数据＋背景＝信息”来表示。所以，虽然在很多情况下，“数据”和“信息”两个词经常被替换使用，但事实上，两者是有区别的：数据是对信息数字化的记录；信息是把数据放置在一定的背景下，对数字进行解释，赋予其意义。但进入信息时代之后，人们趋向把所有存储在计算机上的信息，无论是数字还是音乐、视频、图片，都统称为数据。

正因为数据承载着信息，所以在应用过程中，这些数据就不再仅仅是对客观现象的记录，不是纷繁无序的数值，而是带有特殊意义和价值的。人们通过对这些数据的交换、整合、分析来解释各种现象背后的原因，同时预测事物的发展趋势，这样一来，数据就成了“知识”。可以说，数据正是知识的来源。所以，人类一直对数据处理技术的提升孜孜以求，目的就是掌握更多的数据，更加精确的数据，进行更深的数据挖掘，得到更多的信息和知识。

二、数据处理技术的发展以及大数据的出现

许多学者都曾经对人类数据处理技术的发展进行过整理，例如，苏高编著的《大数据时代的营销与商业分析》对于人们数据处理方法的演进做过这样的表述：“其实早在1890年，就已经开始有处理数据的方法出现。”（见表1-1）

表1-1　《大数据时代的营销与商业分析》中整理的数据处理方法的演进①

时间	事件
1890年	美国统计学家赫尔曼·霍尔瑞斯为了统计这一年的人口普查数据，发明了一台电动器来读取卡片上的数据，该设备让美国用一年时间就完成了原本耗时八年的人口普查活动，由此在全球范围内开创了数据处理的新纪元。
1961年	刚成立9年的美国国家安全局已经是拥有超过1.2万名密码学家的情报机构，在间谍饱和的冷战年代，面对超量信息，该机构开始使用计算机自动收集、处理信号情报，并努力将仓库内挤压的模拟磁盘进行数字化处理。仅1961年7月，该机构就收到了1.7万卷磁带。
2009年5月	美国政府推出data.gov网站，作为政府开放数据计划的部分举措。该网站拥有超过4.45万的数据量集，被用于保证一些网站和智能手机的应用程序获得航班、产品召回，以及特定区域内失业率的信息。这一行动促使从肯尼亚到英国范围内的各国政府相继推出类似举措。
2011年2月	扫描页面信息或4GB磁盘存储，只需几秒即可完成。同时，IBM的沃森计算机系统在智力竞赛节目《危险边缘》中打败了两名人类挑战者，后来《纽约时报》称这一刻为“大数据计算的胜利”。
2011年	英国《自然》杂志曾出版专刊指出，倘若能够更有效地组织和使用大数据，人类将得到更多的机会发展科学技术，这对社会发展有巨大的推动作用。
2012年3月	美国政府报告要求每个联邦机构都有一个“大数据”的策略，作为回应，奥巴马政府宣布了一项耗资两亿美元的大数据研究与发展项目。
2012年7月	美国国务卿希拉里·克林顿宣布了一个名为“数据2X”的公私合营企业，用来收集、统计世界各地的妇女和女童在经济、政治和社会地位方面的信息。

① 苏高.大数据时代的营销与商业分析[M].北京：中国铁道出版社，2014：2.

从技术的角度来看，1970 年，IBM 的研究员埃德加·科德发明了关系型数据库，成为软件发展历史上的一个里程碑，也是大数据处理技术最为原始的起步（如图1-2）。1988 年，为了解决企业的数据继承问题，IBM 公司的两名研究员再次创造性地提出了一个新的术语：数据仓库（Data Warehouse）；1992 年，被称为“数据仓库之父”的比尔·恩门出版了《数据仓库之构建》，将数据仓库定义为：一个面向主题的、集成的、相对稳定的、反映历史变化的数据集合，用于支持管理中的决策制定。① 相对于以保存、查询数据为目的的数据库而言，数据仓库是以数据分析、决策支持为目的来组织、存储数据的。之后拉尔夫·金博尔于 1996 年出版了《数据仓库的工具》一书，在数据仓库的具体构建方法上与比尔·恩门分庭抗礼。在不断的融合发展过程中，数据仓库的理论和技术也不断地得以丰富，到了 2000 年前后，其理论模型和构建方式已经基本成熟，并被运用到了各行各业中。可以说，数据仓库正是对海量数据进行分析的核心物理架构。

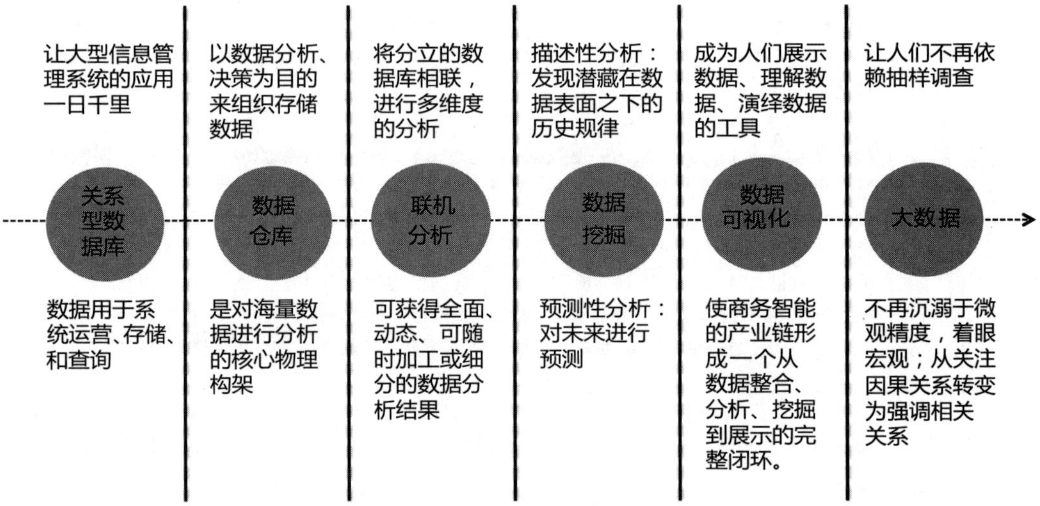

图 1-2　大数据技术的诞生过程

之后，“联机分析”出现，人类开始把分离的数据库相连，进行多维度的分析。于是，以关系型数据库为基础的运营式信息系统出现，用户可以随时创建自己所需要的报表，开发人员只需要预先为用户在后台构建多维的数据立方体。这种联机分析就是对数据仓库中数据信息的一种挖掘与运用操作，而报表则成为关系型数据库时代将数据转化为信息和知识的最主要的手段。如果说联机分析是对数据的一种透视性的探

① 比尔·恩门. 数据仓库[M]. 4 版. 王志海等，译. 北京：机械工业出版社，2005：67.

测，数据挖掘则是对数据进行挖山凿矿式的开采，主要目的是发现潜藏在数据表面之下的历史规律以及对未来进行预测。21 世纪之后，数据可视化成为数据挖掘的另一项结果性要求，通过把复杂的数据转化为直观的图形，并呈现给最普通的用户，使之成为浅显易懂、人皆可用的工具和手段。它的起点是多个独立的关系型数据库，经过数据整合之后形成统一的、多源的数据仓库，再根据用户的需要，重新去除若干数据子集，或构造多维立方体进行联机分析，或进行数据挖掘，发现潜藏的规律和趋势。这些数据处理方法的演进为大数据技术的诞生打下了坚实的基础。

三、大数据的概念及特征

（一）大数据的概念

与大数据的概念同一时期出现的是"非结构化数据"这一名词。相对于结构化数据（即行数据，存储在数据库里，可以用二维表结构来实现逻辑表达的数据）而言，不方便用数据库二维逻辑表来表现的数据即称为非结构化数据，包括所有格式的办公文档、文本、图片、XML、HTML、各类报表、图像和音频/视频信息等。包含这些非结构化数据的复杂数据集合，以及能够处理这些数据的技术，也就是我们通常所说的大数据概念。在表 1-2 中，我们对数据的结构化进程进行了梳理。

表 1-2　数据结构化进程

结构化进程	数据内容	举例
结构化	包括预定义的数据类型、格式和结构的数据	事务性数据和联机分析处理
半结构化	具有可识别的模式，并有可以解析的文本数据文件	自描述和具有定义模式的 XML 数据文件
"准"结构化	具有不规则数据格式的文本数据，通过使用工具可以使之格式化	包含不一致的数据值和格式的网站点击数据
非结构化	没有固定结构的数据，通常将其保存成不同类型的文档	TXT 文本文档、PDF 文档、图像和视频

IDC（Internet Data Center，互联网数据中心）的报告对大数据进行了一个简单的描述：大数据是一个看起来似乎来路不明的大的动态过程，但是实际上，大数据并不是一个新生事物，虽然它确确实实正在走向主流和引起人们广泛的注意。大数据并不是一个实体，而是一个横跨很多 IT 边界的动态活动。全球最大的战略咨询公司麦肯锡

给予了其一个十分明了的定义：大数据是指无法在一定时间内用传统数据库软件工具对其内容进行抓取、管理和处理的数据集合。[①]

（二）大数据的特征

《金融时报》的主编理查德・汤姆金斯在他的一篇名为《时间老人成了可怕的人》的文章中提到，几个世纪前，几乎所有的知识都可以装进几个哲学家的大脑中。而现在这些大脑休想容纳下一天中所产生的信息。这种现象的专业性描述即"Information Explosion"，翻译成中文为"信息爆炸"。据英国学者詹姆斯・马丁统计，人类知识的倍增周期，在19世纪为50年，20世纪前半叶为10年左右，到了70年代，缩短为5年，80年代末几乎已经到了每3年翻一番的程度。为了不被时代抛在后面，人们需要不断地学习，不断接触新的信息和资讯。

有报告说，《纽约时报》一周的信息量即相当于17世纪学者毕生所能接触到的信息量的总合。现在每年全世界会制造出1.5×10的18次方字节的全新资讯，这大约比人类在过去5,000年所制造出来的资讯还要多。我们每天传输的手机短信数量已经超过了全世界的人口总数。今天，英文单词数量大约有54万个，是莎士比亚诞生时的5倍。

自从人类有印刷术以来，过往上千年所有的印刷材料只相当于200PB；而在2011年，全球数据使用量已达到了1.8ZB(1ZB约为1PB的100万倍)。据市场研究公司IDC的统计，全球数字信息在未来几年将呈现惊人增长，预计到2020年，总量将是现在的44倍，全球数据使用量将达到大约35.2ZB(1ZB＝10亿TB)。

从以上这些描述中，我们至少可以感受到大数据的两个基本特征，一个是数据量巨大，另一个是数据类型极为丰富。IBM用"4V"来描述大数据的特点，这也成为目前业界普遍接受的一种说法。

大数据的"4V"包括：Volume，即数据量巨大；Velocity，即数据处理速度非常快；Variety，即数据类型极为多样；Value，即数据价值密度低。（如图1-3）前三者都相对较为容易理解，第四项"数据价值密度低"的含义是，需要对低价值的原始海量数据进行深度挖掘和计算，总结出具备高价值的数据。而大数据处理的目标正是通过数据源收集、数据存储管理、数据分析与挖掘、数据展现与获取等几个步骤，从海量异质数据中挖掘知识。

---

① 苏高.大数据时代的营销与商业分析[M].北京：中国铁道出版社，2014：3.

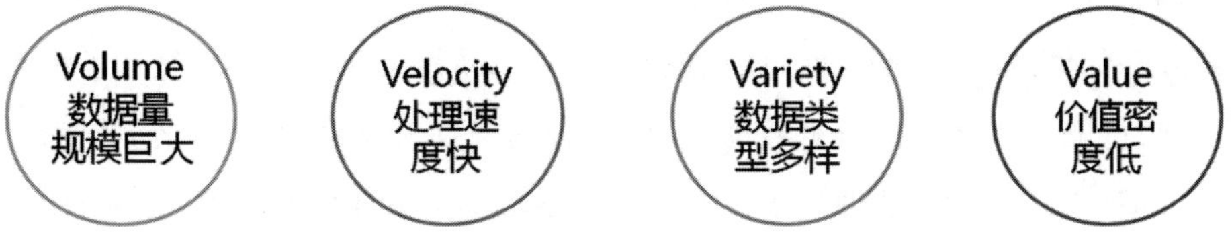

图 1-3　大数据的"4V"特征

(三)大数据技术与传统数据处理方式、理念的不同

虽然大数据技术并非一蹴而就的，而是一个日积月累、逐步发展的过程，但是这个概念真正在全社会范围内广泛流行起来是在 2012 年前后。从技术处理手段上来看，大数据技术对于传统的数据处理来说是一种变革。这种技术上的变革迫使人们改变数据运用的方法与理念，从而与大数据技术相匹配。在《大数据时代》一书中，作者迈尔·舍恩伯格写道："大数据与三个重大的思维转变有关，这三个转变是相互联系和相互作用的。首先，要分析与某事物相关的所有数据，而不是依靠分析少量的数据样本。其次，我们乐于接受数据的纷繁复杂，而不再追求微观领域的绝对精确性。最后，我们的思想发生了转变，不再探求难以捉摸的因果关系，转而关注事物的相关关系。"①

1.用全部数据代替抽样样本

迈尔·舍恩伯格所代表的一派认为，虽然一直以来随机采样这样的统计方式取得了巨大的成功，成为现代社会、现代测量领域的主心骨，"但这只是一条捷径，是在不可收集和分析全部数据情况下的选择，它本身存在许多固有的缺陷。它的成功依赖于采样的绝对随机性，但是实现采样的随机性非常困难。一旦采样过程中存在任何偏见，分析结果就会相去甚远"。所以，在实际的研究当中，一旦人们想通过数据分析来了解目标群体或研究对象更加深层次的细分领域的情况时，随机采样的方法就显得力不从心，其在宏观领域所发挥的积极作用在微观领域显然并不那么奏效。对于这种对比，迈尔·舍恩伯格将其比喻为："随机采样就像是模拟照片打印，远看很不错，但是一旦聚焦某个点，就会变得模糊不清。"

可以说，在人类信息处理能力受限的时代，世界需要数据分析，却缺少用来分析所收集数据的工具，因此随机采样应运而生，它也可以被视为那个时代的产物。如今，计算和制表不再像过去一样困难。感应器、手机导航、网站点击和 Twitter 被动地收集

---

① 维克托·迈尔·舍恩伯格，库克耶.大数据时代[M].盛杨燕，周涛，译.杭州：浙江人民出版社，2013：47-61.

了大量数据，而计算机可以轻易地对这些数据进行处理。采样的目的就是用最少的数据得到最多的信息。然而随着计算机技术的不断发展，人类已经可以通过各种各样的方法，以较低的成本来获得海量数据，抽样调查的意义和优势就被弱化了。面对当下的海量数据，人类的数据处理技术已经有了翻天覆地的变化，因此在数据运用与分析处理方面的方法与理念也理应与之相匹配，不断前进。

舍恩伯格在2010年于《经济学人》上发布的长达14页的对大数据应用的前瞻性研究，文章表示："我们需要足够的数据处理和存储能力，也需要最先进的分析技术。同时，简单廉价的数据收集方法也很重要。过去，这些问题中的任何一个都很棘手。在一个资源有限的时代，要解决这些问题需要付出很高的代价。但是现在，解决这些难题已经变得简单容易得多。曾经只有大公司才能做到的事情，现在绝大部分的公司都可以做到了。"大数据让公司能够实施比以往精确得多的监测，因此，也有人认为：今后再没有必要只根据小范围的数据样本进行推断了，因为现在已经有可能做到分析整个数据集。

"社会科学是被'样本＝总体'撼动得最厉害的学科。随着大数据分析取代了样本分析，社会科学不再单纯依赖于分析实证数据。抽样调查本身所带来的偏差现在已经可以被避免，我们可以收集到过去无法收集的信息，获取新的知识，提出新的观点。"① 对于营销传播来说，也是如此。能够以较为低廉的成本进行数据的搜集，同时用海量数据分析代替小范围数据样本推断，这恰好符合传播平台化的数据要求，无疑给营销调研带来了全新的可能。

2. 不再执着于精确性，而是拥抱混杂性

在阐述大数据的核心特征时，舍恩伯格提到的另一个观点就是大数据要求人们逐渐习惯这样的思维：允许不精确的存在，这是一个亮点而非缺点。因为对于"小数据"而言，最基本、最重要的要求就是减少错误，尽可能地提高精确性，否则在有限的数据信息中，即便是细微的错误也会被放大，甚至影响整个结果的准确性。所以在抽样调查时代的各个学科领域，人们一直致力于优化测量的工具，以期获得更加准确的数据结果。传统的样本分析师们一直研究的是如何避免错误的出现，在收集样本的时候会用一整套的策略来降低错误发生的概率；在结果公布之前，会测试样本是否存在潜在的系统性偏差……这样的人力和物力的投入让抽样调查理念之下的数据研究耗费巨

---

① 维克托·迈尔·舍恩伯格，库克耶. 大数据时代[M]. 盛杨燕，周涛，译. 杭州：浙江人民出版社，2013：46.

大，而且仍然难以保证数据研究的结果与真实情况完全匹配。这也很好地解释了为什么传统营销体系中，测量工具、测量模型、测量方法一直被看得相当重要，难以计数的机构都将精力投入到营销调研的优化研究当中了。

相反，大数据强调的是数据的绝对大量，正因为放宽了容错的标准，人们能够掌握的数据才多了起来，并且可以利用这些数据做更多更新的事情。“虽然我们得到的信息不再那么准确，但收集到的数量庞大的信息让我们放弃严格精确的选择变得更为划算。当然，数据不可能完全错误，但为了了解大致的发展趋势，我们愿意对精确性作出一些让步。”舍恩伯格认为，因为不那么执着于精确，在拥有足够多的数据之后，大数据的简单算法反比小数据的复杂算法更有效；纷繁的数据越多越好，为了更好地进行预测，我们不得不放弃对精确的追求，同时接受可能长期存在的“错误”；为了解决数据存储和分析方法越来越与现实相冲突的矛盾，我们需要设计新的数据库，用以使用大量的非结构性的数据。

所以，当我们运用大数据技术时，不可避免地需要包容错误，放弃传统数据分析时的精确程度要求。小数据虽然能够提供严格的精确性，但是大数据技术让我们可以快速获得一个大概的轮廓和发展的脉络。对于这样的变化，笔者认为在营销领域中应当区分运用两种技术。一方面，对于大部分的需求而言，显然大数据技术可以让营销者迅速地做出预测和进行大致的判断，这种判断和预测是适应大多数情况的，这就立刻切中了营销者希望尽可能把握“大部分”市场需求的心理，可以有效地提升传统营销模型和理论的有效性。另一方面，由于现在的传播是平台化的、互动化的，因此针对小部分群体的精准营销和互动营销仍然需要精确性，这部分需求显然也不应该被放弃，所以全媒体营销模型的构建过程需要在大数据技术的基础上进行调整，或者结合其他方法使用才能够实现。

3. 更重视相关关系而非因果关系

在大数据技术的运用中，相关关系被放在了因果关系之前。舍恩伯格认为，我们只需要知道“是什么”就够了，没必要知道“为什么”。在大数据时代，我们不必非得知道现象背后的原因，而是要让数据自己“发声”。在书中，舍恩伯格列举了亚马逊的案例对这一观点进行说明。决定什么应该出现在亚马逊网站上的，是亚马逊内部书评家写的个人建议和评论，还是由机器生成的个性化推荐和畅销书排行榜？事实上，在权衡之后，亚马逊放弃了在线评论，解散了书评组，其三分之一的销售额都来自于个性化推荐系统。所以，舍恩伯格得出的结论是知道“是什么”可以创造点击率，这种洞察力足以重塑很多行业，不仅仅是电子商务。

大数据技术强调的相关关系可以帮助人们捕捉现在、预测未来。以往的数据研究方法中，通常是研究人员有了想法，然后进行假设，之后用数据来验证这种假设，测试这种想法的可行性。然而大数据使人们理解世界不再需要建立在假设的基础上，用数据驱动的关于大数据的相关关系分析法取代了基于假想的易出错的方法。大数据的相关关系分析更加准确、更快速，而且不容易受到偏见的影响。所以，相关关系分析法基础上的预测成为大数据的核心。

在这里我们看到，大数据技术在“预测”上可以发挥巨大的作用，这对于营销传播来说无疑有着极大的吸引力——我们可以更准确地进行需求的预测。然而，在这个过程中我们也看到，大数据强调“是什么”而不是“为什么”，这正如在互联网上，一切交由数据说话，点击就成了决定一切的指针，所有互联网媒体或机构都以点击为依据，以大多数数据为依据，去构建内容、生成产品、吸引关注，而不再思考背后的原因。对于传播平台上具备短平快特征的虚拟信息产品而言，这种方式是奏效的。但是在现实生活中，这种方式却不适合照搬全抄。诚然，这种相关关系和预测能够有效地帮助生产者去生产适销对路的产品，然而非信息产品的生产与销售是需要周期的，如果不考虑原因，只看到数据的引导，不加以判断，只盲目遵从数据的指引，那么很可能就要不断调整自己的生产方向，而这显然是现实中不可能完成的任务。所以，对于营销传播来说，我们需要了解“是什么”，同时也不能放弃追问“为什么”。

第二节　大数据与新媒体运营之间的关系

一、大数据是新媒体产业链生存发展的基石

《大数据时代的营销与商业分析》一书中有这样一段描述：“一分钟到底会有多少数据产生：Google 收到超过 200 万个搜索查询；Facebook 用户分享 684,478 条内容；Twitter 用户发送超过 10 万条微博；苹果公司收到大约 47,000 个应用下载；Facebook 上的品牌和企业收到 34,722 个赞；Tumblr 博客用户发布 27,778 个新帖子；Instagram 用户分享 36,000 张新照片；Flickr 用户添加 3,125 张新照片；Foursquare 用户执行 2,083 次签到；571 个新网站诞生；WordPress 用户发布 347 篇新博文；电子邮件

用户发送 204,166,677 条信息;消费者在网购上花费 272,070 美元。"[①]类似这样的描述我们可以从多个信息源中捕捉到,而这些说明的正是新媒体与数据之间的紧密关系。

从新媒体产业链的角度来看,数据、大数据已经成为新媒体产业链条上各个环节的发展基石(见表 1-3)。

表 1-3　大数据已经成为新媒体产业链各个环节的发展基石

新媒体机构由数据构成	
Facebook	Facebook 全球用户总数已经超过 22 亿人,每月活跃用户数为 13 亿人。Facebook 平台上每天被发送的消息数量高达 120 亿条,用户每天在 Facebook 上执行搜索命令的次数为 10 亿次,Facebook 每天会采集到 500+TB 的数据。
亚马逊	独立用户数量达到了 2.822 亿,位居全球第一。开放平台上的第三方卖家超过 200 万,采用 FBA 业务的卖家在亚马逊的仓储物流中心预备了超过 100 万件商品。云业务规模在 60 亿美元以上,占全球云业务市场的 27%。
淘宝网	截至 2014 年,淘宝网注册会员超 5 亿人,每天有超过 1.2 亿的活跃用户,在线商品数达到 10 亿件,页面浏览量达到 20 亿规模,每天产生 4 亿条产品讯息,每天活跃数据量已经超过 50TB。
百度	每天处理的数据量将近 100 个 PB,每日处理的来自中国内地的搜索量多达 50 亿次以上。
新型数据服务公司出现	
尼尔森网联	根据机顶盒回传的海量数据,提供百万户级普查以及万户级的海量样本收视行为测量。
艾瑞	拥有基于超过 20 万中国网民样本的网络行为监测数据,覆盖 3,000 多家网站和 1,000多个软件。
Bluefin Labs	提供关于超过 11,000 个电视节目的评论信息,统计的评论信息超过 50 亿条。
GNIP	提供社交网络 API 聚合,通过多个 API 将数据聚合成统一格式,为 Twitter、WordPress、Facebook、YouTube、新浪微博等网站挖掘数据。
新型广告营销公司出现	
易传媒	易传媒大平台的核心引擎是 AdManager,这个由底到顶的广告操作系统,每月覆盖 5.10 亿互联网网民,2.75 亿移动网民,在线调研平均每月投放量达到 20 万份。
聚胜万合	每天 AdViva 都在对超过 4 万个在线电子商务订单提供全程营销观测和效果优化计算,对超过 100 万次网上营销行为提供全程观测和标识,对超过 1 亿次网络广告曝光提供定向判断决策。

① 苏高.大数据时代的营销与商业分析[M].北京:中国铁道出版社,2014:6.

续表

品有互动	通过对 5.7 亿 cookie 人群的分析，创建 3,000 多个人群分析细分标签，实现了按照人群售卖网络广告。
秒针	秒针系统帮助客户积累的数据量超过 3PB，日均处理数据超过 3TB，拥有日均处理 1,000 亿条广告请求的数据处理能力。
亿赞普	云媒体平台覆盖中国 5 亿多互联网用户和 5,000 万 3G 移动用户，与国内外运营商合作，完成了数十个国家的云媒体平台覆盖，每天处理的数据流量超过 100T。

(一)新媒体机构的本源是数据

正如上文所述，新媒体机构在每天的正常运营中会诞生大量的数据，这些数据既包括结构化数据也包括非结构化数据，这些数据也成为新媒体机构的重要资产。例如，谷歌、Facebook、亚马逊这三家互联网巨头，积累了不同的数据资产。谷歌为全世界的公开网页建立了最为庞大的索引数据库；Facebook 拥有的社交网络，使其积累了全世界最为庞大的人际关系数据库；亚马逊网站上沉淀了大量的商品信息，使其成为互联网上最为庞大的商品数据库。不同的数据资产，决定它们不同的战略选择和商业模式。苏高在书中评论道："拥有独一无二的数据资产的公司，将会获得难以置信的发展速度，发展出令人叹为观止的商业模式。事实上，它们具备了颠覆、冲击其他行业的压倒性优势。上述三家互联网巨头甚至要比 IBM、微软等传统的科技巨头更了解用户需要什么，并可以引领产业的发展方向。"

在表 1-3 中，我们对目前的几家典型新媒体机构每天所产生的数据量进行了展示，从这张表格中我们也能看出，这些媒体机构与用户之间的所有互动本质上都是数据。当我们每个人在使用媒体时，所有行为都会留下痕迹，包括我们的每一次选择、每一个点击、每一句评论、每一次上传……这些痕迹都可以利用技术手段转化为数据被记录下来。从这些数据中，新媒体可以解读出关于我们的各种各样的信息，猜测我们的年龄、性别、受教育程度、所在地，分析我们的兴趣与爱好、潜在与显在需求、消费能力等。根据这些信息，媒体机构可以对自身的内容、产品、用户服务、营销手段进行相应的调整，从而更加贴近受众的需求，更好地提升盈利能力；也可以根据这些数据形成新的信息产品，提供给相关的使用者。

(二)基于网络与新媒体环境的数据服务机构出现

数据与新媒体产业链之间相互作用的另一个表现在于越来越多的基于新媒体传

播环境、新媒体渠道和需求的数据服务机构开始出现。事实上，为了更好地测量、评估、优化媒体传播效果，数据服务机构一直是媒体产业链中的重要一环。在传统媒体占主体的传播环境中，以 CSM、CTR、赛立信等为代表的数据监测与服务机构发挥了极为重要的“第三方”作用。

所以，当以互联网为代表的新媒体形式日渐成熟，信息传播的方式和方法都发生巨大变化之后，新型的数据服务需求出现，这一市场也逐步成长、成熟。在这个过程中，一批专业性较强的数据服务机构开始出现。例如，尼尔森网联的成长伊始是一家服务于数字电视运营的收视数据提供商，可以从机顶盒回传的海量数据里，提供百万户级普查以及万户级的海量样本收视行为测量。艾瑞网是中国较早成立的一家专注于互联网受众研究的咨询机构，目前拥有基于超过 20 万中国网民样本的网络行为监测数据，覆盖 3,000 多家网站和 1,000 多个软件，并且将自身的业务延展到电子商务、移动互联网、网络游戏、网络广告、网络营销等行业中，为互联网中管理、营销及市场运营人士提供丰富的产业数据。在国外，创立于 2008 年的 Gnip 是 Twitter 的第一家数据收集合作伙伴，该公司的服务可以收集 Twitter 用户公开发布的推文，将它们编译成可利用的数据集，然后提供给全球各地的企业用户使用，这些数据有时会被用于搜索，有时则是企业制定广告策略时的依据。

（三）新型广告营销机构出现

当新媒体技术改变了整个传播环境和媒体环境，催生了新的媒体类型，构建了新的媒体传播秩序之后，基于新媒体的营销传播需求也自然会出现。此时，一方面传统的广告营销机构在业务层面会出现新的调整和拓展；另一方面，新媒体的产业链条中也会诞生新型的广告营销机构；而且，基于媒体传播的广告营销产业也会发生巨大的变化，实时竞价广告技术（Real Time Bidding 简称 RTB）及其生态系统的出现与成熟就是典型代表。

在表 1-3 中，我们列出了部分较为典型的新型广告营销机构代表。例如，2006 年年底成立的秒针系统（Miao Zhen Systems）是中国领先的第三方大数据营销技术公司，公司全称北京秒针信息咨询有限公司，是一家应用云计算、云存储和人工智能技术对数字化广告进行评估的创新型企业，也是中国第一家以目标受众为核心的数字广告效果评估企业。公司日均处理数据超过 3TB，拥有日均处理 1,000 亿广告请求的数据处理能力，累计存储、处理数据超过 3PB。

2007 年成立的易传媒（AdChina）拥有自己的广告网络（又称数字媒体整合平台）、

网络公关平台、电子商务平台和社交网络平台，为品牌主和代理公司提供数字营销解决方案，包括品牌推广、口碑营销和在线销售等一系列产品和服务。2015 年 1 月 13 日，易传媒集团宣布，阿里巴巴集团将战略投资并控股易传媒。未来，易传媒仍保持独立运营，与阿里巴巴集团旗下的营销推广平台阿里妈妈一起，推动数字营销程序化在中国的发展，并逐步实现大数据营销能力的普及化。

亿赞普集团成立于 2008 年，是全球领先的互联网跨境贸易及大数据应用公司，是我国唯一在海外(89 个国家和地区)部署有大数据平台的公司，其云媒体平台覆盖中国 5 亿多互联网用户和 5,000 万 3G 移动用户，与国内外运营商合作，完成了数十个国家的覆盖，每天处理的数据流量超过 100T。

聚胜万合(MediaV)创建于 2009 年初，是一家从事精准营销及数字营销的专业广告技术和服务机构。已经投入商业应用的互联网广告平台 AdViva，集成了广告资源管理、广告投放控制、广告效果分析、网页效果分析等互联网营销及广告作业功能。并与搜索关键词营销工具、电子商务处理平台、文本及语义分析工具、消费者研究工具等多种主流业务平台整合，成为广告主、广告公司进行高效互联网广告管理的支持平台。每天 AdViva 都在对超过 4 万个在线电子商务订单提供全程营销观测和效果优化计算，对超过 100 万次网上营销行为提供全程观测和标识，对超过 1 亿次网络广告曝光提供定向判断决策。

案例：亚马逊的数据运用

凭借在线图书销售起家的亚马逊在 20 年的发展中已经成为全球商品品种最多的网上零售商和全球第二大互联网企业，在公司名下，也包括了 Alexa Internet、A9、Lab126 和互联网电影数据库(Internet Movie Database，IMDB)等子公司。在公司运营过程中，亚马逊积累了大量的数据资源，每个重要决定也都是以数据为参考的，比如开设新的仓储中心，进入新的业务领域，通过用数学模型来计算规模以及控制成本等，数据化运营已经成为亚马逊每项业务开展的基础(如图 1-4)。

亚马逊的 Amazon Web Services(AWS)于 2006 年推出，以 Web 服务的形式向企业提供 IT 基础设施服务，现在通常称为云计算。其主要优势是能够以根据业务发展来扩展的较低可变成本替代前期的基础设施费用。亚马逊 AWS 所提供的服务包括：亚马逊弹性计算网云(Amazon EC2)、亚马逊简单储存服务(Amazon S3)、亚马逊简单数据库(Amazon SimpleDB)、亚马逊简单队列服务(Amazon Simple Queue Service)以及亚马逊云端服务(Amazon CloudFront)等。根据其页面介绍，AWS 已经为全球 190

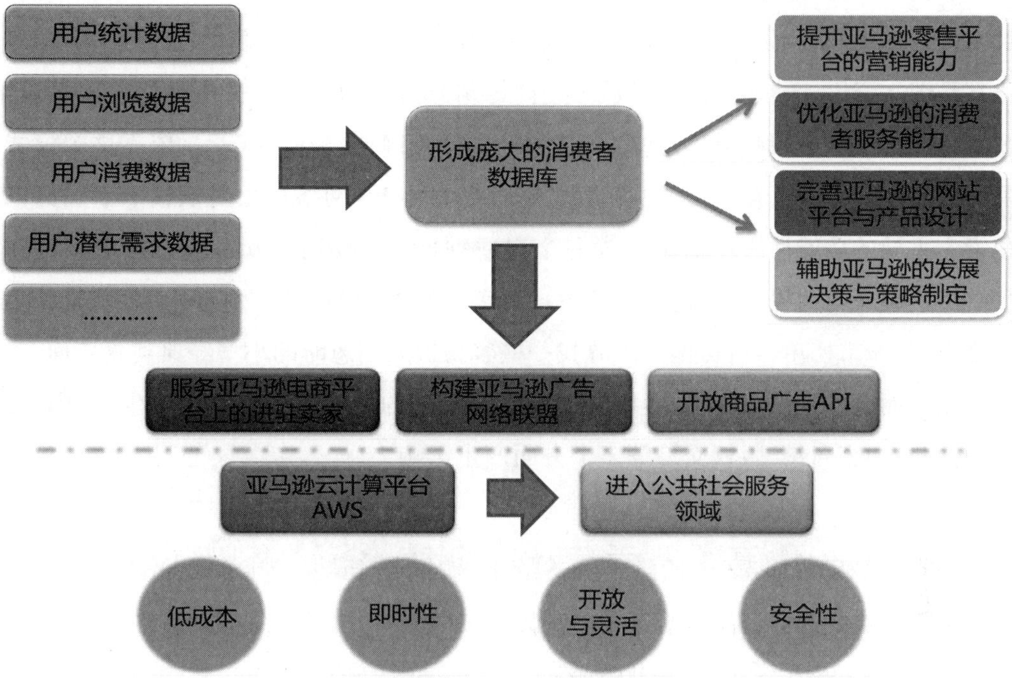

图 1-4　亚马逊的数据战略

个国家/地区内成百上千家企业提供了支持。其数据中心位于美国、欧洲、巴西、新加坡和日本。基于大数据，亚马逊所提供的云业务规模已经达到 25 亿美元左右，占整个美国云业务市场的 12.5%。

二、大数据改变了新媒体的内容运营模式

谈论大数据改变新媒体内容运营模式时，一个非常著名的案例是由奈飞公司(Netflix)出品的政治题材电视剧《纸牌屋》。该剧第一季于 2013 年 2 月 1 日在 Netflix 网站上全球同步首播，之后引起了全球范围内的追剧热潮。作为出品方，奈飞公司将这部剧获得成功的其中一个原因归结于大数据的运用。早在 2012 年，Netflix 的数据科学家就在一个有关大数据分析的会议上介绍说，公司分析了用户每天超过 3,000万条播放记录，包括用户在何时、何地、何种设备上观看什么内容，用户给节目添加的“恐怖”“必看”等个性标签；并在记录暂停、倒退、快进、评分、搜索的同时，进行大量截图，试图分析用户在音量、画面色彩甚至场景选取上的喜好。Netflix 公司通过对这些数据的积累和分析，以及在拍摄前对订阅用户们的观影数据和操作习惯的分析，保证其首部原创剧集可以较为精确地命中最大量的潜在观众。

事实上，在我国，同样有不少新媒体机构通过大数据来进行内容运营。例如，依托百度搜索的大数据，爱奇艺发现每天有很多网民在网络上搜索菜谱，但搜索结果大部分都是图文资讯，于是爱奇艺打造了《美食每刻》这档自制栏目，将最经常被搜索的菜肴的制作方法做成视频节目，并由百度搜索进行关键词关联和推荐。依靠这个模式，爱奇艺实现了300%至400%的业绩增长。随着用户对网络视频的依赖不断加深，以搜索为主导的功能性视频需求成为一个崭新领域。只要用户和客户有需求，对应的“种子”就会应运而生，并迅速传播开去。继美食烹饪节目之后，爱奇艺“蒲公英计划”又推出了《城市榜单》，节目偏向于寻找一些容易被人们忽略的小型经典美食店面。

总体而言，大数据技术的运用对于新媒体机构的内容运营会从内容生产、内容编排与推荐、内容营销、版权交易等多个方面产生影响。

三、大数据可以直接形成新媒体的产品，带来全新的商业模式

大数据对于新媒体的另一项重要影响在于，只要利用得当，数据可以直接形成新的产品，从而为媒体机构带来新的盈利点，甚至创造全新的商业模式。

2015年8月21日，阿里云总裁王文斌在接受媒体采访时表示，对于企业IT建设来说，最关键的是数据，不同于传统时代数据被视为应用的“副产品”，目前数据已经成为企业的核心生产力，成为驱动应用创新和商业变革的重要力量，人们的生活也会因此发生质的改变。淘宝在2012年前后就曾经对外公布过未来发展的战略，并表示自身将转型成为数据服务商，将大数据视为未来发展的重要支撑。通过电商平台的运营，淘宝采集和存储了海量的交易数据，自建云存储系统Ocean Base，实现数据的产品化，从而实现从交易平台到“生态圈”基础服务提供商的角色转变，完成由平台销售向数据销售的盈利模式的转变。淘宝网在海量数据库与大数据处理技术的基础上，通过专业的海量数据挖掘，开发了面向进驻商家的多项数据产品。如“数据魔方”，专业版收取费用3,600元/年，可提供淘宝平台的行业趋势和规模，分析买家行为数据，提供热销榜单、搜索分析，以及帮助店铺分析访客行为等功能。

在图1-5和表1-4中，我们对淘宝的数据战略，以及部分数据产品进行了简单的归纳。

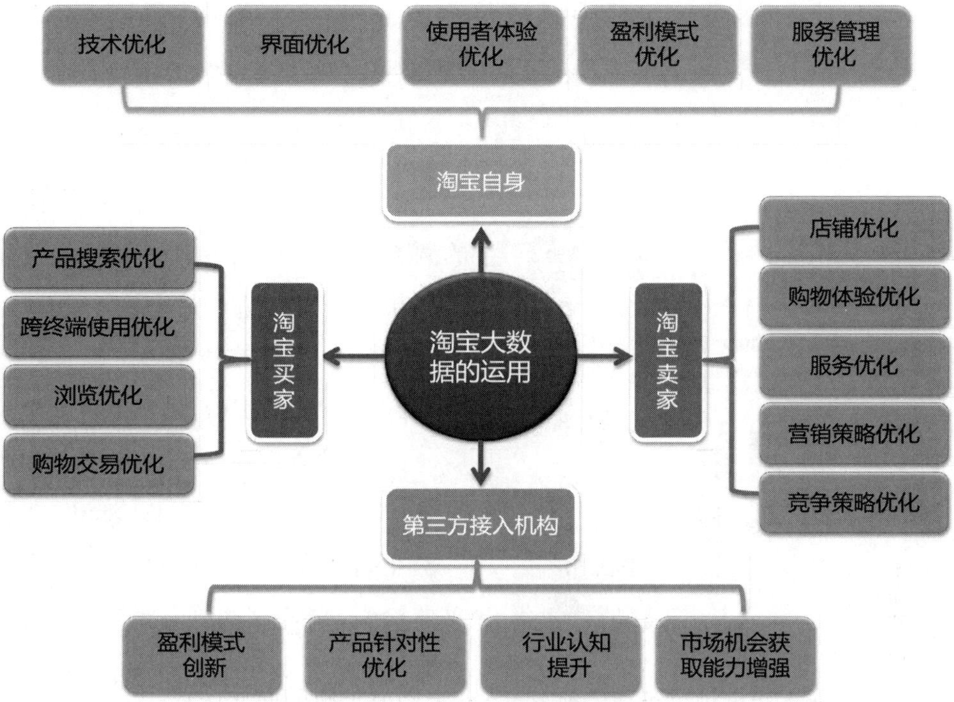

图 1-5　淘宝大数据运用架构

表 1-4　第三方可通过淘宝开放的数据平台开发的数据产品及工具

<table>
<tr><td rowspan="6">可以为非淘宝的其他电商网店提供数据产品及软件</td><td colspan="2">高度定制化营销推广工具</td></tr>
<tr><td colspan="2">客户管理系统</td></tr>
<tr><td colspan="2">精准营销工具</td></tr>
<tr><td colspan="2">商品管理工具</td></tr>
<tr><td colspan="2">统计分析工具</td></tr>
<tr><td colspan="2">交易管理工具</td></tr>
<tr><td rowspan="3">可以为各类网站及社区提供社会化电商解决方案</td><td>社区内店铺展示插件及商品展示插件</td><td rowspan="3">可实现社区网页站长佣金及销售分成的盈利模式</td></tr>
<tr><td>淘宝客 API 与论坛内容、会员系统结合的插件</td></tr>
<tr><td>在网页游戏中引入的植入性插件</td></tr>
<tr><td rowspan="3">可以为卖家提供各类工具</td><td>为旺铺开发插件盈利模式</td><td>可实现插件分成</td></tr>
<tr><td>自行开发售卖盈利模式</td><td>软件销售，如论坛店主商品 Flash 展示插件、超级店长、淘模板、金牌掌柜、网店专有域名、光华计数器、光华图片空间等</td></tr>
<tr><td colspan="2">大商家工具定制化的后台管理工具、桌面端的 ERP 管理工具</td></tr>
</table>

续表

可以为消费者提供各类工具	淘宝物流查询工具产品，如“淘快递”
	跨平台淘宝购物工具开发
	买方购物体验提升工具

图 1-6　软件 Shopycat 页面截图

在海外，利用数据开发新的媒体产品的例子也非常多。例如，沃尔玛此前设计了一款基于 Facebook 的小软件，用以挖掘用户数据，并促进在线销售。该软件名为“Shopycat”(如图 1-6)，用户下载并授权之后，软件将检查用户在 Facebook 上的朋友清单，以及他们的兴趣爱好、活动，并创建一份礼品建议清单。用户可通过姓名或兴趣检索，浏览这些推荐的项目，通过点击即可购买礼物。比如，Shopycat 会通知用户，朋友 Joe 不断地发表关于 Red Sox 棒球队的评论，这就表明他是该队的球迷。同时，Shopycat 也分析“喜好”与“分享”等类信息，以判断目标用户的爱好，并推荐相应的礼物，诸如《哈利 · 波特》、跑步健身、“愤怒的小鸟”、瑜伽健美及为人父母等。此外，用户还可以通过大范围搜索，找到一个令人心动，但又不十分昂贵的礼物。Shopycat 在海量产品类别中匹配用户的兴趣，包括沃尔玛网店、沃尔玛零售店，合作网站包括 B&N、RedEnvelope、ThinkGeek 及 Hot Topic 等。沃尔玛深知，不可能拥有所有潜在的最佳备选礼品，因此联合了其他零售商共同参与此项计划。

四、大数据可以帮助新媒体有效地提升用户体验

对于新媒体来说，用户体验至关重要。很多时候，产品使用体验会直接决定用户对于新媒体产品的评价，进而影响到新媒体机构的运营与发展。在这个方面，大数据同样可以产生较为明显的影响。以互联网产品为例，目前业界普遍认为，较为优秀的供用户体验的产品应该具备三个基本原则，即简单(Simple)、迭代(Iteration)、微创新

(Micro-innovation),而大数据可以从这三个方面帮助新媒体更好地提升用户体验。

通过大数据,我们可以监测一个产品是否足够简单,我们可以基于大数据构建很多的用户体验监测模型。如用户行为的漏斗模型,我们可以把用户使用产品的关键触点(Touch Point)定义出来,监测每个触点之间的转化率。如电商购物,用户进入首页、查看产品详情、把产品放到购物车、购买以及支付等是用户的关键触点,通过监控各环节之间的转化率以及从最开始的接触点到最终的接触点的转化率来衡量产品的体验是否做得足够好,足够简单。我们相信,用户完成一个产品操作任务所用的步骤越少,转化率相对就越高。

通过大数据的手段,我们可以帮助产品更好地、更快速地迭代,以提升效果。亚马逊就非常善于利用 A/B 测试方法进行实时改善。A/B 测试简单来说,就是为同一个目标制订两个方案或版本(比如两个页面),让一部分用户使用 A 方案,另一部分用户使用 B 方案,通过及时地统计使用效果数据,如点击率等,看哪个方案更符合设计目标。Google 很多新的产品上线或者功能优化上线前也都会进行 A/B 测试。对于常规的 A/B 测试,同一个目标一般要做两种方案,很多互联网公司为了简化流程,一般只做一种方案,进行灰度上线(即只抽取一小部分用户进行产品发布)以后,再通过大数据实时监测,对比这个效果和之前版本的效果,如果效果不如之前的版本,新版本就放弃正式发布。

通过大数据的手段也可以帮助产品实现微创新的效果。360 公司的董事长周鸿祎说过,口碑是衡量创新的标准,因为给用户带来强烈体验的东西一定能形成口碑。通过大数据可以及时监测产品的口碑。通过大数据爬虫的手段,我们一方面可以抓取产品在互联网上的评价,如抓取微博、论坛、电商评论等,通过自然语言处理的手段和语义分析,对评论等非结构数据进行处理和挖掘,计算产品的推荐度,实时掌握产品的口碑情况;另一方面,我们也可以通过大数据的手段,实时发现产品问题点,这样会有利于产品的改进。很多大型的产品导向型互联网企业,都会要求若 1 小时内有 3 人同时反映一个问题,就定义为 Bug,必须在 24 小时内解决。基于大数据的手段对于产品问题的及时发现和定位非常有帮助。

五、大数据颠覆了传统的基于媒体的营销体系

在广告营销体系当中,媒体一直发挥着必不可少的作用。然而大数据技术的不断发展与成熟几乎颠覆了原本基于传统媒体的营销体系。在新媒体的发展过程中,一套

全新的营销体系被逐步建立起来。

从广告营销的流程上来说，大数据对这个体系的改变较为明显地体现在四个方面。第一是消费者洞察方面。在这个领域，大数据技术的运用可以帮助我们更好地进行深度的消费者洞察，帮助广告营销机构实现受众碎片化之后的数据重聚，并在这个过程中更加精准地把握消费者的需求。第二是制定传播策略方面。一直以来，传播策略都是基于数据参考而制定的，而大数据技术给了人们海量的数据与更加先进的数据搜集、处理、分析手段，可以有效地缩短广告营销的沟通距离，提供决策支持；可以实现从原本的媒体购买转变为受众购买；可以帮助企业构建长期稳固的品牌关系；可以实现实时可控的传播过程。第三是创意策划方面。在传统的广告营销体系之中，创意是广告的核心环节，也是一项极为依赖“人脑”的工作。但是大数据可以充分挖掘数据的价值，可以更好地利用目标消费者的信息，从而将数据转变成创意。这样一来，广告代理机构的传统作业模式就被打破和颠覆了。第四是效果评估方面。对广告营销信息传播的效果进行评估，是传统广告营销机构以及广告主都极为关注的，而大数据可以帮助我们实现从效果评估到未来预测的改变，可以实时追踪传播效果，可以加入更多的评估指标与评估方法，完善广告营销的效果监测工作。

2013年，两家调研公司Infogroup和YesMail的调查就已经显示，在全球范围内，市场营销将加大在大数据及有关人才方面的投入。在被调查的企业机构中，有68%的营销人员预计，和数据相关的投入将“部分或极大地”提高，仅有3%的人认为这一数字将降低。

在实际的营销案例中，利用大数据进行创新也非常常见。例如，金霸王为旗下的充电宝产品投放的视频广告创意灵感就来自于消费者在社交网站上的各种评论与意见。在三星的一支对比广告中，所有关于苹果产品的负面评价全都来自于对消费者在社交网站“吐槽”的文本的分析、整理、归纳及筛选。在兰蔻全球页面上（如图1-7），此前是搜索导购在右侧，广告在左侧。根据大数据推算的结果显示，将导购移到左侧会更契合受众的使用习惯。按此修改之后，兰蔻在不增加广告投放预算的前提下，在线预算收入提高了300%。通过数据分析可以真正有效地改善用户体验和网络广告的投放，提升传播与营销效果。

六、大型数据中心的建设成为新媒体机构的重要战略发展规划

大数据对于新媒体产业发展的另一项重要影响就在于，越来越多的新媒体机构已

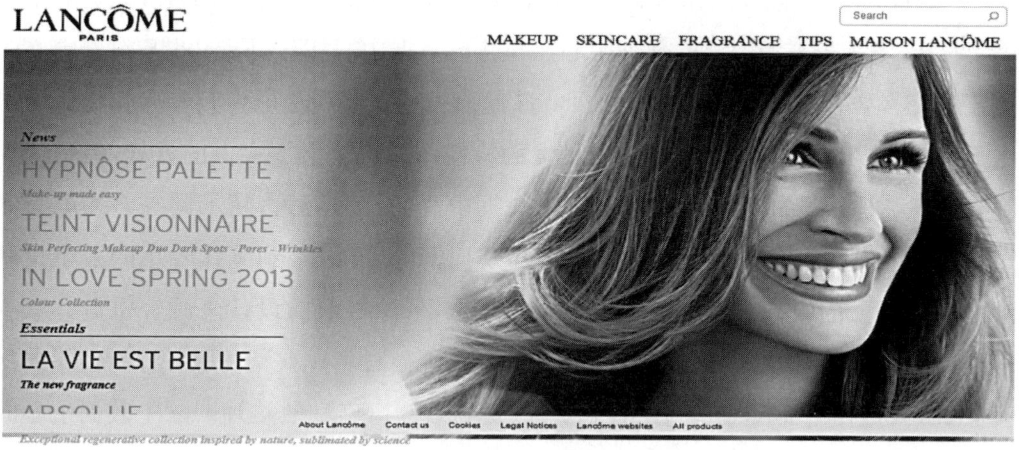

图 1-7　兰蔻全球官网首页

经意识到了大数据对于自身发展的重要性，也因而将更多的花费投入到大型数据中心的建设上。

例如，谷歌的数据中心已经有遍布全球的趋势，成为新媒体机构在数据中心建设方面的楷模。例如，图 1-8 中，爱荷华州康瑟尔布拉夫斯这个巨大的天线为谷歌光纤(Google Fiber)接收信号，谷歌光纤是该公司新组建的一个部门，旨在把光纤接入到全球各地的居民家中。用户通过谷歌光纤的电视服务可收看数以百计的电视频道，这些天线也是电视频道的主要信号来源。

图 1-8　爱荷华州康瑟尔布拉夫斯的谷歌光纤接收器

Facebook 位于俄勒冈州普林维尔(Prineville)的数据中心(如图 1-9),耗资上千万美元打造,属于未来派的节能数据中心。与普通数据中心相比,Facebook 数据中心的能效高 38%,建造成本低 24%。Facebook 此前一直在加利福尼亚州和弗吉尼亚州租用第三方机构的空间,利用数据中心批发的特性作为快速增加容量的方式,但是这种服务器环境是不同的。Facebook 定制了数据中心的许多元素,从不同寻常的电力输送系统(电压是 277V 而不是传统的 208V,从而消除了降压)到制作专用的最小化硬件。Facebook 的服务器高度略微超过 6.7 厘米,采用精简的设计来减轻重量并减少材料消耗:没有喷漆、徽标、贴纸,也没有前面板,硬件材料比典型的服务器所使用的材料少 22%;选择更大尺寸是为了容纳更大、更高效的风扇和散热片。除了数据中心的基础设施之外,Facebook 在保密性方面也采用了与众不同的做法。Facebook 没有将普林维尔数据中心的技术细节视为专有信息,而是将它们公开,通过其开放项目对外提供服务器、机柜、电气以及机械方面的规范。

图 1-9 Facebook 位于俄勒冈州普林维尔的数据中心的外景

IBM 则斥资 3.62 亿美元在三角研究园(Research Triangle Park,如图 1-10)兴建了为 IBM 全球用户提供服务的数据中心。该数据中心占地 5,000 多平方米,可扩建至 9,000 多平方米。IBM 表示,该数据中心的能耗为同等规模数据中心的一半。该数据中心建在三角研究园的一座现有建筑内,而且对材料进行了尽可能多的回收利用。目前,将应用软件托管在该数据中心的用户包括北卡罗来纳中央大学、北卡罗来纳州立大学以及美国高尔夫协会和IBM的官方网站。早在2008年11月，IBM就宣布将在美国北卡罗来纳州的三角研究园投资3.6亿美元，创建一座新的数据中心，旨在为企业机构和大学研究者提供云计算服务。IBM在全球范围内共有450个数据中心，在三角研究园内的员工总数约为1万名。

图1-10　IBM位于三角研究园的数据中心

本章思考题

1. 与传统数据处理方法相比，大数据技术的特点是什么？
2. 大数据从哪些方面影响着新媒体产业？

第二章 新媒体运营的数据处理体系

■ **本章要点**

1. 新媒体数据体系构建的基本要素与过程
2. 新媒体机构大数据获取的基本方法
3. 新媒体机构大数据的整理与筛选
4. 新媒体机构的数据挖掘与数据分析

第一节 新媒体数据体系构建的基本过程

一、新媒体数据体系构建的基本要素

在新媒体机构的运营过程中,如果要充分地使用大数据技术,首先就应当具备一套比较完善的数据挖掘体系。一般来说,新媒体机构数据挖掘体系的建设可以从使用者的视角来审视,从四个基本环节来实现。

(一)数据库与数据处理体系构建的三个阶段

从使用者的视角来筹建数据体系,主要是指数据的获取可以划分为使用前、使用中和使用后三个阶段。

第一个阶段是在用户使用媒体产品之前,新媒体机构可以通过对目标用户的充分研究获得一定的用户数据,从而更好地了解用户、服务用户;同时,可以通过对现有的市场发展环境进行调研,获得行业发展数据以及竞争对手数据,从而更好地了解自身

所处的行业发展情况以及竞争情况；此外，还可以通过对各类合作机构进行调研，获得相关的数据，了解合作机构对自身的预期与要求，更好地促进自身的运营。

第二个阶段是用户使用媒体产品过程中留下的相关数据，包括用户在使用媒体产品时的各种行为记录，从而熟悉用户的媒体使用习惯及特征；用户针对媒体产品产生的一些反馈信息，这是用户主动留下的数据信息，可以有效地转化为新媒体产品与优化服务的参考依据；用户在使用其他媒体产品时相关的、可获得的数据同样可以作为自身产品与服务设计的重要参考。

第三个阶段是用户使用媒体产品后的数据，包括用户对媒体产品的态度与评价信息，针对用户的营销传播活动有效性判断的数据信息，与竞争对手进行比较的数据信息，来自合作伙伴的反馈数据信息，等等。

(二)数据库与数据处理体系构建的四个步骤

从数据处理体系的构建环节来看，一般可以分为采集，导入和预处理，统计和分析，挖掘四个基本步骤。

大数据的采集是指利用多个数据库来接收发自客户端的数据，并且用户可以通过这些数据库来进行简单的查询和处理工作。比如，电商会使用传统的关系型数据库MySQL① 和 Oracle② 等来存储每一笔数据，除此之外，Redis③ 和 MongoDB④ 这样的NoSQL(关系型数据库)数据也常用于数据的采集。在大数据的采集过程中，其主要特点和挑战是并发数高(指网站在同一时间访问的人数，人数越多，瞬间带宽要求越高)，因为同时可能会有成千上万的用户在访问和操作，比如火车售票网站和淘宝，它

---

① MySQL 是一个关系型数据库管理系统，由瑞典 MySQL AB 公司开发，目前属于 Oracle 旗下公司。MySQL 是最流行的关系型数据库管理系统，也是在 Web 应用方面最好的软件之一。MySQL 也是一种关联数据库管理系统，关联数据库将数据保存在不同的表中，而不是将所有数据放在一个大仓库内，这样就加快了速度并提高了灵活性。MySQL 所使用的 SQL 语言是访问数据库的最常用的标准化语言。MySQL 软件采用了双授权政策，它分为社区版和商业版，由于其体积小、速度快、成本相对较低，尤其是开放源码这一特点，一般中小型网站都选择 MySQL 作为网站数据库。

② Oracle Database，又名 Oracle RDBMS，或简称 Oracle，是甲骨文公司的一款关系型数据库管理系统。它是在数据库领域一直处于领先地位的产品。可以说 Oracle 数据库系统是目前世界上流行的关系型数据库管理系统，系统可移植性好、使用方便、功能强，适用于各类大、中、小、微机环境。它是一种高效率的、可靠性好的、适应高吞吐量的数据库解决方案。

③ Redis 是开源的一个使用 ANSI C 语言编写、支持网络、可基于内存也可持久化的日志型、可用于 Key-Value 数据库、可提供多种语言的 API。

④ Mongo DB 是目前在 IT 行业非常流行的一种非关系型数据库，其灵活的数据存储方式备受当前 IT 从业人员的青睐。Mongo DB 很好地实现了面向对象的思想，在 Mongo DB 中每一条记录都是一个 Document 对象。Mongo DB 最大的优势在于所有的数据持久操作都无须开发人员手动编写 SQL 语句，直接调用方法就可以轻松地实现 CRUD 操作。

们并发的访问量在峰值时可以达到上百万或上千万，所以需要在采集端部署大量数据库才能支撑网站正常运行。如何在这些数据库之间进行负载均衡（Load Balance，即将操作分摊到多个操作单元上进行）和分片（互联网协议允许 IP 分片，这样的话，当数据包比链路最大传输单元大时，就可以被分解为足够多的小片段，以便能够在其上进行传输），的确是需要深入思考和设计的。

虽然采集端本身会有很多数据库，也会有不同的数据类型，但是如果要对这些海量数据进行有效的分析，就应该将这些来自前端的数据导入到一个集中的大型分布式数据库①中，或者分布式存储集群②中，并且可以在导入基础上做一些简单的清洗和预处理工作。也有一些用户会在导入时使用 Twitter 的 Storm③ 来对数据进行流失计算，以满足部分业务的实时计算需求。导入与预处理过程的特点和挑战主要是导入的数据量极大，每秒钟的导入量经常会达到百兆级别，甚至是千兆级别。

大数据的统计和分析阶段，主要是利用分布式数据库，或者分布式计算机群来对存储于其内的海量数据进行普通的分析和分类汇总等，以满足大多数常见的分析需求。在这方面，一些实时性需求会用到 EMC 的 GreenPlum④、Oracle 的 Exadata⑤，以及基于 MySQL 的列式存储 Infobright⑥ 等，而一些批处理，或者基于半结构化数据的需求可以使用 Hadoop⑦。统计与分析这部分的主要特点和挑战是分析所涉及的数据量是否会极大地占用系统资源，特别是 I/O。

与前面统计和分析过程不同的是，数据挖掘一般没有什么预先设定好的主题，主要是在现有数据上面进行基于各种算法的计算，从而起到预测的效果，并实现一些高

---

① 分布式数据库系统通常使用较小的计算机系统，每台计算机可单独放在一个地方，每台计算机中都可能有 DBMS 的一份完整拷贝副本，或者部分拷贝副本，并具有自己局部的数据库，位于不同地点的许多计算机通过网络互相连接，共同组成一个完整的、全局的、逻辑上集中的、物理上分布的大型数据库。

② 集群存储是将多台存储设备中的存储空间聚合成一个能够给应用服务器提供统一访问接口和管理界面的存储池，通过该访问接口透明地访问和利用所有存储设备上的磁盘，可以提高存储设备的性能和磁盘利用率。数据将会按照一定的规则从多台存储设备上存储和读取，以获得更高的并发访问性能。

③ Storm 是由 BackType 开发的实时处理系统，BackType 现在已在 Twitter 麾下，Storm 可以方便地在一个计算机集群中编写与扩展复杂的实时计算，保证每个消息都会得到处理。在一个小集群中，Storm 每秒可以处理数以百万计的消息。

④ Greenplum 总部位于美国加利福尼亚州，为全球大型企业用户提供新型企业级数据，后被 EMC 公司收购，整合到 EMC 云计算战略中。

⑤ Oracle Exadata 是核心由 Database Machine（数据库服务器）与 Exadata Storage Server（存储服务器）组成的一体机硬件平台。

⑥ Infobright 是开源的 MySQL 数据仓库解决方案，引入了列存储方案，拥有高强度的数据压缩、优化的统计计算，Infobright 主要实现的就是一个存储引擎。

⑦ Hadoop 是由 Apache 基金会开发的一个分布式系统基础架构。用户可以在不了解分布式底层细节的情况下开发分布式程序，充分利用集群的威力进行高速运算和存储。

级别数据分析的需求。比较典型的算法有用于聚类的 K-means①、用户统计学习的 SVM(Support Vector Machine,是一个有监督的学习模型,通常用来进行模式识别、分类以及回归分析)和用于分类的 Naive Bayes(朴素贝叶斯法,是基于贝叶斯定理与特征条件独立假设的分类方法),主要使用的工具有 Hadoop 的 Mahout② 等。该过程的特点和挑战主要是用于数据挖掘的算法很复杂,并且计算所涉及的数据量和计算量都很大,常用数据挖掘算法都以单线程为主。在此,我们不做过多涉及。

整个大数据处理的普遍流程至少应该完成这四个方面的步骤才算得上是一个比较完整的大数据处理。

二、新媒体机构大数据获取的基本方法

作为新媒体机构搭建大数据处理体系的第一步,如何获取数据是相当重要的。它决定了新媒体机构是否能够高效、快速地收集到尽可能多的数据,以便于下一步进行相应的数据处理。

(一)三种基本的数据获取方法

一般来说,新媒体机构在获取数据、搭建数据体系的时候,常用的方法包括搜索获取法、Agent 法(在 IT 领域,Agent 可指能够自主活动的软件或者硬件实体,通常被翻译为“代理”)、扫描法和载体监听法(如图 2-1)。

其中,搜索获取法包括搜索一下载法和搜索一抽取法。前者主要是指利用搜索引擎等工具进行数据搜索并下载;后者指搜索到所需要的数据之后,链接到相应的数据源,分析并入侵该数据源的数据,建立数据获取程序,定期获取所需数据。Agent 法是指将一个 Agent 植入数据源服务器,监控数据源服务器的运行,一旦发现有新的数据产生,就将这些数据传送到指定的服务器上,完成一次数据获取。扫描法需要设计一个扫描程序,定期扫描各种数据源服务器,将数据源中需要的数据抽取出来。载体监听法则是通过监听各种数据载体,例如各种网络、无线信号、路由设备,甚至盗窃服务器等,从中截获数据。在本章中,将简要介绍一些数据获取的具体方法与案例。

---

① K-means 算法是最为经典的基于划分的聚类方法,是十大经典数据挖掘算法之一。

② Mahout 是 Apache Software Foundation(ASF)旗下的一个开源项目,提供一些可扩展的机器学习领域的经典算法,旨在帮助开发人员更加方便快捷地创建智能应用程序。

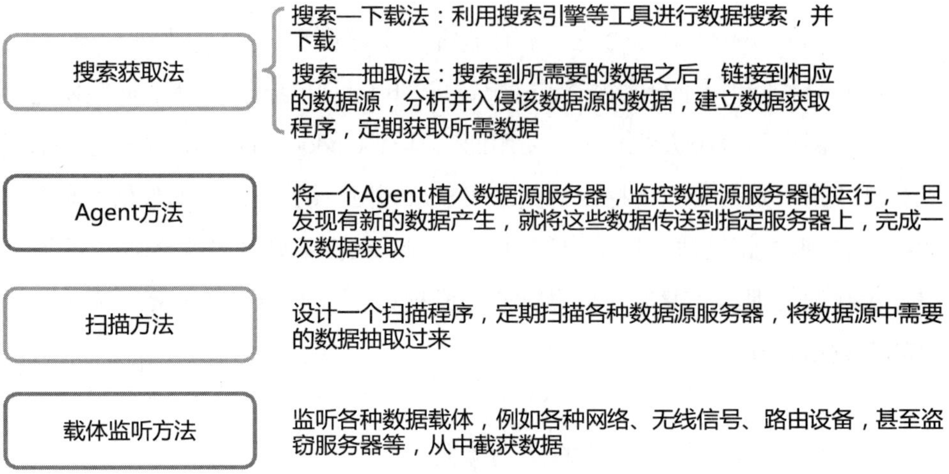

图 2-1 大数据获取的四种基本方法

（二）具体方法与案例

1. Cookie

所有互联网机构获取用户数据的最基本的方法就是 Cookie。Cookie 由服务器端生成，发送给 User—Agent（一般是浏览器），浏览器会将 Cookie 的 Key/Value 保存到某个目录下的文本文件内，下次请求同一网站数据时就发送该 Cookie 给服务器（前提是浏览器设置为启用 Cookie）。Cookie 的基本组成包括：Cookie 的名字（Name）；Cookie 的值（Value）；Cookie 的过期时间（Expires / Max—Age）；Cookie 的作用路径（Path）；Cookie 所在域名（Domain）；使用 Cookie 进行安全连接（Secure）。前两个参数是 Cookie 应用的必要条件。另外，还包括 Cookie 的大小（Size，不同浏览器对 Cookie 个数及大小限制是有差异的）。进行 Session① 管理、个性化识别以及跟踪与监测是 Cookie 的基本功能。

Cookie 有什么作用呢？几乎所有网站都有新用户注册这个选项，当用户注册之后，等到下次再访问该站点时，网站会自动识别用户，可以免去登录的操作，并且向用户问好。图 2-2 为亚马逊的免登录识别页面。更重要的是，网站可以利用 Cookies 跟踪统计用户访问该网站的习惯，比如什么时间访问，访问了哪些页面，在每个网页的停

① Session 在计算机中，尤其是在网络应用中，称为“会话控制”。Session 直接翻译成中文比较困难，一般都译成“时域”。在计算机专业术语中，Session 是指一个终端用户与交互系统进行通信的时间间隔，通常指从注册进入系统到注销退出系统之间的时间。如果需要的话，可能还有一定的操作空间。

留时间等。图 2-3 是优酷的相关推荐页面。

图 2-2　注册亚马逊之后 Cookie 可以免去用户再次登录的操作步骤

图 2-3　优酷可以根据用户上次的浏览记录进行相应的推荐

利用这些信息，一方面可以为用户提供个性化的服务；另一方面，也可以作为了解所有用户行为的工具，这对于网站经营策略的改进有一定的参考价值。

通常来说，Cookie 可以分成三种类型：第一种为 Session Cookie。一个用户的 Session Cookie（也称为内存 Cookie 或瞬息 Cookie）是当用户浏览网站的时候，网站暂存的 Cookie。当用户在该 Cookie 的有效日期或者有效间隔内访问网站，Session Cookie 将被创建，当用户关闭浏览器的时候，Session Cookie 将被删除。第二种为第一方 Cookie。第一方 Cookie 是由受访网站以相同域名（或其子域名）创建的。第三种为第三方 Cookie。第三方 Cookie 是由受访网站以不同域名创建的。

资料链接

2013 年 9 月，谷歌声称他们正在考虑建立自己的匿名标示符，以取代 Cookies 追踪用户行为。作为全球最大的搜索引擎，如果谷歌早期阶段的计划进展顺利的话，可能会促使目前严重依赖 Cookies 定向推送广告的在线广告行业发生巨大变化。

谷歌的这项计划可能会给数字广告产业链造成损害。尽管目前谷歌并没有透露什么细节,但在线广告行业的高管们已经开始为此而感到焦虑。谷歌目前已经是在线广告行业的垄断者,建立新的标准将会给这位搜索巨头带去更大的“权势”。有广告行业的高管认为,这会造成反竞争的行为,并对其他网络媒体造成潜在的负面冲击。

2. 网络爬虫

网络爬虫,是一种自动获取网页内容的程序,是搜索引擎的重要组成部分,因此搜索引擎优化很大程度上就是针对爬虫而做的优化。网络爬虫为搜索引擎从万维网下载网页,一般分为传统爬虫和聚焦爬虫。

传统爬虫从一个或若干个初始网页的 URL① 开始,先是获得初始网页上的 URL,在抓取网页的过程中,又不断从当前页面上抽取新的 URL 放入队列,直到满足系统的一定停止条件。通俗地讲,也就是通过源码解析来获得想要的内容。

聚焦爬虫的工作流程较为复杂,需要根据一定的网页分析算法过滤与主题无关的链接,保留有用的链接并将其放入等待抓取的 URL 队列。然后,它将根据一定的搜索策略从队列中选择下一步要抓取的网页 URL,并重复上述过程,直到达到系统的某一条件时停止。

案例链接②

《福布斯》报道称,《赫芬顿邮报》有一套核心技术,能让搜索引擎最优先搜索到其文章中的关键词。这套技术让《赫芬顿邮报》上出现的文章在许多搜索引擎上总能排名靠前。这就意味着在这篇文章旁边做广告链接,被关注的可能性会大大提高。

《赫芬顿邮报》称,自己拥有30位资深技术专家,遍布全世界各地,其中三分之一在总部美国纽约,其余在智利、菲律宾等地。这样跨时区的分布保证技术团队的工作不停歇。网站的技术每天都在优化,几乎以“一天诞生一个新技术”的速度在前进。还有小道消息说,《赫芬顿邮报》内部把这套核心技术命名为“实时流量分析系统”。通过

---

① 统一资源定位符是对可以从互联网上得到资源的位置和访问方法的一种简洁的表示,是互联网上标准资源的地址。互联网上的每个文件都有一个唯一的 URL,它包含的信息指出文件的位置以及浏览器应该怎么处理它。ELIZABETH C HTML XHTML CSS 基础教程[M]. 北京:人民邮电出版社,2007.

② 刘珊. 生死之间见报业转机——*The daily* 之死与《赫芬顿邮报》之生的对比[J]. 广告大观(媒介版),2013(5).

这套系统，用户能快速找出网络传播的内容，并对内容传播的情况进行持续测评，然后根据结果进行调整。很多广告商正是看中了《赫芬顿邮报》在许多搜索引擎上排名靠前的特点，“点名”要求在搜索引擎的结果页面上，其赞助的帖子必须与新闻内容一样突出。

2013年时，这样的广告收入已占到了《赫芬顿邮报》15%至20%的收入，而业内人士预计，这一比例很快就会提升至40%—50%。

3. 载体监听

近年来，轰动世界的通过载体监听以获取数据的案例正是2013年发生的“棱镜门”事件。这一事件也充分证明了媒体监听方法在数据获取方面的极大能量。

2013年6月，中情局(CIA)前职员爱德华·斯诺登将两份绝密资料交给英国《卫报》和美国《华盛顿邮报》，并告诉媒体何时发表这两份绝密资料。按照计划，2013年6月5日，英国《卫报》先扔出了第一颗舆论炸弹：美国国家安全局有一项代号为“棱镜”的秘密项目，要求电信巨头威瑞森公司必须每天上交数百万用户的通话记录。

6月6日，美国《华盛顿邮报》披露称，“棱镜”窃听计划始于2007年的小布什时期，美国情报机构一直在9家美国互联网公司中进行数据挖掘工作，从音频、视频、图片、邮件、文档等信息中分析个人的联系方式与行为。监控的类型有10类：信息电邮、即时消息、视频、照片、存储数据、语音聊天、文件传输、视频会议、登录时间、社交网络资料的细节，其中包括两个秘密监视项目，一是监视、监听民众电话的通话记录，二是监视民众的网络活动。

三、新媒体机构大数据的整理与筛选

对已经搜集到的数据，需要进行进一步的筛选和整理，才能够为数据搜集者所用，进行下一步的数据挖掘与分析。在这个过程中，还有一个重要的步骤就是数据清洁。现在，这个工作必须有软件工具进行支持。

(一)三个重要步骤实现大数据的整理与筛选

一般来说，大数据的整理和筛选需要经过三个非常重要的步骤，包括空缺值的处理、噪声数据处理以及数据一致化。所谓空缺值的处理，是指要给出一个方法来解决属性空缺值的问题，比如忽略含有空缺值的数据记录、人工填写空缺、使用一个常量填充等。噪声数据处理是指对测量过程中出现的随机错误和变差，或者是测量失真较为明显的数据进行处理。数据一致化是指对各个数据源之间的数据进行分析对比，发现各种数据之间的冲突，然后进行转换。这三个步骤如图 2-4。

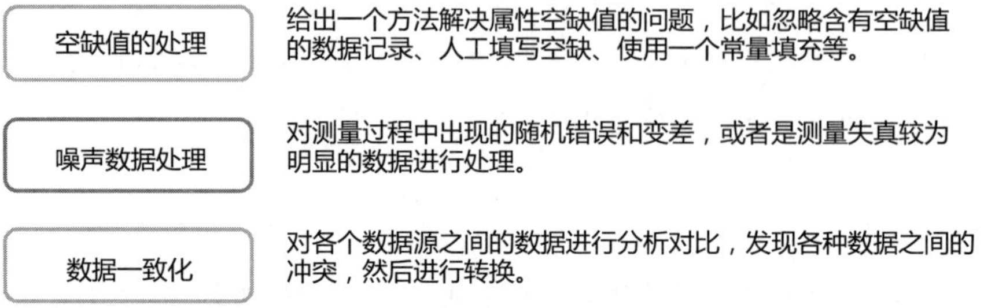

图 2-4 大数据的整理与筛选步骤

接下来，我们将以中央电视台的媒资系统——央视音像资料馆的建设情况来举例说明新媒体机构大数据处理与筛选的过程。

（二）央视音像资料馆的数据处理过程

目前央视音像资料馆的内容为央视所有公开频道中播出的内容，既包括自主生产的部分，也包括外来购买的部分。在将来，央视音像资料馆会对这些内容进行多种指标的细分，包括有无版权、使用程度和频率等。

音像资料馆每天上载的内容和数据接收量超过 300 小时；每年为台内节目生产提供资料下载近 2 万小时；共有 9 个磁带库房，总面积达 3，600 余平方米；馆藏音像资料录像带 100 万盘，包括多种格式；具有 124 万盘磁带介质的存储空间。按照内容类别和种类，目前央视音像资料馆中的内容分为 7 类：专题、体育、素材、影视剧、新闻、综艺、纪录片。

对这些节目内容和数据进行存储和管理之前，央视音像资料馆的一个重要工作就是进行编目，相当于数据的整理和筛选。央视音像资料馆分为 4 个编目区、10 条编目生产线、200 个编目工位，按照 7 类内容给每个工位进行工作任务划分，每天可以完成 300 小时的节目编目量，全年编目量达 10 万小时。在编目细则方面，央视音像资料馆遵循《广播电视音像资料编目规范》与《中央电视台音像资料编目细则》制定的基本规范，将节目数据分为四层编目：节目层、片段层、场景层、镜头层。场景、镜头主要以其再利用价值和珍贵程度作为选取原则。

之后，央视音像资料馆会对这些节目资料进行数字化的处理，并最终形成可用的信息数据。这个流程可以基本分为10个步骤(如图2-5),即资料筛选、磁带清洗、预处理、上载、质量控制、存储管理、编目下发、编目标引、编目审核、应用。其中,央视音像资料馆在上载这个环节中建设了24个上载通道,包括18个工作站点采集通道和6个机械手采集通道。通过视频服务器上载和数字化工作站上载两种方式将原始音像资料数字化,同时生成用于归档保存的高码率视音频数据和用于编目检索、网络发布的低码率视音频数据。

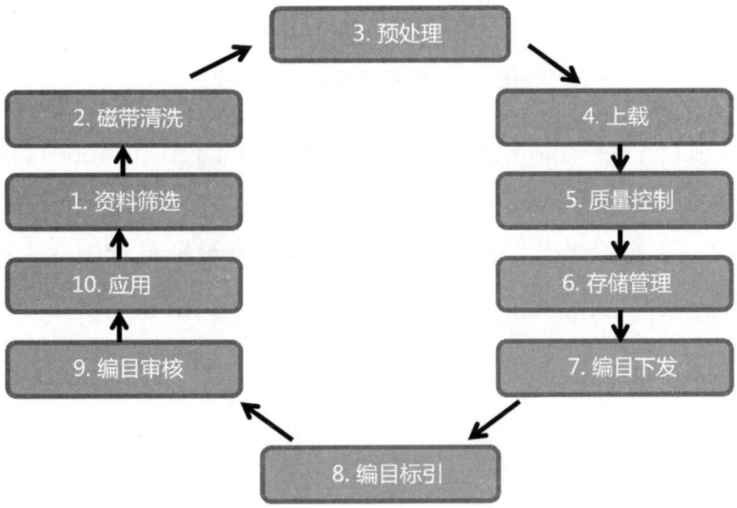

图2-5 央视音像资料馆的节目资料数字化处理流程

央视音像资料馆在编目标引环节采用多点协同工作的编目生产流水线方式。来自上载数字化环节的待编节目数据进入编目检索系统后,审核人员按照四层编目进行审核。在用户应用环节,通过现有7个下载工作站和下载输出软件模块将资料馆内的节目资料数据进行多种介质的复制或转录。在管理人员对预约下载的数据进行合理性审查和统计分析等工作后,用户可快速获取所需数据。

四、数据挖掘与数据分析

数据挖掘(Data Mining)是通过分析每个数据,从大量数据中寻找其规律的技术,主要有数据准备、规律寻找、规律表示、结果评价四个步骤(如图2-6)。

数据准备是从相关的数据源中选取所需的数据并整合成用于数据挖掘的数据集;规律寻找是用某种方法将数据集所含的规律找出来;规律表示是尽可能以用户能够理解的方式将找出的数据表示出来。一般说来,数据挖掘较为完整的步骤如下:理解数

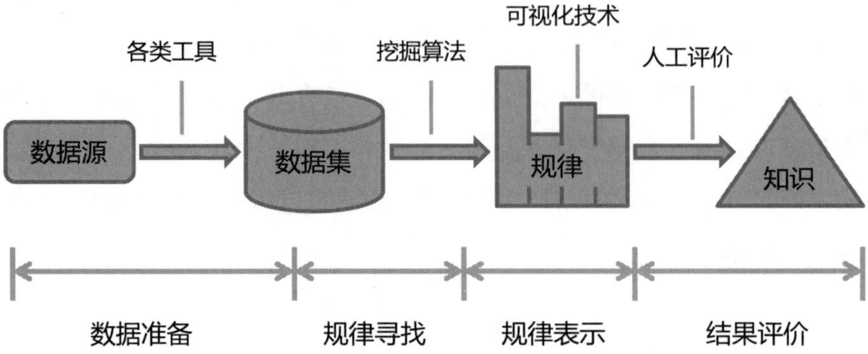

图 2-6 数据挖掘的基本流程

据和数据的来源(Understanding),获取相关知识与技术(Acquisition),整合与检查数据(Integration and Checking),去除错误或不一致的数据(Data Cleaning),建立模型和假设(Model and Hypothesis Development),实际数据挖掘工作(Data Mining),测试和验证挖掘结果(Testing and Verification),解释和应用(Interpretation and Use)。

(一)数据挖掘的常见任务

数据挖掘的常见任务包括关联分析、聚类分析、分类分析、异常分析、特异群组挖掘和演变分析等。

关联分析是寻找数据项之间感兴趣的关联关系,用关联规则的形式予以描述。比如,我们通过对超市交易的数据分析,得出"在有婴幼儿成员的家庭中,85%购买尿布的男性也会同时购买啤酒,并且购买尿布的总次数占所有购物次数的 8%"这样一条关于"啤酒"和"尿布"之间关系的结论。

聚类分析指将物理或抽象对象的集合分组为由类似的对象组成的多个类的分析过程。它的目标就是在相似的基础上收集数据来分类。比如,在电子商务网站中,通过分组找出具有相似浏览行为的客户,并分析客户的共同特征,来更好地帮助电子商务用户了解自己的客户,向客户提供更合适的服务。

分类分析是找出描述并区分数据类的模型,以便能够使用模型预测给定数据对象所属的数据类。比如,信用卡公司可以将持卡人的信誉度分类为良好、普通和较差三类。分类分析可能给出一个信誉等级的显示模型为:信誉良好的持卡人是年收入在 10 万到 50 万之间、年龄在 30 岁到 45 岁之间、居住面积大于 100 平方米的人。这样,对于一个新的持卡人,就可以根据他的特征预测其信誉度了。

异常分析是发现数据对象集中与大部分数据对象具有明显差异的数据的过程。

比如，我们在信用卡使用模式这样的大量数据中，使用可以发现明显不同于其他数据的异常对象的技术，就可以在欺诈甄别、网络入侵检测等方面发挥非常积极的作用。

特异群组是指由给定大数据集里面少数相似的数据对象组成的，表现出有异于大多数数据对象而形成异常的群组，是一种高价值、低密度的数据形态。特异群组的挖掘、聚类和异常检测都是根据数据对象间的相似程度来划分数据对象的数据挖掘任务的，但它们在问题定义、算法设计和应用效果上存在差异。大数据特异群组挖掘具有广泛的应用背景，在证券交易、智能交通、社会保险、生物医疗、银行金融和网络社区等领域都有应用需求。例如，在证券市场中，特异群组挖掘常常表现为分辨合谋操纵（多账户联合操纵）、基金“老鼠仓”等行为。

演变分析是一种用于描述对象行为随时间变化的规律或趋势，并对其建模，以预测其未来形势的技术。例如，通过对股票交易数据的演变分析，可能会得到“有 90%的可能，在 X 股票持续上涨一周左右之后，Y 股票也会出现上涨”的判断。

（二）两大数据挖掘对象

根据数据类型和来源，数据挖掘的对象可以分为一般数据源与特殊应用数据源。

在一般数据源挖掘中，序列数据挖掘的对象是超市交易记录、证券数据等按照时间、位置顺序排列的数据。文本数据挖掘的对象是电子书、网页、各种文本格式的文档资料。Day-by-day 数据挖掘的对象是每个人每天的行为数据记录，反映的通常是对象的各种主动的行为方式。流数据挖掘的对象是网络监测、电信数据管理等只要联机环境运行就会持续获得的数据。空间数据挖掘的对象是数字地图、遥感数据、交通控制、环境等领域出现的与空间有关的数据。

特殊应用数据源挖掘主要包括交易数据挖掘与 Web 数据挖掘两种。其中，交易数据挖掘的对象主要包括交易 ID、交易时间、交易商品、交易金额等与交易行为直接相关的数据。Web 数据挖掘的对象则包括内容数据、日志数据、网站结构数据等。

案例链接①

在上海某 A 级写字楼有一个酒吧，每天下午 3 点开始就聚满了来自各大公司号称“金领”和“白领”的小资消费者们。终于在一个风雨交加的傍晚，某位数据挖掘工程师再也忍受不了越来越多人群的嘈杂，一边喝着啤酒一边向酒吧老板提出了如下

① 朱扬勇，熊赟. 数据学[M]. 上海：复旦大学出版社，2009.

建议：

数据挖掘工程师说："老板，我们有一项称为数据挖掘的技术，可以让你的酒吧不会这么拥挤，你也不会这么累，同时还会增加你的收入。"

"说来听听。"老板一脸崇拜，并递上一份爆米花说："这是新口味，来一份如何？"

"OK！"工程师开始品尝新口味的爆米花，喝了一大口啤酒，说："首先，你要将你的客户分群，只接受高端客户，同时大幅提高你的价格，这样人少了，收入却不少；其次……"可能是新口味的爆米花确实不错，工程师吃着爆米花，并做着手势再要一瓶啤酒。"其次，数据挖掘可以发现哪些东西可以放在一起出售，尽可能让来这里的人多消费，增加你的销售额。"

"爆米花还要吗？"不知道是新口味作怪，还是喝了啤酒想要吃爆米花，一份爆米花已经没了踪影。"再来一份，味道真不错。"工程师继续说："最后，数据挖掘技术还可以告诉你在什么天气，来这里的人会比较多，各种商品会在哪些季节比较畅销……还有很多用处呢。"

老板友善地微笑："今天下雨，人多了点，虽然上午我撤了演出台，加了一些座位，可是位置还是不够。让你心情不好真是不好意思。郁闷说出来心里就会好受些。选择在这里开酒吧遇到的都是白领，又赚钱又能学知识。客户分群就不用了，毕竟人多可以提升人气。"

在这个故事里，酒吧老板本身已经经过了市场细分，针对写字楼里的白领们开店。在商品销售方面，由于可在酒吧销售的商品很少，在这些商品中，哪些可以进行交叉销售，老板的经营经验和直觉绝对可以和数据挖掘的结果媲美，甚至有过之而无不及。

当数据积累不充分时，数据挖掘的能力有限。

五、数据可视化

在这个强调可交互的信息时代，任何数据及信息的表达都应该是有趣的，至少是富有亲和力的。一幅优秀的信息图表不能仅仅罗列数据，而应该是一个系统，包括数据分类、逻辑关系、阅读习惯和视觉体验等因素。设计者依靠这个系统引导观看者进入预先设定的主题情景，启发观看者的兴趣，从而传达信息。作为数据挖掘的重要步骤之一，数据可视化可以迅速拉近用户与数据之间的距离，用最合适的方法来展示数据，并表达数据背后的信息含义，这是数据可视化的重要目标。

（一）数据可视化的含义与目标

1.数据可视化的内涵

数据可视化（Data Visualization）和信息可视化（Infographics）是两个相近的专业领域名词。狭义上的数字可视化是指将数据用统计图表方式来呈现，而信息图形（信息可视化）则是将非数字的信息进行可视化。前者用于传递信息，后者用于表现抽象或复杂的概念、技术和信息。广义上数据可视化是信息可视化中的一类，因为信息是包含了数字和非数字的。

从原词的解释来讲，数据可视化重点突出的是“可视化”，而信息可视化的重点则是“图示化”。整体而言，可视化就是数据、信息以及科学等多个领域图示化技术的统称。其中 Visualize 是动词，意即“生成符合人类感知”的图像，通过可视化元素传递信息。Visualization 是名词，表达“使某物、某事可见的动作或事实”，是将某个原本不可见的事物在人的大脑中形成一幅可感知的心理图片的过程或能力。Visualization 也可用于表达对某一目标进行可视化的结果，即一帧图像或动画。在计算机学科的分类中，利用人眼的感知能力对数据进行交互的可视表达以增强认知的技术，称为可视化。它将不可见或难以直接显示的数据转化为可感知的图形、符号、颜色和纹理等，增强数据识别效率，传递有效信息。①

所以，可视化通常被理解为一个生成图形图像的过程。更深刻的认识是，可视化是认知的过程，即形成某个物体的感知图像，强化认知理解。

2.数据可视化的目的

数据可视化与数据挖掘、商业智能、分析及企业报表共享一个最终目标：实现更多信息化支撑的商业决策。即时数据可视化主要是数据探索及发现有洞见价值的手段。它既不是实时报表，也不仅仅是为了生成美观图表。换言之，最有价值的数据可视化通常是基于工作人员不能确切知道他们真正要寻找什么的假设的，更不用说他们能够发现什么。②

内森·邱（Nathan Yau）在他 2013 年出版的《数据之美：一本书学会可视化设计》一书中强调了要将数据可视化看作一种媒介而不仅仅是一种特定工具。“可视化是展

---

① 陈为，沈则浅，陶煜波．数据可视化[M]．北京：电子工业出版社，2015：2.

② 菲尔·西蒙．大数据可视化：重构智慧社会[M]．漆晨曦，译．北京：人民邮电出版社，2015：11.

示数据的一种方式，是对现实世界的抽象反映，与书写的文字一样，也是可以用来讲述不同种类的故事的。”他写道：“纪实文章不能以小说的标准进行评价，对数据艺术的评价也应该与业务仪表盘有所不同。”

Smashing 的总编维塔力・弗里德曼对数据可视化的解释是这样的：数据可视化的主要目标在于，其将数据进行可视化的能力对信息的传播和交流的作用要清晰且有效，并不是说数据可视化因为功能性要求就显得沉闷，或者要看起来美观就得相当复杂，要有效表达观点，不仅形式上要符合审美，而且功能上要符合需求，两者要齐头并进，对信息稀疏且复杂的数据库提供洞见，并以更直观的方式传达出信息的关键方面。设计师们通常不顾设计和功能之间的平衡，对大量数据生成可视化图表以至于并不能达到其主要目标——信息的传播和交流。[①]

可以说，可视化的终极目的是对事物规律的洞悉，而非所绘制的可视化结果本身。

(二)数据可视化的发展历程

虽然“可视化”是一个伴随着大数据发展起来的概念，但是利用图表等方式来表现数据即信息的行为却由来已久。陈为等在《数据可视化》一书中认为，可视化与山岳一样古老。中世纪时期，人们就开始使用包含等值线的地磁图、表示海上主要风向的箭头图和天象图。

史蒂芬・菲尤(Stephen Few)在他的论文《数据可视化的人类感知》中表示，至少在公元 2 世纪人们就已经将数据放进表格。但是，直到 17 世纪才真正出现将定量信息用图形化呈现的思想。[②] 1644 年，荷兰的天文学家及制图师米歇尔・弗洛伦特・范・朗伦首次生成统计数据图表，展示了西班牙中部城市托莱多和意大利罗马之间很大范围的经度距离估算。一个半世纪后，苏格兰工程师及政治经济学家威廉・普莱费尔创建了包含线图、条形图、饼图以及曲线图等的分类。[③]

可以说，可视化发展史与测量、会话、人类现代文明的启蒙和科技的发展一脉相承。在地图、科学与工程制图、统计图表中，可视化理念与技术已经应用发展了数百年。从表 2-1 中可以看出可视化的发展简史。

---

① FRIENDMAN, VITALY. Data visualization and infographics[J/OL]. Smashing Magazine, 2008(1)[2013－6－12]. http://www.smashingmagazine.com.

② http://tinyurl.com/few－perception.

③ 菲尔・西蒙. 大数据可视化：重构智慧社会[M]. 漆晨曦，译. 北京：人民邮电出版社，2015：11.

表 2-1　可视化的发展历程

时间阶段	主要特点
17 世纪之前	图表萌芽。人类已经掌握了精确的观测技术和设备，也采用手工方式制作可视化作品。可视化的萌芽出自集合图表和地图生成，其目的是展示一些重要的信息。
1600—1699 年	17 世纪末，人类社会产生了基于真实测量数据的可视化方法。从这时候起，人类开始了可视化思考的新模式。
1700—1799 年	图形符号。进入 18 世纪，绘图师不再满足于在地图上展现集合信息，因而发明了新的图形化形式和其他物理信息的概念图。随着统计理论、实验数据分析的发展，抽象图和函数图也被广泛应用。
1800—1900 年	数据图形。随着工艺设计的完善，19 世纪上半叶，统计图形、概念图等发展迅猛，此时人们已经掌握了整套统计数据可视化工具，包括柱状图、饼图、直方图、折线图、时间线、轮廓线等。
1900—1949 年	现代启蒙。20 世纪上半叶对于可视化而言是一个缺乏创新的时期，但是可视化随着统计图形的主流化开始面向政府、商业和科学，走向应用普及，人们第一次意识到图形显示的方式能为航空、物理、天文学和生物等科学与工程领域提供新的洞察和发布机会。多维数据可视化和心理学的介入成为这个时期的重要特点。
1950—1974 年	多维信息的可视编码。1967 年，法国人雅克·伯廷(Jacques Bertin)出版了《图形符号学》一书，确定了构成图形的基本要素，并且描述了一种关于图形设计的框架。这套理论奠定了信息可视化的理论基石。随着个人计算机的普及，人们逐渐开始采用计算机编程生成可视化图表。
1975—1987 年	多维统计图形。20 世纪 70 年代以后，桌面操作系统、计算机图形学、图形显示设备、人际交互等技术的发展激发了人们编程以实现交互可视化的热情。处理范围从简单的统计数据扩展为更复杂的网络、层次、数据库、文本等非结构化与高位数据。与此同时，高性能计算、并行计算的理论与产品正处于研制阶段，催生了面向科学与工程的大规模计算方法。数据密集型计算开始走上历史舞台，也激发了对于数据分析和呈现的更高需求。
1987—2004 年	交互可视化。1986 年 10 月，美国国家科学基金会主办了一次名为“图形学、图像处理及工作站专题讨论”的研讨会，旨在为从事科学计算工作的研究机构提出方向性建议。会议将研究计算机图形学和图像方法在计算科学中的应用的学科称为“科学计算之中的可视化”。1990 年，IEEE 举办了首届 IEEE 可视化大会，汇集了由物理、化学、计算、生物医学、图形学、图像处理等交叉学科领域研究人员组成的学术群体。
2004 年至今	可视分析学。进入 21 世纪，现有的可视化技术已经难以应对海量、高维、多源和动态数据的分析挑战，需要综合可视化、图形学、数据挖掘理论与方法，研究新的理论模型、新的可视化方法和新的用户交互手段，辅助用户从大尺度、复杂、矛盾甚至不完整的数据中快速挖掘有用的信息，以便做出有效决策。这门新兴的学科被称为可视分析学。

(三)数据可视化的主要类别

在《信息设计：数据与图表的可视化表现》一书中，作者将常见的数据可视化表现方式归为四类，即示意图、统计图表、地图和象形图标。

一般来说，所有的图表、象形图标、地图等都可以被称为示意图（Diagram），但是从表现形式来讲，示意图是一个相对特定的概念，主要指以插图的形式来表现难以用文字描述的概念、事件等内容（如图 2-7、图 2-8）。除插图以外，示意图还经常结合图表、图标等元素。其中的插图形式也是多种多样的，不仅包括计算机制图，而且还可以使用照片进行合成。

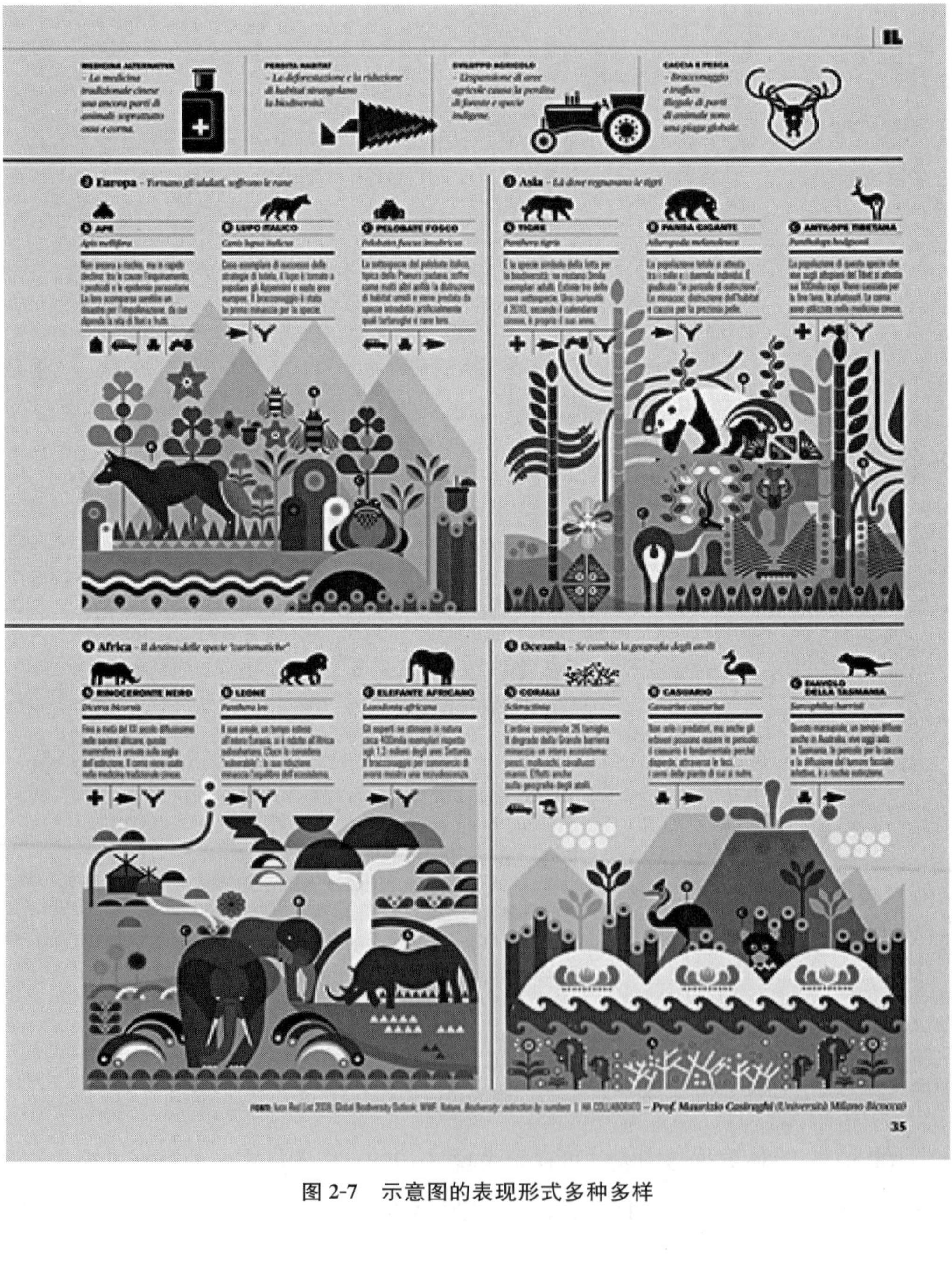

图 2-7　示意图的表现形式多种多样

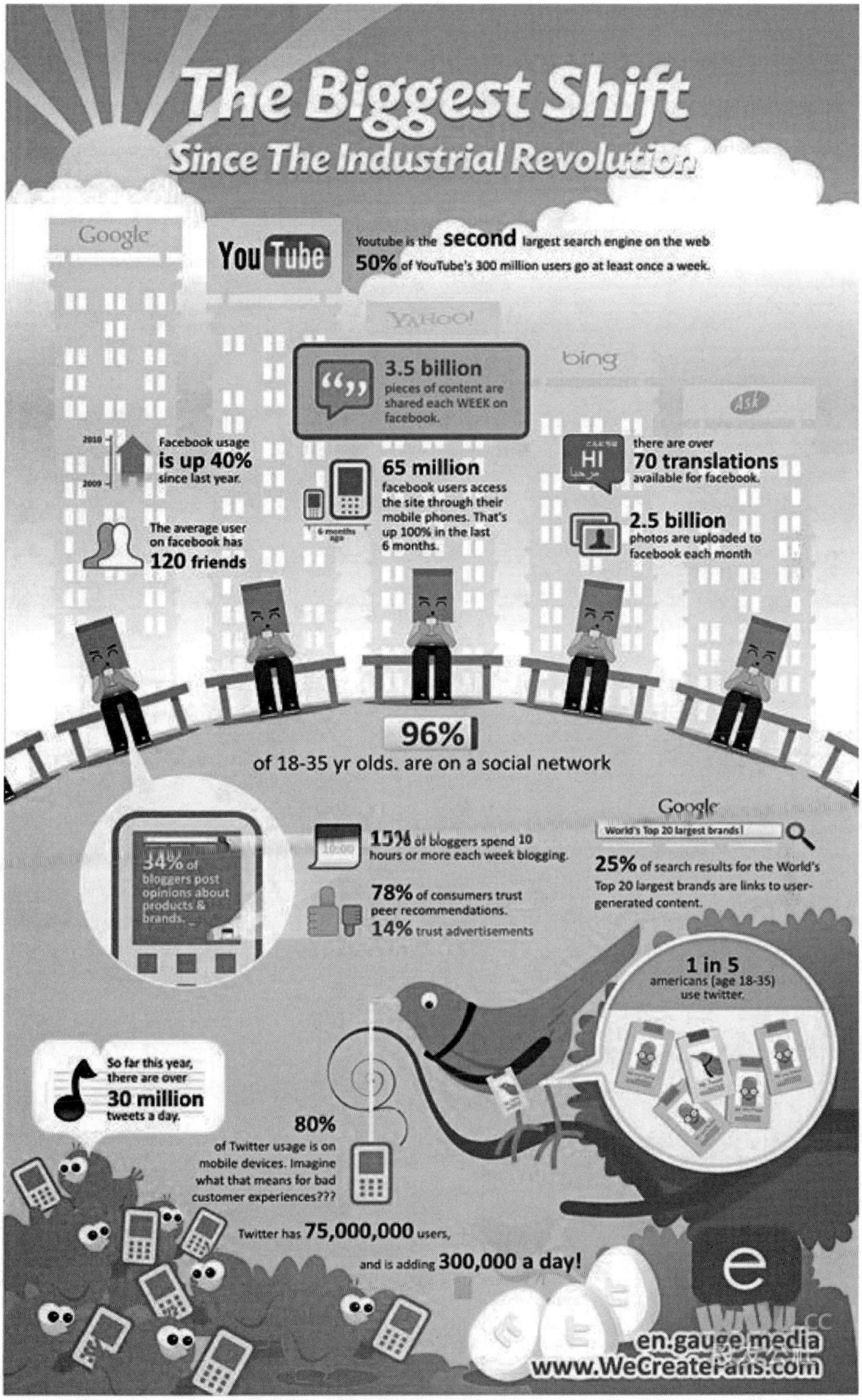

图 2-8 示意图可包含的信息以及表现形式非常多样

统计图表(如图 2-9、图 2-10)的最大特点是对量化对比的柱状图、折线图,以及表示各要素所占比例的饼图等视觉元素的运用,但它并不拘泥于这三种形式。从表现手法上看,可以根据实际需要选择绘制平面或立体的统计图表,其中立体的统计图表往

图 2-9　统计图表的可视化表现

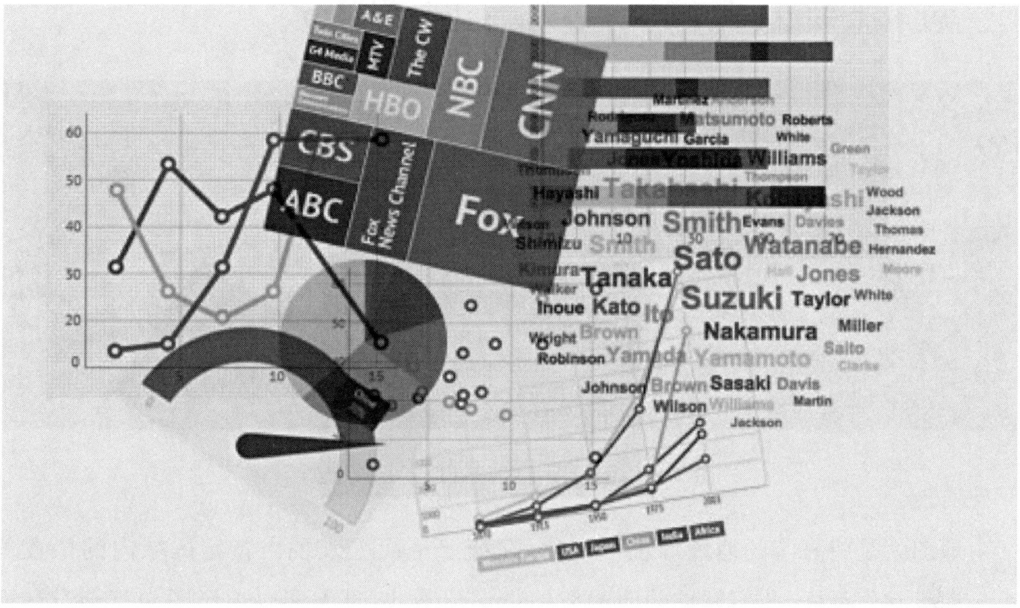

图 2-10 统计图的可视化表现可以优化传统的图表数字表达

往会给读者带来更强烈的视觉冲击。此外,统计图表以往个人化的刻板印象还可以结合生动的插图或其他视觉元素来改变,例如增加透视效果、运用丰富的色彩等。

象形图标(如图 2-11、图 2-12)即以图像的形式简单明确地传达信息。象形图标在设计上与示意图有明显的区别:首先,设计象形图标通常不使用文字,这主要是因为文字受语言不通、距离较远时难以识别等限制,而示意图通常是图文结合的;其次,示意图更加形象具体,细节较多,而象形图标则更加简洁,是对事物形象的抽象提炼。在

图 2-11 象形图标

实际应用中，象形图标通常也是成套设计的，以统一视觉形象。

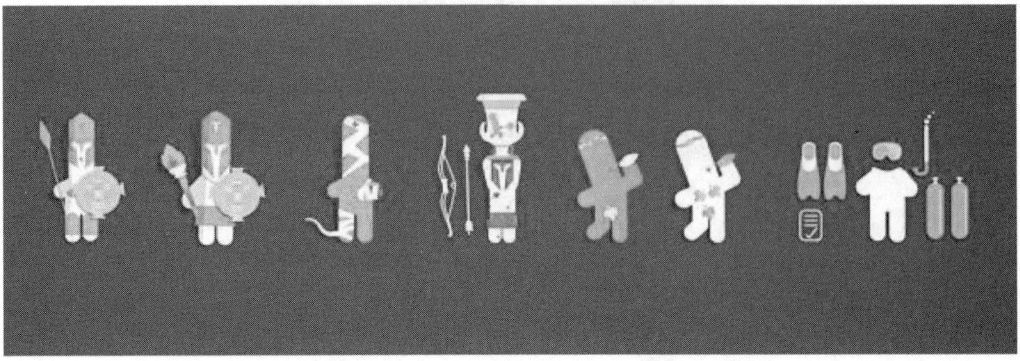

图 2-12 象形图标的设计通常是成套的

地图就是将真实的地理环境平面化，在统一平面上表现出特定区域内的位置关系。在日常生活中，我们常见的地图都是非常精确的，且大多以地形图为基础设计而成。但对于信息图表中的地图而言，其表现的手法与主题是多种多样的，且往往并不精确，是经过抽象提炼的。即便如此，观者同样可以借助此类地图理解基本一致的区域方向与所处位置。因此，设计信息图表中的地图时，最重要的原则就是能够让人直观地判断出方位。换句话说，就是必须具备易用性(如图 2-13、图 2-14)。

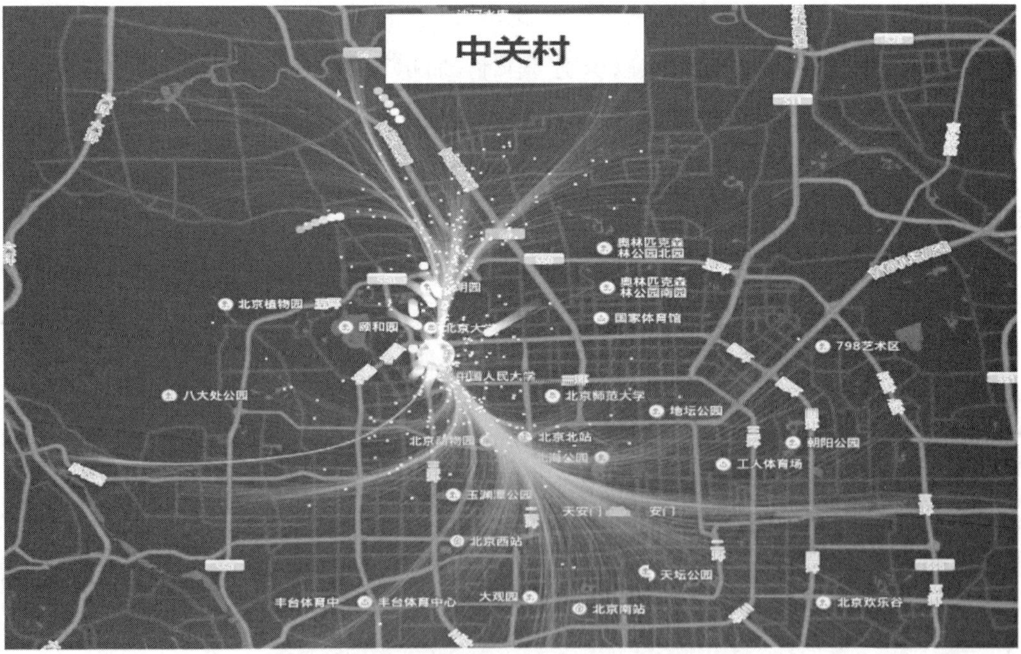

图 2-13 百度地图中的北京中关村地区通勤图

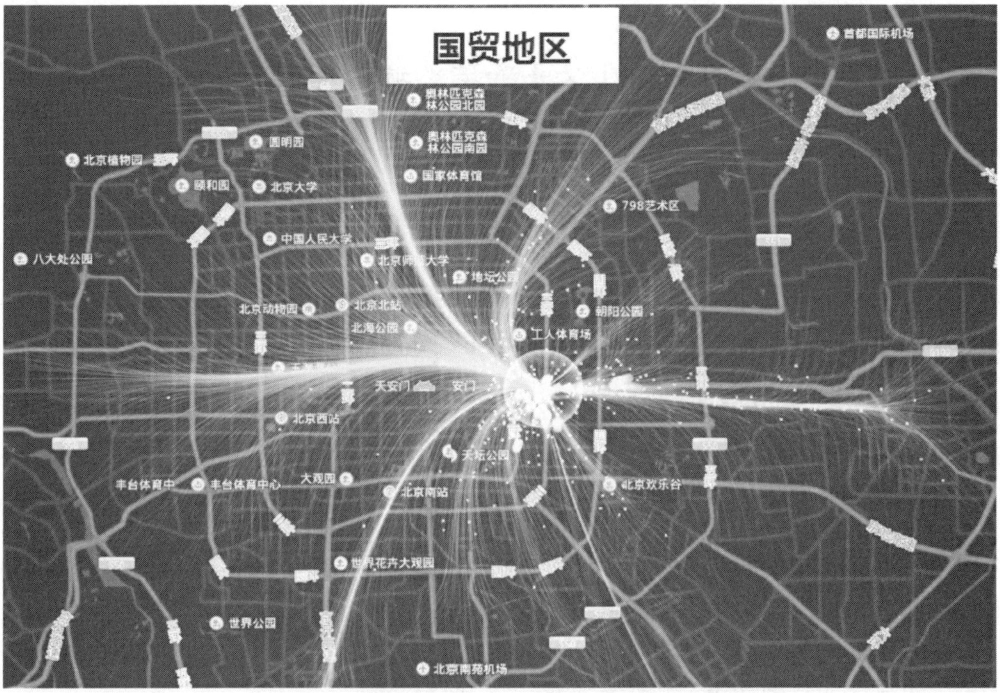

图 2-14　百度地图中的北京国贸地区通勤图

图 2-15　通过地图可以更加直观地看到地理位置与事物发展之间的关系

第二节 新媒体运营中的大数据挖掘及数据体系搭建案例

一、百度的大数据挖掘与大数据体系

作为全球最大的、致力于让网民更便捷地获取信息的中文搜索引擎，百度拥有超过千亿的中文网页数据库，可以让用户瞬间找到相关的搜索结果。此外，百度还包括了新闻、贴吧、翻译、音乐、地图、统计、百度指数等非常多样的业务类型，几乎每项业务都需要极为大量的数据作为支撑。百度大数据的两个典型应用是面向用户的服务和搜索引擎。百度大数据的主要特点是：第一，数据处理技术比面向用户服务的技术所占比重更大；第二，数据规模比以前大很多；第三，通过快速迭代进行创新。① 因此，百度的大数据挖掘与大数据体系是非常值得我们学习与了解的。

(一)百度的数据来源及分类

百度大数据引擎的整体架构，从最底层的开放云，到中间层的数据工厂，再到百度大脑，三部分共同构成了百度大数据引擎。开放云提供信息基础设施服务；数据工厂主要用于大数据的存储管理以及查询分析；百度大脑更确切地说是一个基于大数据的人工智能系统，它会利用语音识别、图像识别、深度学习等技术，分析和挖掘大数据的价值。

1. 百度的数据来源

2012 年百度公布的信息显示，作为全球最大的中文搜索引擎，百度每天响应来自 138 个国家和地区的数十亿次请求，百度每日新增数据 10TB，要处理超过 100PB(1PB＝1024TB)的数据，精确抓取约 10 亿个网页，同时索引库还拥有千亿级在线索引能力，以帮助用户完成搜索过程。过去 10 年，百度网页搜索库已从 500 万猛增到了 500 亿。②

在数据来源方面，百度至少可以从三个方向进行数据获取。第一类数据是互联网上的开放信息与暗网数据。所谓暗网，是指那些存储在网络数据库里、不能通过超链

---

① 2013 年 12 月 6 日，百度大数据首席架构师林仕鼎在 2013 中国大数据技术大会(BDTC 2013)上对百度大数据进行介绍时的发言。

② 阮晓东. 百度：面对海量数据的绿巨人[J]. 新经济导刊，2013(6).

接访问，而需要通过动态网页技术访问的资源集合，不同于那些可以被标准搜索引擎索引的表面网络。迈克尔·伯格曼将当今互联网上的搜索服务比喻为像在地球的海洋表面拉起一个大网进行搜索，大量的表面信息固然可以通过这种方式被查找到，可是还有很多的信息由于隐藏在深处而被搜索引擎错失掉。绝大部分隐藏的信息是必须通过动态请求产生的网页信息，而标准的搜索引擎却无法对其进行查找。传统的搜索引擎“看”不到，也获取不了这些存在于暗网的内容，除非通过特定的搜查，这些页面才会动态产生。于是相对地，暗网就隐藏了起来。

第二类数据是用户在使用百度相关产品和服务时所产生的数据，包括个人用户和机构用户。这类数据包括用户注册数据、百度（网盟）网页搜索数据、百度贴吧和百度知道等产生的数据、安装有百度插件的浏览器数据、百度站长平台提交的数据等。这些数据可以有效地帮助百度了解与自身用户切身相关的数据信息。

第三类数据是第三方组织开放的数据。到目前为止，百度已经和国家知识产权局中国专利信息中心、北大图书馆、国家代码中心、中国四维测绘技术有限公司合作并获得其提供的各类数据，极大地提升了百度搜索结果的准确性和权威性。例如，中国四维测绘技术有限公司提供的卫星地图数据可以帮助百度地图获得更加精准的地理数据信息。

2. 百度的数据分类

百度大数据号称建立了中国最大的用户行为数据库，覆盖了95%以上的中国网民，以及50%以上的中国网民日均搜索请求；同时，百度的网盟合作伙伴已经超过60万个，日均PV展示达到50亿次，具体到数据类别上可以分为最基本的四类，包括全网用户行为数据、广告类数据、基础统计数据和人口统计学数据。

其中，全网用户行为数据包括搜索行为、浏览行为、点击观看行为以及用户之前的讨论、交流互动行为数据等；广告类数据包括百度从旗下各类广告产品中获得的展现量、点击量、点击率、独立访客、独立IP、每千次展现收入等数据；基础统计数据包括访客数量、浏览量、IP数、在线人数、访问深度、停留时间、当前访客活跃程度、跳出率和转化率等；人口统计学数据则可以清晰地描绘出百度用户的性别、年龄、收入等基本情况。

（二）百度的大数据处理体系

从硬件以及组织架构上来看，百度获取数据之后会先将数据存储到各类数据中心，包括阳泉云计算中心、百度云数据中心、南京计算数据中心等。之后进入数据处理环节，包括百度的Hadoop平台、百度基础架构部以及其他自主开发的数据处理平台。

最后,百度数据研究中心会进行有关的数据研究与分析。

2015 年 4 月 24 日的百度技术开放日上,百度董事长兼首席执行官李彦宏现身并推出了百度大数据引擎。这反映了百度对该产品的极大重视。简单地讲,大数据引擎将百度的数据、能力和技术向行业开放,行业可以近身接触原本距离甚远的大数据盛宴,百度则寻到了一个新的增长点。这也是百度对大数据处理体系的一次系统性梳理。李彦宏介绍,百度大数据引擎一共分三个部分。如图 2-16 中,我们对百度大数据引擎的基本架构做了简单介绍。

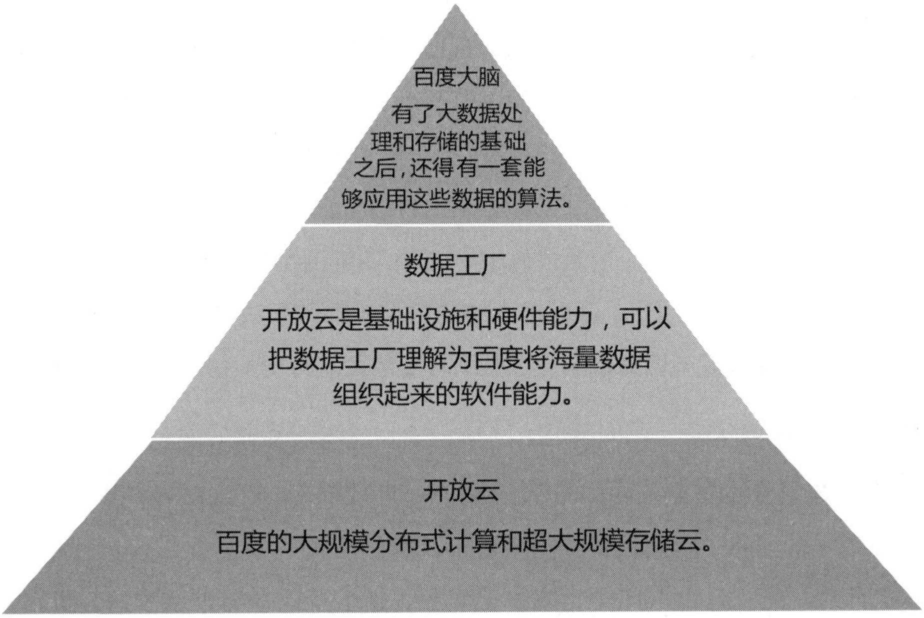

图 2-16 百度大数据引擎的基本架构

1. 开放云

最基层的架构是开放云:百度的大规模分布式计算和超大规模存储云。过去的百度云主要面向开发者,大数据引擎的开放云则是面向有大数据存储和处理需求的"大开发者"。百度的开放云拥有超过 1.2 万台的单集群,超过阿里飞天计划的 5K 集群。百度开放云还拥有 CPU 利用率高、弹性高、成本低等特点。百度是全球首家大规模商用 ARM 服务器的公司,而 ARM 架构的特征是能耗小和存储密度大,同时百度还是首家将 GPU(图形处理器)应用在机器学习领域的公司,实现了节省能耗的目的。

2. 数据工厂

中间层是数据工厂:开放云是基础设施和硬件能力,我们可以把数据工厂理解为百度将海量数据组织起来的软件能力，就像数据库软件的位置一样，只不过数据工厂是被用来处理TB级甚至更大的数据。百度数据工厂支持单次百TB异构数据查询，支持SQL－like以及更复杂的查询语句，支持各种查询业务场景。同时百度数据工厂还将承载对TB级别大表的并发查询和扫描工作，大查询、低并发时每秒可达百GB，在业界已经很领先了。

3. 百度大脑

顶层架构是百度大脑：有了大数据处理和存储的基础之后，还得有一套能够应用这些数据的算法。图灵奖获得者沃斯（N. Wirth）曾提出过“程序＝数据结构＋算法”的理论。如果说百度大数据引擎是一个程序，那么它的数据结构就是数据工厂＋开放云，而算法则对应百度大脑。

百度大脑将百度此前在人工智能方面的能力开发出来，主要是大规模机器学习能力和深度学习能力。此前它们被应用在语音、图像、文本识别，以及自然语言和语义理解方面，还被应用在不少App上，还通过百度Inside等平台开放给了智能硬件。现在这些能力将被用来对大数据进行智能化的分析、学习、处理、利用。百度深度神经网络拥有200亿个参数，是全球规模最大的，它拥有独立的深度学习研究院（IDL），在人工智能上百度已经快了一步，现在贡献给业界表明了它要开放的决心。

（三）百度大数据处理的技术和方法举例

每个新媒体机构在进行大数据处理时都需要运用恰当的处理技术和方法，从百度的大数据处理体系来看，较有特点的数据处理技术包括数据抓取方面的“百度蜘蛛”，分析方面的“框计算”等。

1. 百度蜘蛛

“百度蜘蛛”（Baidu Spider）是百度搜索引擎的一个自动程序。它的作用是访问、收集、整理互联网上的网页、图片、视频等内容，然后分门别类建立索引数据库，使用户能在百度搜索引擎中搜索到网页、图片、视频等内容。

具体来说，百度搜索引擎通过百度蜘蛛这个自动程序，访问其他网站，百度蜘蛛首先判断该网页是否符合搜索引擎的收录条件，如果符合收录条件，百度蜘蛛就下载该网页，然后保存到百度数据里，建立百度快照，当用户搜索某一个关键词时，搜索通过自身的排序机制，把快照进行索引排序，然后把排序结果展现给读者。如果网页内容不符合搜索引擎的收录规则，那么百度蜘蛛不收录，并通过锚链接访问其他页面，进而重新判断是否收录。

同时，百度蜘蛛也演变出了一些分工更加专业化的“变异蜘蛛”。例如 Baidu Spider-cpro，负责抓取百度联盟会员站点的网页，以优化推广效果；Baidu Spider-sfkr 负责抓取参加百度竞价排名的网页，以优化推广效果。

2. 百度数据流计算系统 Dstream

由于谷歌的 MapReduce 计算模型在效率方面不能满足低延迟的需求，因此百度提出了实时数据流计算模型 Dstream。它既能提供灵活的、可伸缩的效率解决方案，又能在数据完整性、高可用、可扩展性及收缩性方面达到领先水平。这是百度自主研发的国内规模最大的实时计算平台。Dstream 旨在面向有向无环的数据处理流，满足高时效性要求的计算业务场景（如实时 CTR 计算），最快可达到毫秒级的响应。

Dstream 立项之初，业界还没有类似的开源系统（Storm 尚未正式推出），只能依靠研发团队自己摸索。目前 Dstream 平台的集群规模已超千台，单集群最大处理数据量超过 50TB/天，系统稳定性、计算能力已完全满足海量数据时效性处理需求。即使与 Storm 相比，Dstream 在系统成熟度、性能、稳定性等方面仍然优势明显。

3. 百度框计算

“框计算”（Box Computing，如图 2-17）是 2009 年 8 月 18 日百度董事长兼首席

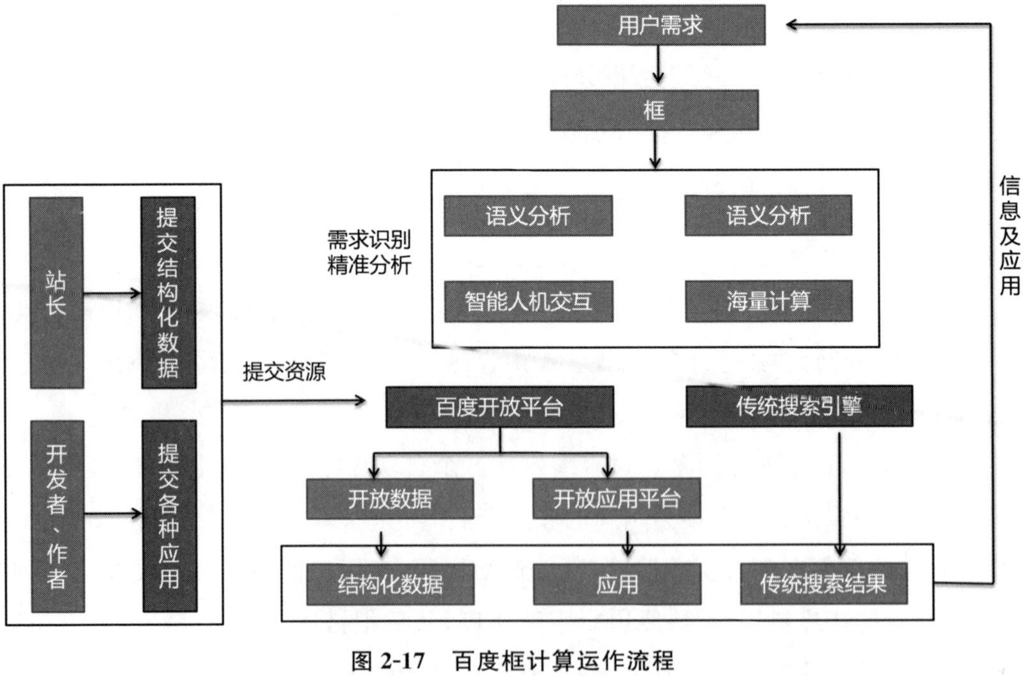

图 2-17 百度框计算运作流程

执行官李彦宏在 2009 年百度技术创新大会上提出的全新技术概念。用户只要在“百度框”中输入服务需求，系统就能明确识别这种需求，并将该需求分配给最优的内容资源或应用提供商处理，最终精准、高效地返回给用户相匹配的结果。这种高度智能的互联网需求交互模式，以及“最简单可依赖”的信息交互实现机制与过程，被称为“框计算”。

在“框计算”的实现过程中，最重要的是进行需求识别。所谓“需求识别”，就是确定用户究竟要互联网为他做什么，这是互联网科学最复杂和最具技术含量的一个领域，下面又包括语义分析、行为分析、智能人机交互、海量计算处理等子领域。以搜索的用户需求识别为例，如有人希望从互联网得到一个“形容很开心的句子”，这个请求首先被拆成不同粒度的 20 个语义单位进行分析，后台要经过 3 亿次计算来识别这个需求，然后在 100 亿个网页资源中检索并进行需求分配，而整个过程却要在不到十分之一秒内完成。在用户需求识别技术方面，目前百度在全球范围内是最强的，每天要从搜索框中获取超过 10 亿次搜索请求，并在极短时间内对这些需求进行识别响应。尽管如此，当“框计算”将用户需求从搜索向其他应用领域极大程度地延展时，“框计算”后台对用户需求的识别能力还需要大幅度提升。

此外是数据对接和指令匹配。前者需要与繁杂的海量数据及应用实现规模化、同步化、标准化对接；后者则要求能够在识别出用户需求的同时，精准、高效地匹配出对应的数据及应用资源，并发出指令，最终呈现出精准的用户所需的框计算结果。

二、谷歌的大数据挖掘与大数据体系

业界有一种较为普遍的说法，认为谷歌是大数据时代的重要开拓者，至少在新媒体、互联网产业是这样。谷歌的大数据技术架构一直都是全球互联网企业争相学习和研究的重点，也为行业大数据技术的架构树立了标杆。作为全球最大的搜索引擎，谷歌拥有以太级别的数据，依靠的是遍布全球的 36 个数据中心：美国 19 个、欧洲 12 个、俄罗斯 1 个、南美 1 个和亚洲 3 个（北京、香港和东京各 1 个）。

（一）谷歌的数据来源

从大范围来看，谷歌的数据来自三个方面，一是互联网中的开放信息；二是谷歌的用户，包括普通用户和机构用户；三是第三方机构的数据。

1. 互联网中的开放信息

这部分数据量非常巨大，类型广泛，谷歌可以通过对互联网中的开放信息进行检索、抓取、建立索引等处理，获得相应的数据，并为己所用，进而开发出相应的数据产品。谷歌翻译就是一个非常典型的案例。这是谷歌公司提供的一项免费的翻译服务，可提供80种语言之间的即时翻译。它可以提供所支持的任意两种语言之间的字词、句子和网页的翻译。谷歌翻译生成译文时，会在数百万篇文档中查找各种模式，以便为使用者提供最佳翻译。这种在大量文本中查找各种范例的过程称为“统计机器翻译”。某种语言可分析的人工翻译文档越多，谷歌翻译的译文质量就会越高。

“2006年，谷歌公司开始涉足机器翻译领域。这被当作实现‘收集全世界的数据资源，并让人人都可享受这些资源’这个目标的一个步骤。谷歌翻译开始利用一个更大更繁杂的数据库，也就是全球的互联网，而不再只利用两种语言之间的文本翻译。谷歌翻译系统为了训练计算机，会吸收它能找到的所有翻译。它会从各种各样语言的公司网站上寻找对译文档，还会去寻找联合国和欧盟这些国际组织发布的官方文件和报告的译本。它甚至会吸收速读项目中的书籍翻译。谷歌翻译部的负责人指出，谷歌的翻译系统不会像Candide一样，只是仔细地翻译300万句话，它会掌握用不同语言翻译的质量参差不齐的数十亿页的文档。如果不考虑翻译质量的话，上万亿的语料库就相当于950亿句英语。尽管其输入源很混乱，但较其他翻译系统而言，谷歌的翻译质量相对而言还是最好的，而且可翻译的内容更多。”①

2. 来自用户的数据

谷歌的用户既包括普通的个人用户，也包括各类机构用户，这里主要指使用谷歌广告营销服务的企业、媒体和广告代理机构等。

在个人用户方面，谷歌会积极地利用用户的注册信息、登录信息完成基本信息的搜集。同时也会在用户使用谷歌开发的各类免费、付费产品、服务或者工具时记录、搜集他们的行为数据。例如，用户在谷歌中搜索关键词的行为会被谷歌记录下来形成搜索日志，搜索数据又可以为AdWords等广告产品提供支持。

在机构用户方面，除了与个人用户一样会留下基本信息数据之外，广告主、媒体、代理机构用户使用谷歌的广告产品生成的使用行为数据也会被记录和搜集，例如

① 维克托·迈尔·舍恩伯格，库克耶. 大数据时代[M]. 盛杨燕，周涛，译. 杭州：浙江人民出版社，2013.

AdWords、AdSense 等。谷歌积累这些数据可为广告主提供分析报告等增值服务，并进一步优化产品功能。

例如，谷歌可以通过观察人们在网上的搜索记录来完成流感预测。谷歌保存了多年来所有的搜索记录，而且每天都会收到来自全球超过 30 亿条的搜索指令，这些数据帮助谷歌实现了更加精准的预测。谷歌把 5,000 万条美国人最频繁检索的词条和美国疾控中心在 2003 年至 2008 年间季节性流感传播时期的数据进行比较，通过分析人们的搜索记录来判断这些人是否患上了流感。

3 来自第三方机构的信息与数据

谷歌为了运行某些产品和服务，会通过第三方机构获得数据，这些数据可能是免费获得的，也可能是谷歌向这些机构购买的，例如谷歌地图。谷歌为了获得更准确的地图数据，会向专业的测绘商进行数据采购。美国的 Digital Globe、Cybercity 等都是谷歌的地图数据供应商。

Twitter 和谷歌在 2009 年 10 月达成了一份协议，由 Twitter 为谷歌提供实时消息，并显示在谷歌的实时搜索服务中。根据该协议，谷歌有权实时访问所有的 Twitter 消息，并将其展示在搜索结果一旁，谷歌甚至在其中展示了部分付费的 Twitter 广告。

（二）谷歌的数据处理体系——数据中心

正如上文所述，为了满足自己庞大的数据存储、计算、应用等需求，并为自身产品提供技术保障，谷歌在世界各地建设并运营数据中心，来完成对整个公司数据的处理。

1. 软硬件结合

谷歌对数据处理持“群组”的概念，并将计算机能力视为抽象的数据。即一大群机器一起工作，提供一种服务或运行一个应用。也就是说，谷歌将其每一个数据中心视为一台计算机，各类软硬件系统和资源都围绕着这台“计算机”运转，提供大规模的数据处理过程。

在硬件方面，谷歌通过设置数量庞大的机器，再通过数以万计的计算集群，实现更快速的数据检索。在软件方面，谷歌强调快速的数据处理能力，需要做好单机运行和数据分析，并将报告汇总到集群数据中心以运行文件系统，并管理数据中心内部的所有文件。如果有些数据中心正在工作，就需要依赖谷歌在全球范围的存储管理能力，将数据打包分发至其他数据中心，再进行查询和计算处理。

2. 开发多种辅助系统

为支持软件系统的正常运转，并统一管理自己的服务器，谷歌开发了多种辅助系统。2002 年，谷歌开发了“谷歌文件系统”，拥有了在不同的机器上顺利地传送文件的功能。为开展云端服务，谷歌开发了“MapReduce 系统”，它的开源版本 Hadoop 更是成为业界标准。此外，谷歌还开发了自动化的决策系统“Borg”，用于决定哪台机器最适合某项任务。

3. 不断投入的大数据中心建设

自 2009 年第三季度起，谷歌耗费在基础建设上的经费数量就呈稳步上升态势，到 2013 年时，谷歌在基础建设上的经费已经高达 16 亿美元，其中很大一部分投入到了数据中心的建设与运维方面。受迫于不断扩大的数据规模，谷歌每年都要拿出越来越多的钱投资到服务器、数据中心或其他相关设施上。

谷歌亲自打造数据中心已经拥有超过 12 年的历史，该公司旗下的所有数据中心几乎都有着这样的特点，那就是高效、使用可再生能源以及环保。在这些数据中心里，内置的路由器和交换机负责全球信息的交换，而它们的信息处理速度大约是家用互联网的 20 万倍。

三、亚马逊的大数据挖掘与大数据体系

亚马逊是网络上最早开始经营电子商务的公司之一，伴随着公司业务的不断拓展，目前亚马逊已成为全球商品品种最多的网上零售商和全球数一数二的互联网企业。与此同时，亚马逊也是大数据领域的佼佼者。在大数据方面，亚马逊最大的特点在于：拥有全球最大的消费者数据库；以收购、并购的方式持续获得各种类型的数据；利用数据服务成为全球最大的云服务商并获得盈利。

（一）亚马逊的数据来源

从数据来源上看，亚马逊的数据基本来自三个层面。第一是消费者及用户在使用其产品与服务时留下的数据信息；第二是亚马逊在运营过程中主动搜集到的各类数据；第三是通过合作机构、旗下公司获得的数据。

1. 来自消费者的数据

作为电子商务领域鼻祖级的机构，亚马逊已经建立起一套完善的消费者数据搜集

体系，除了基本的人口统计信息之外，亚马逊还将消费者留下的包括搜索、购买、收藏、支付设定、one-click 设定、E-mail 通知设定、竞价、发帖讨论、参加活动、调查表、与客服的联络、许愿单、社交分享信息、个人提醒服务（比如来货提醒、特殊情况提醒等）、个人推荐等信息进行数据化处理，将其转变为后期可用的数据。

2. 运营中主动搜集到的数据

在亚马逊的运营过程中，主动地进行信息、数据的搜集是必不可少的行为。例如，利用 Java Script 等软件工具，亚马逊可以获得页面反应时间、下载错误、特定页面的访问时长、页面交互信息（滚动、点击、悬停）、离开页面的方式等信息数据；利用搜索引擎 A9[①] 来获取用户进行搜索时留下的数据，包括可以整合的使用谷歌、雅虎等搜索引擎留下的数据；利用 A/B Testing 等调查方法来测试使用者的反应，将得到的信息进行整合，得出有效信息。

同时，亚马逊的相关媒体产品与服务在运行过程中也会自动搜集并记录用户的相关信息。例如，用户 IP 地址、登录信息、E-mail 地址、密码、计算机和连接信息（例如浏览器类型版本、时区设置、浏览器插件类型版本、操作系统、平台）、购买历史、URL 点选流向（到亚马逊、经过亚马逊、离开亚马逊，包括时间、日期）、Cookie Number、浏览和搜索的产品、拨打亚马逊 800 电话所用的电话号码等。

3. 从合作伙伴、旗下机构处获得的数据

亚马逊的合作伙伴遍布全球，这些机构通常成为亚马逊获取数据即可用信息的重要来源。例如，亚马逊可以从品牌合作、技术合作、物流合作、广告合作等合作机构处得到账户信息、购买和退货信息。

与此同时，亚马逊通过大量的收购与并购行为，获得了种类极为丰富的数据。表 2-2 中，我们简单列出了近年来亚马逊的一些标志性收购行为，以及通过这些收购行为获得的数据方面的战略意义。

---

① 亚马逊开发的搜索引擎 A9，首次采用了结合名为 Open Search 的 RSS 技术进行联合搜索的方式。Open Search 提供了新的选择，以开放的格式记录搜索结果，使这些结果可以在任何时间、任何地点显示。Open Search 不是要引入新的所有权机制或者封闭的协议，而是采用了已经被广泛接受的 XML 内容联合格式 RSS 2.0 的直接扩展，并向下兼容。

表 2-2 近年来亚马逊较为典型的收购、并购行为与数据获取之间的关系

时间	收购公司	详情
1998 年	IMDb. com	互联网电影资料库(Internet Movie Database,简称 IMDb)是一个关于电影演员、电影、电视节目、电视明星、电子游戏和电影制作的在线数据库
1999 年 6 月	Alexa	Alexa 是一家专门发布网站世界排名的网站。以搜索引擎起家的 Alexa 的目的是让互联网网友在分享虚拟世界资源流量的同时,更多地参与互联网资源的组织工作
2003 年	CD Now	在线音乐商店,收集音乐方面的信息
2004 年	卓越网	中国电子商务网站,直接接收中国客户的数据
2009 年 6 月	SnapTell	可视化手机产品搜索公司,SnapTell 的服务帮助用户通过手机搜索各类产品的信息。该公司的服务与亚马逊的购物体验进行整合后,亚马逊的 iPhone 应用软件"亚马逊 Mobile"目前已集成了一项功能,允许用户拍摄产品照片,随后存储在手机软件和亚马逊网站的"可视列表"中
2012 年 7 月	UpNext	3D 移动地图公司,获得移动互联网端的数据
2013 年 4 月	Goodreads	社交阅读网站,亚马逊收购 Goodreads 不仅仅是为了获得它所提供的社交网络服务,公司还计划利用 Goodreads 为那些并不被人熟悉的作者找到自己的读者群,强化"阅读+社交+推荐"优势
2012 年 6 月	Avalon Books	具有 62 年历史的老牌出版社,亚马逊收购了包括 Avalon 旗下的 3,000本书目,交易金额未被透露。此前 Avalon Books 主要面向的是图书馆市场,现在亚马逊将把它推销给更广泛的受众
2013 年 8 月	《华盛顿邮报》(贝索斯个人名义)	《华盛顿邮报》创办于 1877 年,是美国华盛顿哥伦比亚特区最大、最老的报纸。此次收购可以帮助亚马逊获得《华盛顿邮报》100 多年的信息数据
2014 年 8 月	Twitch	成立于 2011 年 6 月份的 Twitch 是目前视频游戏玩家最喜爱的直播视频网站。收购直接服务于2,000万个游戏玩家的 Twitch 可以帮助亚马逊跨过中间槛,直接面对最终的玩家,更好地拓展游戏领域的业务
2015 年 9 月	Elemental Technologies	Elemental Technologies 的视频转换技术的客户有数百家,其中包括 Home Box Office、迪士尼的 ESPN 和英国广播公司(British Broadcasting Corp.)等。目前,越来越多的消费者正在通过自己的平板电脑和智能手机获取特定内容。这次交易意味着亚马逊可能成为在任何设备上和任何时间里向消费者提供视频的核心公司

（二）亚马逊的大数据处理体系

亚马逊将数据视为公司的运营与发展之根本，所以它在构建自身数据处理体系时所做的第一件事情就是在组织架构中明确数据处理的重要性。

1. 一级部门架构：数据使用贯穿前端与后端

从组织架构上来看，2013 年前后，亚马逊的一级部门（如图 2-18 所示）大致划分为前端与后端两类。前端部门主要指数字媒体、零售与营销、商业拓展，后端部门主要包括运营部门、卖方服务、电商平台。此外还有客户服务与云计算服务两大部分。

其中，零售与营销部门主要负责面向最终用户的产品运营和市场推广活动，部门内部以产品线为主线组成不同的小组，每个小组大概 10 人，负责整个产品线的运营。数字媒体主要负责亚马逊的在线音乐和 Kindle 产品，考虑到其特殊性，与其他产品线分开运营。运营、电商以及卖方服务主要统辖仓储物流、支付、数据挖掘以及对卖家的管理和监控，其中的卖方绩效团队对卖家的业绩进行专门管理，太差的卖家会被清除出去。客户服务主要以客户为中心，对接所有部门。

图 2-18　亚马逊主要的一级组织结构

2. 前店后厂的数据中心建设

随着数据中心规模的不断扩张，互联网厂商在建立数据中心时已经不再像以往那样简单地考虑网络资源最好的大城市，而是综合成本、数据调用、网络等因素设立“前店后厂”模式——将大型数据中心建立在经营成本较低的偏远地区，在网络服务核心区域或周边建立小型数据中心。

在美国，亚马逊就将自己的大型数据中心放在了俄勒冈州，同时也在“科技中心”的旧金山设立了小型数据中心来保证硅谷互联网公司的需求，并处理对延迟敏感度极高的小部分用户的诉求；在俄勒冈州的大型数据中心的成本要低得多，它们提供一些对延迟不敏感的服务。

2013年亚马逊进军中国，也采用了同样的硬件集散方式。在亚马逊与北京市政府、宁夏回族自治区政府以及西部云基地签署了四方谅解备忘录之后，电力资源丰富、地广人稀的宁夏将成为“后厂”，亚马逊的数据中心会建造在那里。而北京就是“前店”，基于北京成熟的公有云市场和产业链，亚马逊的销售、市场营销、应用开发在北京进行。

3. 不断提升数据处理能力，进入云计算服务领域

亚马逊之所以能成为IBM、微软等巨头在大数据上的强劲对手，离不开其强大的数据处理和运作能力。庞大的数据存储、计算和分发以及应用是亚马逊引以为傲的大数据产品。亚马逊网络服务所提供的服务包括：亚马逊弹性计算网云（Amazon EC2）、亚马逊简单储存服务（Amazon S3）、亚马逊简单数据库（Amazon SimpleDB）、亚马逊简单队列服务（Amazon Simple Queue Service）以及亚马逊云端服务（Amazon CloudFront）等。这些都是在业界具有标杆性的云计算技术。

弹性计算网云（EC2）和弹性MapReduce（Elastic MapReduce）是亚马逊大数据、云计算领域中成功而有效的技术，是其数据处理能力的体现。EC2几乎可以认为是迄今为止云计算领域中最为成功的技术。通俗地讲，EC2就是提供虚拟机，它的创新在于允许用户根据需求动态改变虚拟机实例的类型及数量，技术上支持容错并在收费模式上支持按使用量付费，而不是预付费。

Amazon Simple Storage Service（S3）又叫简单储存服务，是亚马逊使用最广泛的储存技术，它提供完全冗余的数据存储基础设施，以便随时从网络中存储和检索任何数据。到2013年，S3存储云已经包含超过2万亿个对象，而这距离其存储对象突破1万亿大关仅仅过了一年，并且仍然保持着惊人的增长速率。

除了快速、高效的计算和储存技术外，亚马逊的大数据能力还体现在对数据的应用上，而这也成为未来亚马逊大数据战略中的重点发展部分，例如虚拟桌面服务WorkSpaces、云端GPU增强服务AppStream，以及实时的流数据存储平台Kinesis等。

四、淘宝的大数据挖掘与大数据体系

截至2014年年底，淘宝网拥有注册会员近5亿，日活跃用户超过1.2亿，在线商品数量达到10亿；在C2C市场，淘宝网占据了95.1%的市场份额。淘宝网在手机端的发展势头迅猛，据易观2014年最新发布的手机购物报告，手机淘宝+天猫的市场份

额达到 85.1%。截止到目前，淘宝网创造的直接就业机会达 467.7 万个。随着淘宝网规模的扩大和用户数量的增加，淘宝网也从单一的 C2C 网络集市变成了包括 C2C、分销、拍卖、直供、众筹、定制等多种电子商务模式在内的综合性零售商圈。

(一)淘宝的数据来源与分类

事实上，以上这些数据中都隐藏着巨大的价值。从数据源头来讲，淘宝网拥有的海量数据主要来源于三个渠道，即站外数据、站内数据及访问数据(见表 2-3)。

表 2-3　淘宝数据的主要来源

数据源	产生地	举例
外部数据	广告点击	页面、视频、弹窗等
	搜索引擎	百度、谷歌搜索等
	相关网站/软件	美丽说、蘑菇街等
	SNS 推荐	人人网、新浪微博等
淘宝站内数据	搜索	淘宝网、天猫等的搜索框
	站内广告	直通车、淘宝客、钻石展位的广告等
	站内 SNS	淘资讯、淘江湖、淘女郎、爱淘等
	页面	首页、产品类目、垂直频道、店铺首页、产品页面等
	会员及用户	我的淘宝、会员中心、收藏夹等
	交易	购物车、支付、物流管理、确认收货、评价、退换货、投诉建议等
	即时通讯工具	阿里旺旺、来往等
	后台管理数据	淘宝网站后台管理、卖家后台操作等
直接访问数据	网址输入、软件操作、浏览器收藏等	
无线端数据	手机、平板电脑等无线终端上的数据，包含淘宝自身开发的 Native App 上和 Web 端的数据，以及通过“插件”等方式植入到其他客户端软件上的数据等	

1. 淘宝站外的引导性数据

主要是淘宝网外部的数据，包括相关的广告点击、搜索引擎上的搜索数据、SNS 上的推荐与链接、关联软件的操作与推荐等。这些数据是通过间接的导流与推送链接到淘宝网的相关页面上的。

近年来，随着淘宝网开放化程度的日益加深，站外流量与日俱增，以站外广告及导流网站为主所产生的站外数据日益丰富。这些站外数据对淘宝平台来讲有着至关重要的作用，它们能够比较全面地反映用户的搜索行为、偏好、媒体接触及使用习惯，以及诸多潜在的购物需求。2009年，淘宝旗下购物分享平台“爱淘宝”全面上线，所有通过站外平台的点击行为都要汇集到“爱淘宝”平台上，这样就使得复杂而庞大的站外流量有了统一的汇总平台，数据的价值得到了极大的提升。

2.淘宝站内数据

淘宝站内产生的数据是淘宝网最大的数据来源之一，这些数据的产生与买卖双方的交易密不可分，同时也围绕着交易产生了相关的信息与数据，包括内部搜索、站内SNS社区、页面浏览与点击、会员及用户相关页面、购买与交易数据、后台管理数据以及即时通讯数据等信息。

这些数据信息更能直观而细致地反映淘宝网站内用户的商品浏览行为及习惯，最直接地捕捉到用户的交易行为、商品偏好及相应的需求、爱好及口碑等信息。这里涵盖了淘宝网的消费者全面而翔实的网购信息，能够比较准确地描绘出用户画像，具有极强的营销价值和沟通价值。

3.直接访问数据

这部分数据主要来源于浏览器访问、软件访问等。这部分数据能够有效地洞察用户的网购入口偏好及行为。

4.无线端数据

正如此前提及的那样，随着无线互联网的飞速发展，淘宝无线端的成长在近两年迎来了一个高峰。与此同时，随着淘宝在无线领域的布局越来越深入，无线端的产品日益丰富，加之其以“插件植入”等方式在其他客户端软件上的布局，淘宝网无线端的数据构成了海量的数据阵容，能够全面反映出无线用户的特征。

5.主要数据类型

按照不同的维度，淘宝网的数据可以被划分成如下几种：

第一，按照常规的分类来讲，淘宝网的海量数据可以分为以“用户”为主体的“会员数据”(由支付宝实名认证，真实度较高，包括用户的性别、年龄、地区等基本数据以及浏览、点击等的行为数据等)；以“商品”为主体的“商品数据”(商品类别、属性、购买量等数据)及以“交易行为”为主体的“交易数据”，也是最关键的数据。

第二，按照用途来划分，分为对消费者的个性化推荐数据，能够提升卖家销量的市场发展、行业竞争及消费数据，提供给第三方机构以帮助其了解电商企业的行业数据等。

第三，从技术层面来讲，又分为日志型数据、结构化和非结构化数据以及关系型数据等。

（二）淘宝的大数据处理体系

淘宝的海量数据从源头被收集汇总到数据库中，然后由数据处理部门进行数据的筛选、运算，最终形成不同的应用。淘宝拥有独立的数据运营部门和数据团队，拥有自己的数据存储仓库和计算平台，用大数据技术实现数据价值的最大化发挥。

1. 大数据运营部门

2005 年，淘宝建立了第一支数据分析师队伍，成立了第一支数据部门——智能商业部，由现任阿里集团数据委员会会长车品觉担任负责人。

目前，淘宝的数据团队分为两种，一种是为外部服务的，专门负责对外研发数据产品；另一种是专门对内服务的数据部门，负责将数据反映、运用到集团内部，供决策层了解业务状况，进行决策，提升运转能力。

随着阿里巴巴集团对大数据的日益重视，集团内部的数据部门日渐丰满起来。2012 年，阿里巴巴成立大数据部门（如图 2-19），由集团 CEO 直接领导；2013 年又成立数据平台事业部，成为 25 个事业部当中一个独立的事业群。多年来淘宝的数据部门在整个集团的数据业务架构中一直占据着核心的地位。淘宝每天产生大约1.5PB① 的数据，其数据部门将 1.5PB 的数据通过计算处理成 20TB 高价值的数据，提供给上层的各个应用和各个部门，为集团的数据业务作出了重要的贡献。

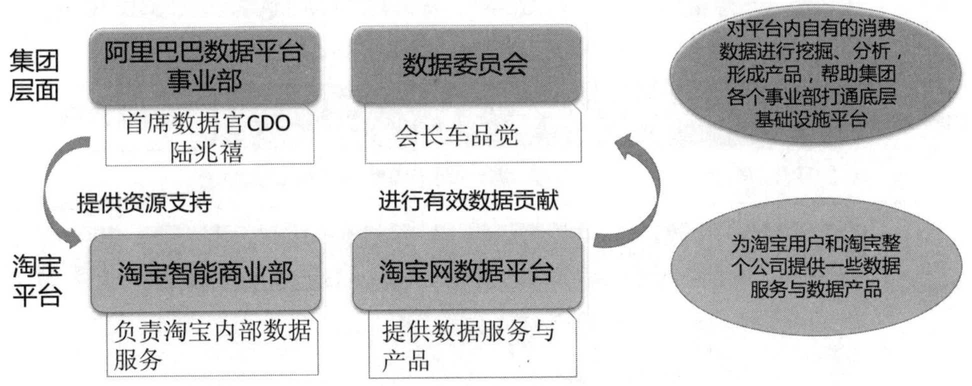

图 2-19　淘宝数据部门与集团数据部门的互动关系

① 数据来源：淘宝网公布，数据截止到 2012 年年底。

2. 自建数据存储与计算平台系统

目前淘宝拥有一整套数据存储与计算的平台系统。通过海量的存储和高效的计算技术，不断将数据转化成有价值的应用或产品。

2010 年，淘宝自主研发了 OceanBase 高性能分布式数据库系统，能够实现数千条记录、数百 TB 数据级别的跨行跨表事务、范围查询，支持服务器故障自动容错和在线扩容。OceanBase 能够有效地解决不断增加的结构化数据存储与查询的问题，从而适应全新的数据量级，满足其存储、运算的要求。

此外，在淘宝的数据技术架构上还有一个关键的平台叫作“银河”。这个平台是一个实时流处理平台，主要进行分布式流数据的实时处理和计算框架设定。“银河”能够接收一些时效性要求很高的数据(如搜索统计数据)，能够实现消息即数据，快速做出实时、高效的计算反应，日处理数据可达 3 亿量级，并将实时计算出来的数据结果在尽可能短的时间内刷新到相应的产品架构中，供前端的数据产品调用。

3. 数据分层处理技术

目前，淘宝网数据平台技术架构主要由五个层次构成(如图 2-20)，各个层次有不同的分工，使数据经过层层挖掘与打磨之后形成不同的功用。数据从数据源开始先进入计算层，进行分布式的计算与实时计算，处在计算层的“云梯”每天会对传输过来的大约4,000个作业的 1.5PB 原始数据按照需求进行计算，此时计算结果处于中间状态，在数据冗余与前端计算之间做适当的平衡。计算层将计算结果汇入到中间的存储

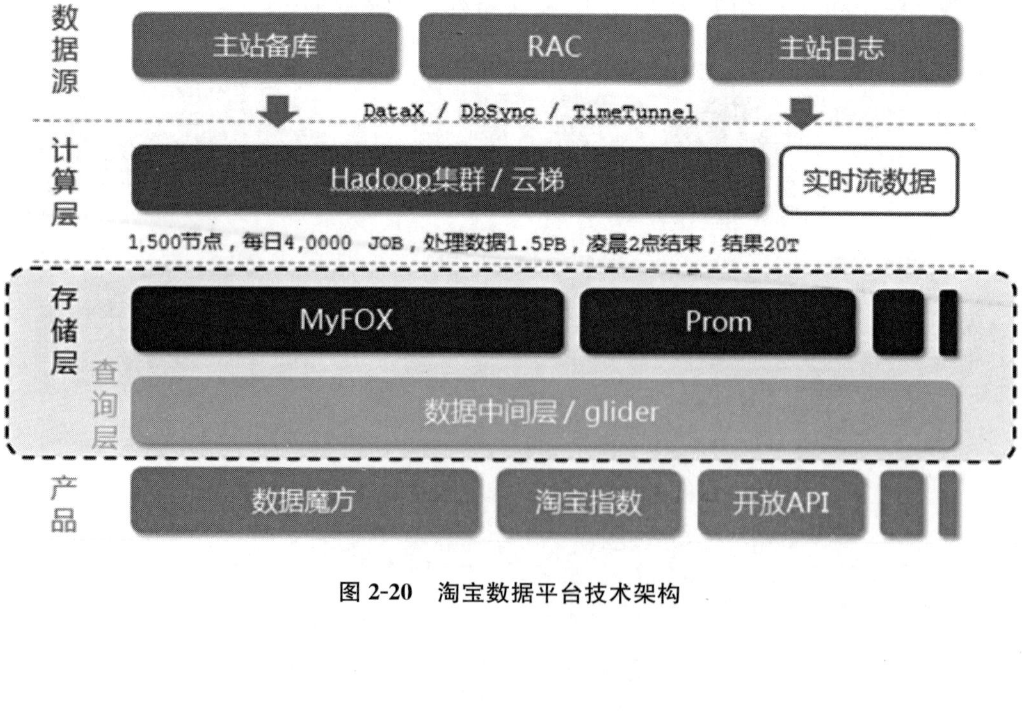

图 2-20　淘宝数据平台技术架构

层及查询层,在这里汇集了分布式关系型数据库存储集群和非关系型数据库存储集群,以缓解计算层将数据接收、实时计算、存储和查询集于一身的压力。

最后,经过筛选和计算的数据被赋予不同的功能和用途,最直接的是形成多种形式的数据产品,被提供给卖家、买家,或开放 API 接口给第三方使用。

本章思考题

1. 新媒体机构在构建自身的大数据体系时应该注意哪些问题?

2. 数据挖掘的常见任务可以分成哪些类别?

第三章 大数据与新媒体的内容运营

本章要点

1. 新媒体内容运营的概念与内涵
2. 大数据对于新媒体内容运营的影响
3. 数据新闻的概念与发展

第一节 新媒体的内容运营

一、新媒体的内容、业务和产品

在我们研究新媒体的内容运营时，首先要对几个常见的概念做一个基本的区隔，也就是内容、业务和产品。

(一)新媒体的内容

“内容”是媒介运营的核心要素，是指以媒介为传输载体的各类信息形态的总称。

从文化学的角度出发，“内容”这一概念的主要意义在于容纳之物有内涵，能容万物。内容指的是一种能够把外在包容其内的状态。从传播学的角度出发，传者、信息、媒介、受者和反馈是传播的五个核心要素。从媒介产业的角度出发，内容是媒介产业链条中重要的环节，和传输环节、经营环节、终端环节等同样重要。内容资源是媒体联系受众、经营广告的基础要素。①

从数字新媒体运营的角度出发，内容是能够承载和传播信息的专业技术平台和软

① 黄升民，周艳，马丽婕.广电媒介产业经营新论[M].上海：复旦大学出版社，2005.

硬件上所承载的信息形态的总称。快速发展的数字技术造就了快速、通畅的传输网络，形成了强大的信息处理能力，对信息内容的处理更快、更便捷。[①] 具体来看，新媒体的内容包括文字、图片、音频、视频等。

（二）新媒体的业务

“业务”是指媒体基于现实的内容，考虑内容与用户或者广告主需求之间的关系所规划出来的方便使用的各种外在的信息服务的表现形式。从字面意义来看，业务是指个人的工作职业或者机构的专业服务项目，其解释有两个核心点：第一是专业性，能称之为业务的，一般都是某个领域的专业性工作；第二是事务性的具体项目，指这些专业性的工作所包含的有着特殊知识技能和要求的具体项目。

从媒体运营的角度来说，业务是附着在内容和需求之上的，在现实运作中，媒体的运营方往往是以业务形态的规划作为内容和商业模式的设计基础的，而用户也往往是通过媒体提供的业务产品来实际使用和消费媒体的。在传统媒体时代，“业务”的概念还不太强，然而伴随着新媒体技术的发展、用户需求的碎片化、海量内容的出现，媒体的运营需要更多的分类规划和分解传递，媒体内容和用户需求之间的联系需要不同业务形式来构建，业务的重要性才得以凸显。

（三）新媒体的产品

“产品”是指媒介根据市场的需求所生产的，能满足媒介消费者需求的产品和服务。在经济学的解释中，产品是指能够提供给市场，被人们使用和消费，并能满足人们某种需求的任何东西，包括有形的物品，无形的服务、组织、观念或它们的组合。媒体产品的释义其实正是在这个基础上的一种延伸和拓展。

新媒体的产品是基于内容和业务所提供的，能够让用户直接接触、使用和消费的，具有可交易性质的形态。媒体产品作为产品，首先是一种商品，具有使用价值，其价值是通过满足受众的需求来实现的，这是媒体产品的自身要素；其次，媒体产品跟其他产品一样，要实现其价值，必须投放到市场，在市场的指挥下进行流通，这是媒体产品的外部要素。

在现实生活中，一部电影、一部电视剧、一个 App，都可以称为新媒体的产品，它们的共同点在于可以被用户直接接触并使用，而且可以进行消费。

---

① 周艳.新媒体理论与实务[M].北京：中国传媒大学出版社，2014：34.

(四)内容、业务、产品之间的关系

从信息传播的角度来看,内容是信息的首轮加工产品,也是媒体“传播”的对象,是媒体产品、媒体业务的重要基础与核心。产品有更深一层的加工含义,并且通常被赋予“消费”“交易”的含义。

在针对消费者或者受众、用户时,业务和产品的意义有时可以通用。但是从媒体运营的角度来看,业务的范畴更大,同一业务下可以包含多种产品,而“业务”的承载和表现往往都是产品。例如:××媒体机构在进入××业务领域后,推出了××产品。但是,从严格意义上来说,三者的概念是不同的,在研究新媒体时,通常需要对这三个概念进行差别化运用(如图 3-1)。

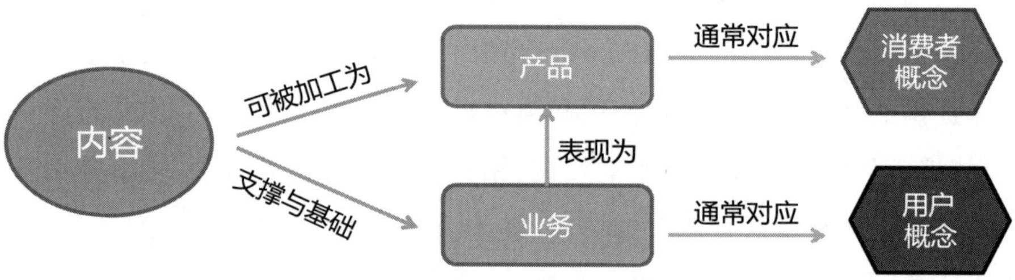

图 3-1 新媒体的内容、业务、产品之间的关系

接下来,我们看两个实际的案例,来了解内容、业务和产品之间的区隔使用。

第一个案例是新华社的一段新闻:新华社研发成功的基于新兴移动终端的中国网事客户端及中国首部动漫新闻评论节目“E 哥有话说”在杭州上线和首播。中国网事新媒体客户端是国内首个集文字、摄影、视频、微博等内容于一体的“融媒体”新闻终端产品,重点针对以 iPad 为代表的平板电脑、以 iPhone 为代表的智能手机以及互联网等新媒体领域。这是新华社进入新媒体业务领域的一个重要尝试。

第二个案例是乐视网在 2013 年财报中的摘录:“乐视网是国内最早购买影视剧版权的视频网站,提出‘全、新、清、深’的内容建设思路,并建立国内最全的正版影视剧版权库,电影版权超过 5,000 部、电视剧版权超过 9 万集,构建起一个庞大的视频内容云平台。凭借最全的影视剧库和‘乐视制造’这一视频网站自制第一品牌,乐视网已成为专业长视频第一的视频网站,付费业务和版权分销业务长期稳居行业第一。”

从这两段文字中我们可以清晰地看到内容、业务和产品三个概念的不同,虽然在部分场合中,我们经常混用这三个概念,但实际上,三者之间是有差别的。

二、数据在新媒体内容运营中的作用

在传统媒体时代，媒体的内容生产过程相对较为简单，而新媒体给整个信息传播环境带来了极大的改变，也重构了内容运营的流程。在这个过程中，数据扮演着越来越重要的角色。

(一)新旧媒体的内容运营流程有着显著差异

在传统媒体的内容运营流程中，媒体机构负责对信息进行加工整理，形成内容产品之后，通过各自的信息传播渠道将内容产品分发给不同的受众。受众在接收信息之后通过一定的方式向内容产品的提供者进行反馈，媒体再根据受众反馈进行下一次内容生产的调整，这就完成了一次内容生产、分发、消费的过程。

事实上，传统媒体中的信息传播流程即可对这种媒体内容生产和运营的过程做出解释。唐・E. 舒尔茨在他的《全球整合营销》[①]中，为依托传统大众媒介建立起来的营销传播做了一个模型图。在图 3-2 中，舒尔茨清晰地标明了信息流动的方向，即从信源流向信宿，基本保持线性的流动。而消费者在营销传播中处理信息的方式也是线性的，表现为接触—注意—理解—接受—保留。

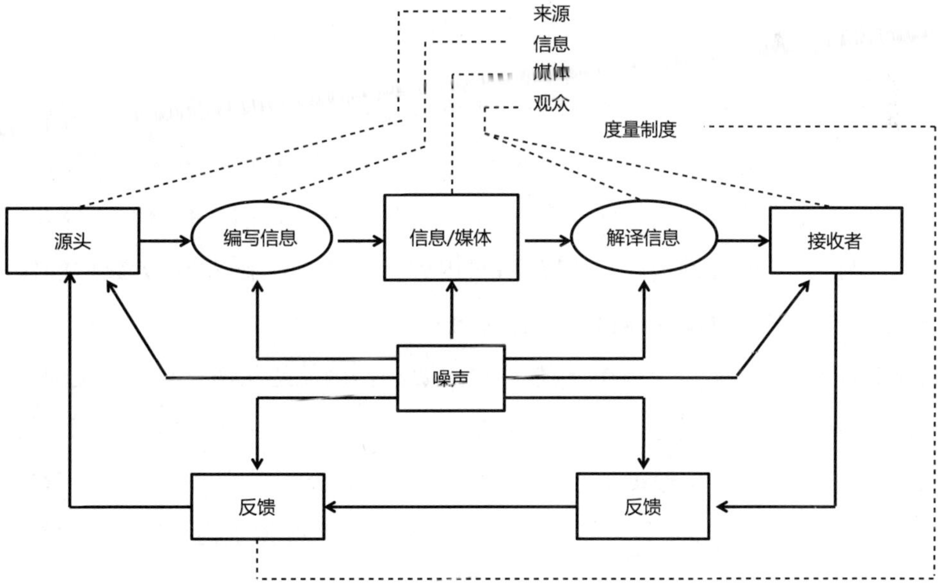

图 3-2　舒尔茨所描绘的传统线性营销传播模型

---

① 唐・E. 舒尔茨. 全球整合营销传播[M]. 黄鹂，何西军，译. 北京：机械工业出版社，2012：45.

经过长期经营和管理实践的探索，目前，新媒体已经形成了较为完善的内容运营流程，以平台化的模式对内容的生产、传播进行了流程再造。首先，新媒体的内容运营需要经过内容获取、集成、分发三个重要环节。新媒体通过各种渠道广泛吸纳海量内容，新媒体机构对各种内容进行集成，使之成为符合市场需求的内容产品，并面向多种终端和用户进行传输分发。在各个环节中，新媒体内容运营均体现了多元化、多样性、开放式的特点，使之有别于传统媒体封闭式、单一化的管理模式。其次，新媒体的内容运营还有两个重要支撑：一是内容监管，即内容的可管可控，通过遴选和监控保证内容的安全可靠。二是媒体资产管理系统的建设。媒体资产管理系统在新媒体内容管理过程中的作用至关重要，新媒体的内容管理流程千头万绪，需有更科学的管理系统来保证资源的合理配置。同时，原始的内容资源通过媒体资产管理系统的套配之后，可以进行多次开发，深度发掘内容资产的价值。①

此外，新媒体机构在内容运营的过程中有一个极为重要的特点，就是将内容视为产品。互联网产品其实并未创造出全新的生产机制，只是更加灵活地根据用户反馈进行产品调整。虽然这种不断获取反馈，再不断调整的方式并不一定都会采用最新的手段与方法，大数据和小数据、中数据的结合使用是常态，但是在这方面，传统媒体工业化的程度依然有所欠缺，究其原因主要是产品意识不强。②

（二）大数据在新媒体内容运营过程中发挥着巨大的作用

正如前文所述，新媒体的内容运营流程可以分为基本的内容获取、内容集成、内容分发和交易三个大的环节。无论具体的内容产品是什么，总结来看，媒体进行内容生产的最终目的是搭建起恰当的商业模式，从而实现盈利。目前，用户付费、商业广告、内容销售是最常见的三种模式。所以，对于内容运营这项工作来说，大数据的作用是要从这三个层面来提升新媒体机构的盈利能力。

在传统的媒体内容生产过程中，数据最重要的作用就是从用户与广告主的需求角度出发，为内容生产者提供必要的参考和借鉴。然而在大数据技术的支持下，数据的作用和重要程度都发生了改变，也在颠覆原有的媒体内容生产的模式。在运营过程的各个环节中，大数据都可以参与其中，并且有效地提升新媒体机构内容运营的效率，优化运营效果。

---

① 周艳. 新媒体理论与实务[M]. 北京：中国传媒大学出版社，2014：39.

② 吴殿义. 互联网产品的核心逻辑[J]. 广告大观(媒介版)，2015(12).

第一，在内容获取方面，不管是自主内容生产还是外部引入，即通过购买、合作的方式获得内容，都需要利用数据对其进行评估，从而生产、获取更加符合市场需求的内容产品，甚至数据本身就可以成为优质的内容。

第二，在内容集成环节上，新媒体机构要实现的是内容的业务化和产品化，在这个过程中，需要根据终端、渠道、受众的不同将原始内容加工整理成更加合适的内容产品，大数据的指导作用同样重要。在这个过程中，可以利用数据的支持对内容产品进行优化，通过编辑整理让内容产生更大的价值。

第三，在内容分发环节上，如何让不同的用户在不同的时间，利用不同的终端接收最合适的内容产品，并且让新媒体机构在第一时间获取用户的评价与反馈，这是大数据需要解决的重要问题。实现精准的推荐和个性化的分发模式是现在新媒体机构在内容分发层面上的工作重点。

帮助新媒体预知用户、受众的需求，提前生产出符合他们需求的内容及产品，同时进行内容产品的优化，并且帮助媒体用更加合适的方法去传播和营销，这是大数据在新媒体内容运营中的重要使命。在接下来的章节中，我们将具体探讨大数据如何帮助新媒体机构优化其内容运营的工作。

第二节　大数据改变新媒体的内容生产——以数据新闻为例

一、数据新闻的概念和发展

根据业界的认知，数据新闻又叫数据驱动新闻，是指基于数据的抓取、挖掘、统计、分析和可视化呈现的新型新闻报道方式。数据新闻是在大数据的技术背景下产生的。数据新闻是随着数据时代的到来出现的一种新型报道形态，是数据技术对新闻业全面渗透的必然结果，它的出现在一定程度上改变了传统新闻的生产流程。

（一）数据新闻的起源：精确新闻报道

精确新闻学理论亦被称为精确新闻体、精确新闻报道，是由美国学者、新闻记者菲利普·迈耶在20世纪60年代提出来的。在《精确新闻报道：记者应掌握的社会科学研究方法》一书中，菲利普·迈耶将精确新闻的含义界定为：记者在采访时，运用调查、实验和内容分析等社会科学研究方法来收集资料、查证事实，从而报道新闻。[①]

在当时的时代背景和环境下，新闻业界希望能够以更加精确的数据、概念来分析新闻事件，尽可能避免主观的、人为的错误，使新闻报道更加客观、公正，所以民意调查研究成为当时精确新闻学的最主要的组成部分。随着民意调查在强调民主的美国的日益发展与多样化、细化，以及新闻教育变革和新闻传播技术的发展，特别是电话的普及和电子计算机的广泛使用，精确新闻报道日益成熟。精确新闻报道使记者在采访时能运用科学的方法进行直接或间接的系统观察，这就使这种观察具有代表性，而且在内容上它是以严肃的数据为依据的，可以使新闻报道更加客观、公正。传统的新闻报道是记者被动地报道或解释新闻事件，新闻报道被狭隘地限制在"对新闻事件的报道与解释"上。精确新闻报道的出现，使记者能采用系统的科学方法，主动采集、加工资料，挖掘隐藏的真实信息。从这些关于精确新闻报道的阐释中可以看出，人们很早就开始探讨如何使新闻报道更加精确和客观，尤其是如何将数据与新闻报道结合在一起。

在这之后，新闻报道与数据之间的距离不断被拉近。20 世纪 90 年代，随着计算机技术的普及，"计算机辅助新闻(Computer Assisted Journalism)"在新闻调查与新闻报道中的比例日益增加，这进一步提升了新闻报道的精确性。之后，"数据库新闻"等概念出现，新闻报道从生产方式到报道形态都发生了巨大的变革。21 世纪初，记者们开始尝试从一些数据库中找出有用的数据以便挖掘新闻专题。这些数据库既包括政府公开的数据库，也包括媒体自己的数据库。[②] 在不久之后，数据驱动新闻、大数据新闻等概念以及操作方法应运而生。显然，这一过程与人类的数据处理技术的进步是同时发生的。

(二)数据新闻的诞生和概念

关于数据新闻概念的诞生，业界和学界目前并无统一的判断，但是仍有一些标志性的事件可以帮助我们更好地了解数据新闻的发展过程。

例如，澳门科技大学章戈浩教授认为，第一个利用数据进行的新闻报道可以追溯到 1821 年 5 月 5 日，那是《卫报》首期报纸的头版新闻：曼彻斯特在校小学生人数及其

---

① 菲利普·迈耶.精确新闻报道：记者应掌握的社会科学研究方法[M].4 版.肖明，译.北京：中国人民大学出版社，2015.

② 喻国明，李彪，杨雅，李慧娟.新闻传播的大数据时代[M].北京：中国人民大学出版社，2014:20.

平均消费。现在还可以从《卫报》的网站上下载到这份原版的 PDF 数据。[①] 方洁在《数据新闻概论》一书中则表示，率先提出“数据新闻”概念的是《华盛顿邮报》的软件开发员兼 Every Block 网站的创建人阿德里安·哈罗瓦提(Adrian Holovaty)。他在 2006 年的一个论坛中做了名为《报纸网站变革的一种基本方法》的演讲。在这场演讲中，他虽然没有直接给出“数据新闻”这个概念，但是已经提出了相关理念，因而被业界认为是数据新闻的创立者。[②] 我们可以看出，数据新闻的诞生与数据在新闻报道中的应用息息相关，但是数据新闻绝不简单地等于使用了数据的新闻报道。因此，我们有必要对数据新闻的基本概念做一个简要的界定。

目前学界和业界对于“数据新闻”还没有形成统一的认知，所以在对数据新闻的概念进行解释的时候，会出现一定的差异。总结来看，学界与业界对于数据新闻有一个共同的认知，即数据新闻是一种运用了数据理念的、全面变革了的新闻报道方式与制作手段。

例如，美国伯明翰城市大学的教授保罗·布拉德肖认为数据新闻就是一切用数据处理过了的新闻，数据新闻的制作过程可以用倒金字塔来表示，包括数据汇编(Compile)、数据清理(Clean)、了解数据(Context)和数据整合(Combine)四个部分；数据新闻的传播过程通过正金字塔来完成，包括可视化处理、叙述新闻故事、通过社交媒体发布、受众根据自身的需要和兴趣有选择地使用(如图 3-3)。在整个过程中，数据处理的最终目的是完成数据的可视化并实现有效传播。这个金字塔的解释图在学术界广为流传。我国香港城市大学的祝建华教授认为，数据新闻是用来过滤和分析海量新闻数据的工具，它通过对数据的整合，实现对新闻的挖掘。在业界，对于数据新闻概念的讨论也有很多。《卫报》《纽约时报》《华盛顿邮报》等数据新闻的实践者都提出了对于数据新闻的自我认知。例如，《卫报》数据新闻编辑西蒙·罗格斯(Simon Rogers)认为：“数据新闻不是图形或可视化效果，而是用最好的方式去讲述故事，只是有时故事是用可视化效果或地图来讲述的。”

数据新闻与精确新闻的差异主要体现在三个方面。第一，是分析和处理的数量有着显著差异；第二，是数据对于精确新闻来说是一种辅助，但是对于数据新闻而言则是核心驱动力；第三是承载平台，精确新闻基本还是以传统媒体为介质，而数据新闻主要利用的则是数字化媒体平台。如果从数据新闻与传统新闻报道的差异点来看的话，数据

---

① 章戈浩. 作为开放新闻的数据新闻——英国《卫报》的数据新闻实践[J]. 新闻记者，2013(6).

② 方洁. 数据新闻概论[M]. 北京：中国人民大学出版社，2015：1.

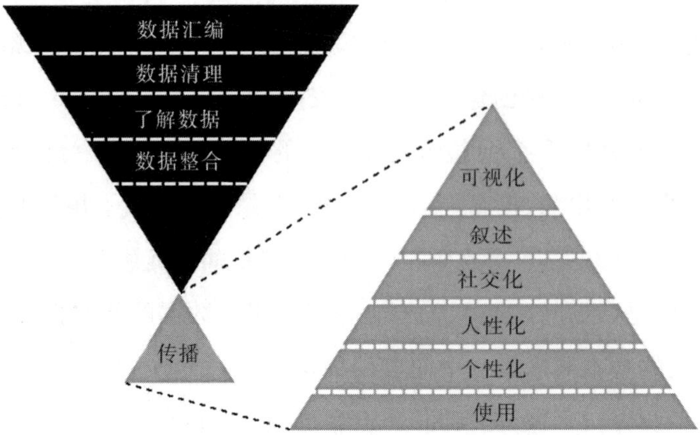

图 3-3 数据新闻的倒金字塔结构

新闻被认为是通过数据处理来进行的新闻报道，极为强调新闻报道与数据之间的关系。从数据新闻对新闻叙事的创新的角度来看，数据新闻是一套囊括了许许多多的用于新闻叙事的工具、技巧与方法，为了提供更加生动、鲜明的阅读体验的新闻报道生产方法。从工作流程与方式的角度来看，数据新闻应当是一种全新的工作流程，包括抓取数据、挖掘数据、数据可视化等基本步骤，在这个过程中实现数据与新闻信息的融合。

在学界与业界共同探讨数据新闻的过程中，《数据新闻手册》一书诞生了。该书的编写始于 2011 年伦敦 Mozilla Festival 的一个 48 小时工作坊。该书由欧洲新闻学中心（European Journalism Centre）和开放知识基金会（Open Knowledge Foundation）共同倡导，来自 BBC、《卫报》、《金融时报》和《纽约时报》等多家媒体的专注于数据新闻领域的业界和学界人士通过网络协作方式完成编写。2013 年经欧洲新闻学中心授权，《数据新闻手册》中文版经 30 人专业团队志愿翻译成稿，并由香港大学 JMSC 进行质量审核。该书对于数据新闻的概念界定为：简单来说就是用数据报道新闻。它为记者将传统新闻敏感、引人入胜的叙事能力与规模庞大的数字信息结合起来提供了可能。

（三）数据新闻的特征和趋势

既然数据新闻强调用数据处理的理念改造新闻报道的生产与传播方式，那么数据新闻势必会与传统的新闻报道产生极大的差异。学界与业界对于数据新闻的特征也做了不同程度的梳理。

在一定程度上，学界的不少专家将数据新闻的特征与其“功能及价值”结合在一起进行了表述。例如，陈力丹在《大数据与新闻报道》一文中表示："通过对国内外有代表性媒体的大数据新闻实践进行研究，可以总结出大数据新闻的四个功能，即描述、判断、预测、信息定制。"①喻国明等则认为，大数据超越了传统媒体的环境监测、社会协调、文化传承和娱乐等基本功能，基于数据挖掘和分析，能够让尘封的历史数据、混杂无序的数据重新焕发出新的活力。② 彭兰在《"大数据"时代：新闻业面临的新震荡》一文中认为，数据新闻会使得趋势预测性新闻和数据驱动型深度报道分量增加；新闻报道中的数据呈现、分析和解读能力提高；新闻生产中跨界合作加深。③ 方洁则明确地提出数据新闻包含的特征：以服务公众利益为目的，以开放的数据为基础，以数据处理分析的结果作为驱动报道逻辑的核心，以可视化作为其主要的呈现方式。

在本章节的学习过程中，我们的研究视角是大数据对于新媒体内容运营的影响，以数据新闻为例其实要探讨的也是这样一个问题。从这样一个角度来看，数据新闻的特点在于，利用大数据的理念，利用恰当的数据处理的方法和工具，重新构建起新闻报道的流程，强调挖掘数据本身的价值，强调新闻事件与数据之间的关系，强调用数据可视化的方式来展现新闻事件。正如大数据本身的 4V 特征一样，依托于大数据技术存在的数据新闻也必然拥有相似的特点。德国之声记者米尔科·洛伦兹在《数据新闻手册》中绘制了数据新闻的制作过程（如图 3-4）。这个过程大致可以分为四个步骤，即收集数据、清洗数据、可视化处理、故事化的编辑报道。

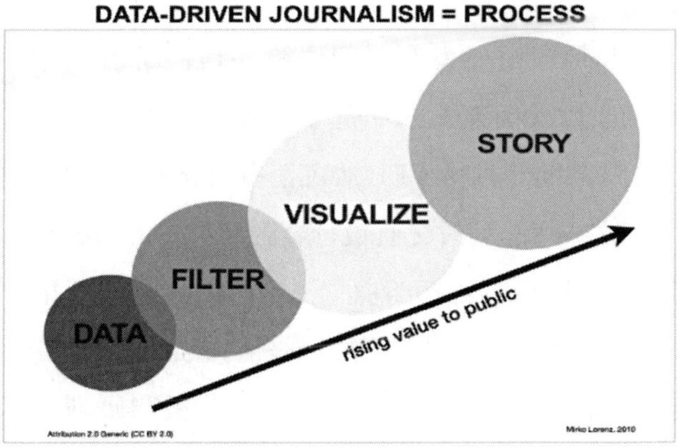

图 3-4　德国之声记者米尔科·洛伦兹对于数据新闻生产流程的描述④

---

① 陈力丹，李熠祺，娜佳. 大数据与新闻报道[J]. 新闻记者，2015(2).

② 喻国明，李彪，杨雅，李慧娟. 新闻传播的大数据时代[M]. 北京：中国人民大学出版社，2014：10.

③ 彭兰. "大数据"时代：新闻业面临的新震荡[J]. 编辑之友，2013(1).

④ 数据新闻手册. 为何记者要运用数据？[EB/OL]. http://datajournalismhandbook.org/chinese/intro_1.html.

在今后一段时间内，伴随着大数据技术的发展、机器学习的升级，数据新闻也会迎来更大的发展。

第一，从数据新闻开始，机器人撰写新闻将成为一种新的趋势。

2014 年 7 月，美联社宣布将开始使用自动化技术撰写公司财报。除此之外，《洛杉矶时报》、Yahoo、体育机构 NFL 也在使用机器人撰写简单的新闻。2014 年初，美国加州发生了一次 4.4 级的小地震，《洛杉矶时报》是最快在网站上报道该消息的媒体，但稿件不是记者写的，而是出自机器人之手，从写作到发布，机器人仅用时三分钟。具体过程是首先由美国地质勘探局的系统给《洛杉矶时报》地震新闻自动生成系统发送地震信息，系统再将这些数据填入现成的模板，然后就完成了一篇报道。这一系统由该报记者兼程序员肯・史文克开发。除了写突发地震新闻的机器人，《洛杉矶时报》还有一台专门搜集洛杉矶当地自杀新闻的机器人，编辑会决定哪一条新闻值得追踪。美联社称，记者们每个季度能够撰写 300 份企业财报，而使用机器人以后，它们能在同周期里撰写 4,400 份企业财报。财报类的新闻一般是基于企业内部财报撰写的，但企业财报的数据实在太多了。传统方法就是由人工提取读者需要的信息，这个工作人类可以胜任，但是工作量很大。此外，球赛的总结也可以由机器人撰写。美联社之前就和自动化公司 Automated Insights 合作过，开发了一款橄榄球运动员排名系统，其中包括视频剪辑和文字描述。这同样是让机器人处理数据的应用，机器人能够更有效率地完成这些工作。

2015 年 9 月 10 日，腾讯财经发布了国内第一篇由机器人撰写的新闻稿件《8 月 CPI 同比上涨 2.0% 创 12 个月新高》，引起了传媒行业的广泛关注。这篇稿件报道了中国国家统计局当日发布的 8 月份 CPI（居民消费价格指数）数据，并援引了国家统计局高级统计师、银河证券分析报告、交通银行金融研究中心、民族证券宏观分析师和申银万国首席宏观分析师的观点，之后穿插了中国降息的背景，并介绍了 CPI 的含义。腾讯注明，文章来源是 Dreamwriter，即腾讯财经开发的自动化新闻写作机器人。机器人根据算法在第一时间自动生成稿件，瞬时输出分析和研判，一分钟内将重要资讯和解读送达用户。腾讯财经副主编刘康对媒体表示，这只是腾讯财经探索自动化写作的第一步，腾讯财经希望 Dreamwriter 能够探索大数据服务新闻的生成，以及机器人智能算法的写作，当然，更希望 Dreamwriter 能够解放记者，让记者从事更具挑战性和智慧性的工作。

在新闻行业进入“争分夺秒”的网络媒体时代后，机器人写稿的快速、高效，给媒体带来了优先“突围”的机遇。目前，机器人写手只是一种辅助形式，它可以节省时间，将记者从一堆基础数据和信息中解放出来。从业界目前的实践来看，机器人撰写新闻的过程就像玩一个复杂的填词游戏，机器人无法进行深度分析，更不会炼字锻句，所以更适合完成一些具有固定模式的行业性文章。

第二，“众包”新闻受到越来越多的关注。

2006 年 6 月，美国著名科技杂志《连线》记者杰夫·豪在一篇文章中首次提出这个概念。2009 年 3 月，他围绕这一概念出版了《众包：大众力量缘何推动商业未来》一书，众包的概念开始被广泛运用于互联网产业当中，之后又进入新闻产业的视线。利用众包这种新的新闻生产方式探索数据新闻的生产得到了业界的认可。

根据众包本身的概念，众包新闻的数据采集步骤包括三步。第一是发出任务邀请，第二是等待用户反馈和回应，第三是统计分析用户提供的内容，并制作新闻内容。杰夫·豪在书中举了一个例子：2006 年夏天，美国佛罗里达州迈尔斯堡的《新闻报》接到读者举报，说自己所在的住宅区在安装污水系统时，向居民索要高达 4.5 万美元的费用。按正常程序，报社会派一两名记者去做调查，可能需要几个月才能得到结果，到那时再报道，事情已经没人关心了。这次他们换了个思路，请读者帮忙，找出如此高收费的原因。众多读者根据《新闻报》发布的举报文件展开了自己的调查——退休的工程师分析了设计图，会计审核了资产负债表，还有知情人拿出了垄断的书面证据……依托这些读者调查的报道随即连续刊发，引发了当地居民极大的关注。最后，市政府减收了相关费用，还有一名官员因此辞职。通过众包，《新闻报》在推动事情的解决和吸引读者的关注两方面都获得了成功。[①]

最新的调查研究显示，维基百科报道突发新闻的速度和精确度远远超过大部分媒体，某些突发新闻在维基百科上 1 小时之内被编辑了 100 多次。一位名叫布莱恩·基冈的博士在美国东北大学做博士后研究，他的主要研究领域为计算社交科学，尤其是 Twitter、维基百科等社交网站对于提高预测模型的贡献。布莱恩·基冈研究了 7 个重大事件，包括美国最近的枪击案、挪威枪击案等，结果发现这些事件的维基百科页面大都在事件发生后 1—2 小时内建立，1—2 天内就获得了数千次的编辑记录，部分事件每小时会被编辑数百次。虽然这些内容略显杂乱，并且存在很多较为明显的语法错误，但是只用 3—4 小时就可以完成一条基本完整的突发新闻，这已经达到了大型媒体的水平，而且新闻报道的细节程度远远超过新闻媒体。这也再次说明了众包在新闻报道中的力量。

---

① 杰夫·豪. 众包：大众力量缘何推动商业未来[M]. 牛文静，译. 北京：中信出版社，2009.

二、新闻媒体的数据新闻实践

大数据的广泛嵌入性和规模化处理信息的特质把媒体报道的范围和创造性提升到一个新的水平，并以实践项目促进新闻职业理念的创新。数据新闻的创新体现在数据驱动的调查性新闻、数据可视化叙事、数据驱动的应用三个层面。[①] 数据新闻迅速发展的另一个重要例证在于数据新闻奖（Data Journalism Awards，DJA）的设立。该奖项于2012年设立，是国际上第一个表彰数据新闻领域优秀作品的专业奖项，对参选者进行分析，可管中窥豹地了解全球大数据新闻的实践尺度。奖项评选由全球编辑网（Global Editors Network，GEN）发起和组织，谷歌公司资助奖励。首届评选即有51个国家286个参赛项目，入围59个项目/作品，最终6项作品获得大奖。可见，新闻媒体机构已经给我们提供了大量可供学习及参考的数据新闻作品与案例。

（一）英国《卫报》的数据新闻实践

《卫报》（*The Guardian*）是英国的全国性综合内容日报，与《泰晤士报》和《每日电讯报》被合称为英国三大报。《卫报》由约翰·爱德华·泰勒创办于1821年5月5日。该报注重报道国际新闻，擅长发表评论和分析性专题文章。一般公众认为，《卫报》的政治观点为中间偏左，对国际问题持“独立”观点。该报主要读者为政界人士、白领、知识分子。发展到今日，《卫报》成了严肃的、可信的、独立新闻的代名词，是一份定位于高端市场的主流大报。同时，《卫报》在传统纸媒的数字化转型探索中也颇具代表性。在数据新闻领域中，《卫报》是一个具有典型性的实践机构，运作了诸多极具代表性的数据新闻案例。

1.从“开放新闻”理念到“数据博客”

2006年6月13日，《卫报》宣布了“网络优先”的报道策略，要求所有的稿件先在网络上发布，然后才在纸质版本上刊出。此后，《卫报》又将此策略调整为“数字优先”，以适应移动网络等多种数字平台的出现所带来的改变。网络平台或其他数字平台其实已经不仅仅是信息发布的平台或工具，更成了信息收集的平台和工具。通过这一改变，《卫报》的新闻先在网络平台或是其他数字平台上发表，编辑部门可以根据读者的即时反馈来调整稍后推出的印刷版本中不同新闻的版面位置与报道篇幅，同时也可以

---

① 王斌.大数据与新闻理念创新：以全球首届“数据新闻奖”为例[J].编辑之友，2013(6).

将读者的评论作为进一步跟进报道的依据。

2009 年，《卫报》推出了具有里程碑意义的“数据博客”栏目。对于这个栏目的前任主编西蒙·罗杰斯来说，“数据博客”可以解读为“众包新闻”：“我们处在一个被信息淹没的时代，互联网的发展让我们接触到更多的信息，但要快速找到对我们有用的信息反而更难。《卫报》每天都要处理来自全球各地的大量数据，然而这些经过分析处理的数据知识在报纸出版当天具有价值，之后就被丢弃在历史档案中。创建数据博客，就是要将最新获得的数据开放给读者，与读者共享数据。”

他撰写的《数据新闻大趋势》一书也对《卫报》“数据博客”的由来做出了解释。“《卫报》有很多读者，可以说是帮手众多。如果现在有一个有意思的项目，我们需要人来录入数据，就可以让这些读者帮助我们。这是我们在调查国会议员开销时所采用的方法。当时我们有 45 万个文件，但时间非常少，几乎干不了什么事情。除了向读者开放项目，还能有什么更好的方法吗？我们希望这些数据对尽可能多的人开放，并让读者来帮忙进行分析，从手写收据的复印件里找出埋藏其中的故事。读者不仅能够直接找到他们自己议员的花销记录，其他任何一名议员的也可以找到。在整理好的报销记录页面上，你可以对某一议员的某项开支进行评论，可以用颜色标出你感兴趣的部分，还可以告诉我们那张收据有什么与众不同之处。当然，最关键的是要帮助我们把这些复印件上的数字敲成电子版。”①

事实上，“数据博客”所带来的众包效果以及在多次新闻报道中的出色表现，让《卫报》在数据新闻领域中一举成名。同时，《卫报》还在官网上开辟了“数据商店”栏目，并将“Data”频道放在了网站首页，与各类新闻栏目并列。

2. *数据新闻对于《卫报》新闻生产带来的改变*

西蒙·罗杰斯对《卫报》数据博客项目的操作流程介绍包括分享数据、电子数据表、分析数据和呈现数据。这四个步骤和此前我们在学习中了解到的大数据的一般处理流程是极为相似的。

首先，分享数据也就是获取数据的过程。《卫报》已经构建起一张非常庞大的数据搜集网络，可以帮助其获得大量的、丰富的数据。其次是对这些数据进行必要的整理和清洗。在这个过程中，《卫报》充分运用了谷歌等公司提供的数据处理工具对这些数据进行初步的加工整理。再次是分析数据，找出数据的核心价值，并为最后的新闻报

---

① 西蒙·罗杰斯. 数据新闻大趋势 释放可视化报道的力量[M]. 岳跃，译. 北京：中国人民大学出版社，2015：225.

道做好准备。最后是呈现数据。《卫报》充分利用各种免费的可视化工具将数据报道用文字、图表、数字等方式呈现出来。

从部门和人员设置上来看,《卫报》在 2009 年 3 月成立了全球第一个纸媒的数字新闻部。《卫报》的数字新闻部针对新闻选题搜集、分析海量数据,在收集、过滤、分析数据后,通过图表、地图或互动效果图等形式进行数据可视化转化,从而完成视觉化新闻叙事过程。《卫报》的视觉设计人员分散在采编的各个部门。数据新闻团队则由 5 人组成,其中西蒙·罗杰斯是数据新闻项目的创立者,负责"数据博客"和"数据商店"等栏目的编辑工作。其他成员并非全职的数据新闻记者,他们还隶属于《卫报》的不同部门,从事其他新闻采编工作。此外,数字新闻部的美编共有 5 人,其中 3 人负责当天的新闻版面设计,还有一人负责之后的版面设计,也就是提前设计。其他部门也有设计师,其中体育部 2 人,专题部 3 人,还有一些不固定的设计师会做一些副刊和其他的一些设计。《卫报》还有一个由 6 人组成的图表设计部,其中 4 个人做报纸和网站的图表设计,另外 2 人做互动图表。①

可见,数据的理念贯穿在《卫报》新闻报道的各个环节中,数据新闻产品的打造对于新闻内容的生产来说是一次全方位的变革,从人员组织到操作方法,都与传统新闻内容生产有着极大的不同。图 3-5 为《卫报》数据新闻的制作流程。

3.《卫报》数据新闻的代表性作品

在《卫报》众多数据新闻项目及作品中,较为著名的几个案例包括伦敦奥运票务报道、英国骚乱事件报道和维基解密事件报道等。在此,我们以英国莱切斯特大学法利达·维斯(Farida Vis)在《数据新闻手册》②中整理的《卫报》对英国骚乱事件的数据新闻报道过程为例,呈现一次完整的数据新闻报道过程。

2011 年夏,英国发生骚乱事件,此起彼伏。当时,政客们认为这些不法行为绝对与贫困无关,那些趁乱打劫者只不过是罪犯而已。此外,首相和其领导的保守派政客一致把矛头对准社交媒体,他们认为,在这些平台上充斥着煽动性言论,而且暴徒们利用脸谱网(Facebook)、推特(Twitter)和黑莓信使(BlackBerry Messenger,BBM)进行组织,因此社交媒体是引发骚乱的罪魁祸首。有人叫嚣着要暂时关闭社交媒体。因为英国政府并没有对骚乱的起因展开调查,故《卫报》与伦敦政治经济学院合作创建了史

---

① 郑蔚雯,姜青青.大数据时代外媒大报如何构建可视化数据新闻团队?——《卫报》《泰晤士报》《纽约时报》实践操作分析[J].中国记者,2013(11).

② http://datajournalismhandbook.org/chinese/case_studies_8.html.

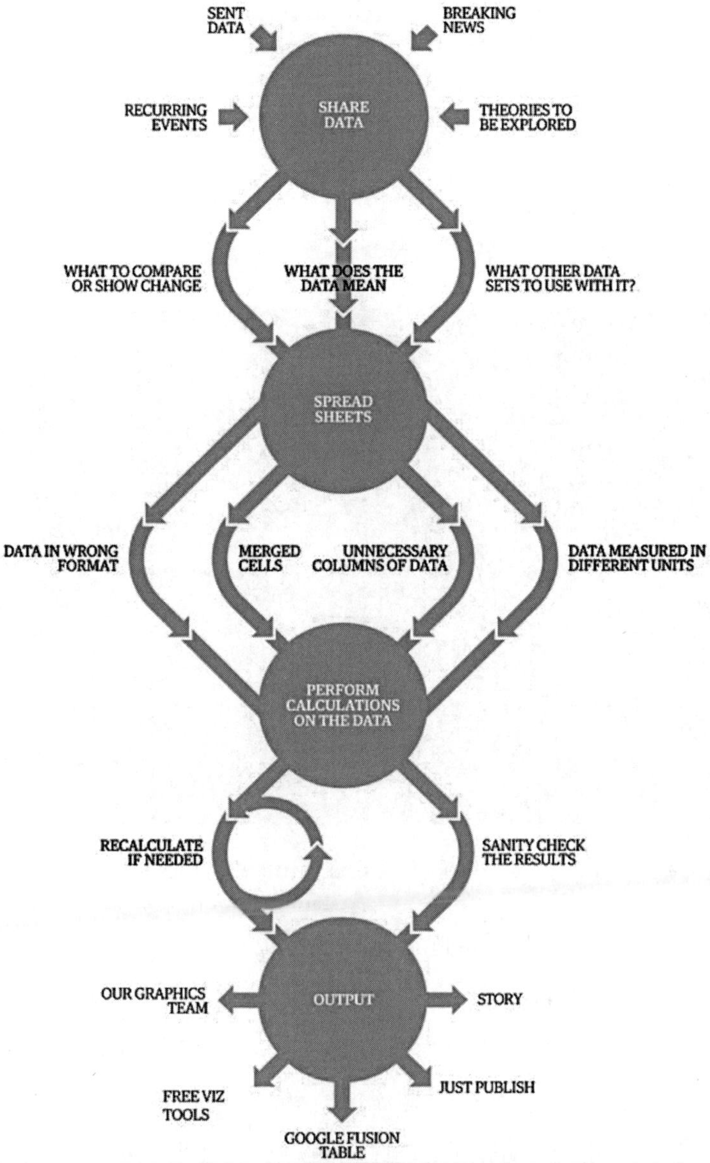

图 3-5　《卫报》"数据博客"的制作过程示意图

无前例的"解读骚乱"项目以解决这些问题。图 3-6 正是当时《卫报》的解读图示之一。

《卫报》广泛地采用数据新闻的手段，以使公众能更好地理解谁是趁乱打劫者，他们为何要参与抢劫。不仅如此，他们还与另一支由英国曼彻斯特大学（University of Manchester）的罗伯・普克特（Rob Procter）教授领导的学术小组合作，以便使公众更好地理解社交媒体所扮演的角色。在骚乱期间，《卫报》本身在报道时便广泛使用了社交媒体。"解读骚乱"小组由《卫报》"特别企划"栏目的编辑保罗・路易斯（Paul Lew-

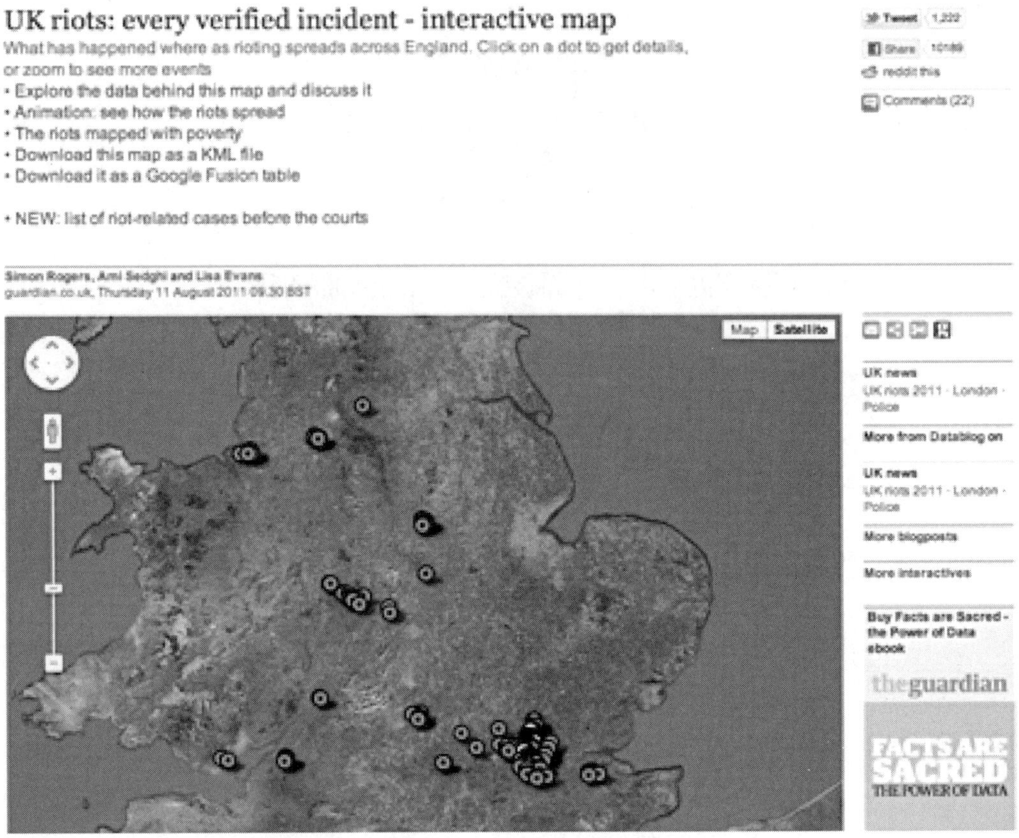

图 3-6　英国骚乱：每个铁证如山的事件(《卫报》)

is)领导。在骚乱发生期间，保罗走遍了全国骚乱的第一现场（大部分的报道是通过其微博账号@paullewis 发布的）。第二支小组主要对推特网提供的 260 万条有关骚乱的信息进行分析。对社交媒体进行调查的主要目的是看看谣言是如何在推特网中传播的，不同的用户与参与者在信息流的宣传和传播方面起到何种作用；也看看这些网络平台是否被用于煽动骚乱，并且检测一下其他形式的组织的工作情况。

就数据新闻的使用和数据可视化而言，区别如下两个关键期相当重要：第一阶段是骚乱自行暴发时期和随着骚乱的进一步发展，数据有助于提升故事叙述的完整性；第二阶段是两班学者与《卫报》携手并肩，更深入地开展研究，以便收集数据、分析数据并就调查结果写出有深度的报告。2011 年 12 月初，《卫报》对"解读骚乱"项目第一阶段的研究结果进行了为期一周的报道。接下来要讲的是数据新闻应用于这两个阶段的一些关键案例。

第一阶段:骚乱发生。

通过使用一些简图,《卫报》数据小组标示出已确定无疑的骚乱地点,且通过将贫困人口数据与发生骚乱的地点相结合的方式,驳斥骚乱与贫困无关的主要政治言论。这两个例子都是使用现成的制图工具,且第二个例子将地点数据与其他数据结合,并建立起其他关系和连接。

针对骚乱期间对社交媒体(在本案例中特指推特)的使用,《卫报》制作了一个推特上与骚乱有关的标签使用情况的可视化作品,这凸显出推特主要用于对骚乱的回应而非组织人员参与抢劫。骚乱清理,即在骚乱后自发组织清洁街头的运动,才是骚乱期间使用推特的最高峰期。

第二阶段:解读骚乱。

当《卫报》报道其几个月来深入研究以及与两个学术小组密切合作的调查结果时,出现了两个引人注目的可视化作品,引起公众热烈讨论。第一个可视化作品是一小段视频,呈现了将骚乱的已知地点与参与者家庭住址相结合的研究结果,并表明存在所谓的"骚乱与家的路径"。对此,《卫报》与"交通绘图专家"ITO 世界(ITO World)齐心协力模拟出参与者到达不同地点进行趁火打劫时最有可能经过的路线,突出不同城市的迥异模式,有的案例中歹徒会长途跋涉参与骚乱活动。

第二个可视化作品涉及谣言在推特上的传播方式。通过与学术小组的讨论,大家一致同意分析七种谣言。之后,学术小组收集与每种谣言相关的所有数据并设计出编码表,根据如下四种主代码对微博信息进行编码:重复谣言者(发表声明)、抗拒者(提出针锋相对的言论)、质疑者(提出疑问)或只评论者(点评)。所有推特信息被编成一式三份,其结果由《卫报》的交互小组进行可视化处理。《卫报》小组已经把他们制作可视化数据作品的过程写了下来。

这种可视化的好处在于能有力地展现那些难以描述的东西,表明了谣言病毒传播的本质,以及谣言的生命周期是如何随时间而变化的。对于一些谣言的传播,主流媒体的作用是不言而喻的(例如,有的将其批得体无完肤,又或者把它当作新闻一样充分肯定)。正如,在处理这些流言蜚语方面,推特存在自我纠正的特征。这种可视化不仅对事件过程的讲述大有帮助,而且对于谣言是在推特上流传的说法提出了真知灼见,这为应对未来事件提供了实用的信息参考。

最后一个例子清楚地表明了《卫报》小组和学术小组能够深入分析 260 万条参与暴动的推特信息的强协同效应。学术小组定制了一套工具,用以对数据进行分析,他们现在正努力做到在适当时候让那些希望使用这些工具的人能随时随地使用,从而为他们的分析提供一个工作平台。

(二)美国《纽约时报》的数据新闻实践

《纽约时报》(*The New York Times*)于1851年创刊,是一份在美国纽约出版的日报,在全世界发行,有相当大的影响力,是美国高级报纸、严肃刊物的代表,长期以来拥有良好的公信力和权威性。1995年,《纽约时报》网络版创刊;2010年,为了维持盈利,《纽约时报》开始探索线上订阅等经营模式;2014年,纽约时报公司公布了两个新的数字订阅模式。由此可见,《纽约时报》一直在探索网络化与数字化的转型,在数据新闻方面也做了很多探索。

1.从部门架构到人才培养的全方位数字化调整

《纽约时报》的数据新闻探索并非一日之功,而是从最初的数字化、网络化转型开始就打下了坚实的基础。2005年,《纽约时报》将报纸编辑部和网络编辑部重新组合,在新闻采集、内容生产、多平台建设方面建立紧密的协同机制。此后,《纽约时报》一方面加大了从互联网公司引进先进人才的力度,招聘了很多信息科技、网络技术及编程人员,其IT部门人数已达500人。除此之外,该报还有一个120人组成的产品团队,30人组成的数字媒体设计团队,30人组成的用户分析团队以及8人的研发团队。《纽约时报》还成立了商业智囊团,专门负责《纽约时报》及报业集团的科技信息化转轨,并利用数据挖掘直接指导公司的商业决策。另一方面,《纽约时报》还建立了一套具备国际水准的支持系统,以培训传统记者,保证并激活传统采编人员向全能化、复合型人才转型。这个系统包括与国外机构建立的良好关系、完善的特约通讯员网络、坚实的研究支持以及与国外高校的新闻学院的合作,以保证充足的数字化新闻人才不断注入公司。

2014年秋,《纽约时报》创建了一个新的新闻编辑部领导层,其内部核心由4个执行副总编辑、1个创意总监和1个创新策略主编构成。创新策略主编由美国国家公共广播电台(NPR)前首席内容官金赛·威尔逊担任,任期从2015年2月开始,他将领导时报新闻编辑部的数字化转型。时任执行总编的迪恩·巴奎特在致员工的备忘录中宣布了这一任命,并称:他将帮助绘制一个使我们成为真正数字新闻机构的路线图,他将确保我们记者拥有讲述伟大故事所需的工具,并确保我们能吸引和服务于我们的读者，无论他们何时何地访问我们。[①]

2. 开放数据，同时打造数据新闻栏目

数据新闻报道的一个要点就是获取数据的同时也积极开放数据。在这个方面，《纽约时报》的探索可以追溯到1998年。那时《纽约时报》就开通了全文数据库(News Service)，为读者有偿提供从1851年迄今为止长达100多年的《纽约时报》的所有报道内容，无论是文字、图片还是视频等多媒体格式内容都在新技术的帮助下实现了内容的产品化、资产化，用户可以通过登录Proquest数据库或是用《纽约时报》网站的搜索功能直接进行检索，并通过相应的付费获取所需内容。

在具体运用“数据新闻”这一全新理念的新闻产品生产方面，《纽约时报》推出的是*The Upshot*栏目。在2014年4月，《纽约时报》推出了新栏目*The Upshot*，将智能分析、写作、数据可视化与个性化相结合，针对政治经济领域，通过数据分析和呈现，帮助读者洞悉复杂的政经事件背后的含义。除了严肃的政经主题之外，*The Upshot*还推出了许多体育主题的作品，覆盖世界杯、橄榄球、棒球、足球、NBA等。[②] 根据国外网站“共同设计”(fastcodesign. com)的报道，在不到一年的时间内，*The Upshot*就取得了优良的业绩：它为《纽约时报》带来了5%的整体流量，在仅17名记者的努力下，制作出了《纽约时报》网站2014年被查看次数最多的两个故事。[③]

马鑫曾在《从〈纽约时报〉、彭博社看数据新闻的运用及发展》一文中表示，*The Upshot*栏目的作品具有个性化、功能性、常规化这三个特点。其中，个性化是指个体读者能够通过互动，与一个数据新闻报道或作品产生共鸣，例如“租房还是买房?”作品，通过互动使房价涨跌等宏观数据与每一位读者的生活联系起来。功能性是指《纽约时报》在数据新闻作品尝试中，更突出作品的功能性，于是可视化的设计通常偏简洁，从而方便读者和用户上手操作。常规化则是指《纽约时报》十几人的数据新闻团队的组建可以有效地帮助其实现数据新闻作品的常态化生产。

3.《纽约时报》的典型数据新闻作品

在数据新闻的探索中，《纽约时报》不仅在数据处理方面颇具代表性，在互动体验以及可视化表现方面也获得了业界极大的认可。

2012年，《纽约时报》曾以一篇名为《雪崩》(*Snow Fall*)的多媒体交互式新闻报道

---

① 张宸. 动荡与变革——2014《纽约时报》转型之年[J]. 中国报业，2015(1).

② http://news. xinhuanet. com/newmedia/2015－02/11/c_133986729. htm.

③ http://www. nytco. com/wp－content/uploads/NYT－Years－Most－Visited－of－2014. pdf.

震惊整个报业圈，甚至有人称其将重新定义传统媒体的新闻生产。《雪崩》之所以能够在发布 6 天后就以出色的表现获得 290 万的访问量和 350 万的页面浏览，是因为它并非简单地将文字、图片、视频拼凑在一起，而是在报道技术上颠覆了传统报纸的新闻呈现方式，真正实现了媒介融合。打开这个作品的网页，呈现在读者眼前的首先是全屏循环播放的积雪滚落山坡的视频，往下滑动页面，文字穿插于视频、照片和信息图之间，一条简单的新闻通过融合性的展示方式形成了新闻产品，多媒体内容融合在一起给予读者的是一个接一个的视觉高潮。不仅如此，《纽约时报》对其发行渠道也进行了创新，他们率先将《雪崩》转制成电子书，一本卖 2.99 美元，其内容均为《纽约时报》的优质新闻报道。

除此之外，《纽约时报》还建立了互动新闻技术部、数据新闻团队等，以期不断创新新闻报道方式，制作更为多样的新闻产品。发展至今，《纽约时报》每年都会完成近百个互动的信息图，每一张都少不了数据在底层作支撑，并用读者更加容易理解的方式解读出来。例如奥运会时的“如何赢”(How to Win)系列图片，《纽约时报》用 3D 捕捉技术和动态图片向读者展示金牌和银牌之间的细微差别——这本来是用文字都难以清晰说明的部分；总统大选后，《纽约时报》根据“摇摆州”投票数描绘出的“摇摆”的线条，颇为直观地表达出这些“摇摆州”在历史上是怎么“摇摆”的；在 2014 年对于埃博拉疫情的报道中，《纽约时报》调动所有部门，协调一致、通力合作，打通多个平台，结合全球各分站点的视频、摄像作品，呈现出集文本、视频和图片报道于一体的可视化报道。

而在 *The Upshot* 的作品“租房还是买房?”中，《纽约时报》则充分展现了对于数据的运用与呈现能力。它从实用性角度出发，为生活在美国的人们提供了一种方便有效的服务，解答了人们对于是租房划算，还是买房划算的问题的疑惑。总体而言，该计算器着眼于房价，运用读者输入的居住年限、抵押贷款利率以及首付等数值，来帮助读者判断租房划算还是买房划算。据该专题页面的文字介绍，该计算器记录了购买和租赁房屋最常见的各项开支。页面的左侧是各项成本的数据输入列表，右侧则是计算过后的结果。拉动各项数据列表上的绿色方块，选择符合读者情况的数值后，计算器将自动计算出房屋月租金多少金额时租房更加划算，由此为读者提供实时性的规划建议。在各项数据指标中，它还以表格形式列出了买房和租房等各种情况下的机会成本，其中所有的数据都是以现值美元显示的(如图 3-7)。[①]

图 3-7　《纽约时报》“租房还是买房?”网页

小结:大数据对于新媒体内容生产的改变

在本章节中,我们以数据新闻为例,探讨了大数据给新媒体内容生产带来的影响与改变。当然,除了数据新闻之外,大数据也被广泛地运用在各种类型的内容生产当中,视频、文字、图片、音乐均在其中,我国的媒体机构也在积极地尝试运用大数据的力量来优化自身的内容生产

(一)数据可以直接转变为内容

只要运用得当、表现得当,数据可以直接转化成媒体的内容产品。采集数据成为内容生产中的重要步骤,如何去组织和表现这些数据成为内容生产者的重要使命。

例如,2015 年 10 月,国内首个大型数据新闻节目《数说命运共同体》在中央电视台《新闻联播》《朝闻天下》《新闻 30 分》《新闻直播间》等多个新闻栏目推出。该节目由央视新闻中心跨行业、跨领域整合多方信息源,依托国家“一带一路”数据中心、国家统计局、海关总署、世界银行、世界贸易组织的权威数据库,动用两台超级计算机,历时 6

---

① 王之月,俞哲旻,彭兰. 数据驱动的个性化新闻——以《纽约时报》专题“租房还是买房”为例[J]. 新闻界,2015(7).

个月完成。此外，该栏目还首次使用卫星定位跟踪系统数据，通过大量GPS移动轨迹，提升数据新闻的视觉表达效果；首次使用数据库对接可视化工具，使节目通过真实数据轨迹进行全景呈现。据了解，《数说命运共同体》单是挖掘数据就超过1亿GB，仅为计算"全球30万艘大型货船轨迹"而分析比对的航运数据GPS路径就超过120亿行。

（二）内容生产者被重新定义

大数据赋予新媒体内容生产的另一项变革在于内容生产者的改变。一方面是传统的"生产者"与"使用者"的界限变得模糊；另一方面是人工智能越来越多地参与到内容生产当中。

大数据的4V特征强调的就是数据量大、来源丰富、种类多样且速度迅疾，那么，利用大数据进行的媒体内容生产也理当符合这样的特征。这就在客观上要求内容提供者能够以"集成者"和"平台"的理念对自身进行重新定位，前文提到的开放新闻理念就是一个典型的代表。网络媒体的内容生产很多时候是各种分散主体的协同式"分布生产"，众包新闻就是这种变化的典型模式。此外，在豆瓣、知乎、微博、脸谱和推特等社交媒体上，用户看到的内容本身就来自于各种个体、群体、机构的"讨论"与评述，这些信息往往又成为主流媒体进行内容生产的重要源头——专业媒体机构不但利用这些信息进行数据新闻的生产，而且也将它们视为重要的新闻报道的素材。

例如，从2007年7月开始，《赫芬顿邮报》启动了名为"Off The Bus"的公民新闻项目，在普通民众中招募大量志愿者共同参与总统大选的报道。其基本形式是：OTB网站将采访需要提出的问题、需采集的信息等预先设计成表格分发给参与的志愿者，他们完成采访后将填好的表格信息发回网站，编辑根据其内容编发成新闻消息或存入资料库。这种"分布式"新闻报道方式的优势是由于参与者众多，能以群体力量完成时间、空间跨度较大的事件的跟踪采访和报道，并且能唤起普通民众对公共事务的兴趣，从中发掘出内容鲜活、能产生重大影响的新闻。

众包网站MicroMappers的创立旨在以众包的形式协助联合国及其他援助机构完成工作，网站的合作伙伴包括联合国人道主义事务协调办公室和Standby Task Force（一个类似依靠数字志愿者协助解决人道主义援助问题的众包网站）。MicroMappers在受灾当地和联合国救援组织之间扮演着中间人的角色。网站接收来自数字志愿者发来的信息，发送者可以根据网站的"Clickers"点击分类功能选择信息的类型，包括呼吁救援、受伤信息、警告信息、提供援助、基础设施受损或其他。网站通过发送者的选择迅速对数据进行分类处理，并将这些数据定位到一幅不断更新的地图上，同时将实时更新的数据发送给联合国救援组织。在 2013 年的巴基斯坦地震、2014 年的智利地震、马航 370 事件中，MicroMappers 都发挥了突出的作用。例如，2014 年 12 月，超强台风“黑格比”袭击菲律宾，该网站收到了约 700 个数字志愿者发来的即时信息，其中包括 50，394 条来自 Twitter 的文本信息和 33，377 张现场照片，网站对这些数据进行核实后分别以地图的形式发布了集纳了文本数据和照片数据的地图，并保持数据的实时更新。①

（三）数据在内容生产中扮演了极为重要的作用

在当前的趋势下，数据对于内容生产的指导作用被极度放大。媒体机构对于用户需求的了解会先于内容生产，以用户为中心的内容生产观念在大数据技术的支持下被全面放大。

例如，《赫芬顿邮报》利用自身的核心算法和人工处理方式紧盯谷歌搜索上的热门词汇，根据最热的新闻词汇进行相关内容的编写并发布，从而为用户提供他们最希望看到的新闻内容。《赫芬顿邮报》不是根据自己的生产能力来制作内容，而是根据用户的需要，对已有新闻进行整合后，从而最大可能地满足读者的需求。我国的“今日头条”通过对人民网、新华网、网易、新浪等各大新闻网站的新闻进行内容聚合，基于“推荐”“热门”“好友动态”三个维度，向用户推送资讯、评论等内容。

在传统的影视剧创作过程中，决定拍摄题材的是编剧和导演。大数据则提供了用数据选择题材的可能性。Netflix 通过对 3，000 万用户的收视选择、400 万条评论和 300 万次主题搜索等数据的深度分析，发现政治剧是当下美国观众迫切需要的，所以投资 1 亿美元翻拍了《纸牌屋》并且一炮而红。这个案例已经成为大数据指导影视剧生产的经典范本。在国内，新媒体机构同样在积极探索如何将大数据运用于内容生产当中。例如，乐视网通过对用户进行调研发现，有超过 70％的用户喜欢看宫斗题材的电视剧，其中最关注“权力斗争”内容的用户达到 40％。这项调查促使乐视决定拍摄自制剧《光环之后》。优酷的自制剧《嘻哈四重奏》制作团队通过对用户习惯数据进行分析发现，观众在第一季中对“偷菜”游戏的评论频次特别高，所以在后来的剧情中，加入了《愤怒的小鸟》《植物大战僵尸》等流行游戏。

---

① 方洁. 数据新闻概论[M]. 北京：中国人民大学出版社，2015：136.

第三节 大数据改变新媒体的内容运营——集成、分发和交易

一、新媒体的内容价值实现——内容运营

在此前的章节中，我们简单介绍了目前主流的新媒体机构在内容价值的实现上主要有三种方式。

具体来看的话，第一种是将内容销售给用户，包括个人用户与机构用户，然后获取一定的收入，从而体现出内容的价值。按照通常的理解，视频网站的用户付费形式就是这种内容价值体现方式的代表。第二种是合理设计内容播出过程中的各种品牌曝光机会，即广告产品，并将其销售给广告主从而获取广告收入。无论是硬广告还是软广告，都是这种内容价值的重要实现方式。第三种就是将内容的不同版权产品销售给其他媒体机构或者播出平台，从而获得相应的版权收入。

为了获得更高的盈利，最大程度地实现内容的价值，新媒体机构除了需要提升内容本身的质量、提高其吸引力之外，还需要通过各种各样的包装方式、营销手段去进一步提升自身内容产品的价值，从而获取更大的收益，这就是我们所说的内容运营过程。具体来说，“运营”的概念包括内容的编辑、推荐和销售三个方面。

在本章的第一节中，我们已经论述过，与传统媒体相比，新媒体的内容运营模式是有着鲜明特色的。中国传媒大学周艳教授认为，以互联网为代表的新媒体机构在内容运营方面经历了不同的发展阶段。第一阶段是较为粗放的内容运营模式：“广播式媒体通过自制或者采购、合作等方式，获得优质的内容，并且按照用户需求的种类、时间、区域差异等将其编排并分发出去。而互联网媒体的内容运营因为一开始就不是构建在自制内容基础上的，没有独立的采编权，其在内容运作上是对传统媒体数十年内容沉淀的‘盘剥’和‘压榨’。互联网媒体能够将海量存储内容的多媒体性质呈现给用户，并且主要通过‘标题党’的形式不断创新策划和编排手段，使得原来线性内容被加工整理后更符合互联网用户的使用需求。”①

第二阶段则开始运用数据的力量：“在内容缺口和创新压力下、技术支持下，互联网媒体构建了数据库创建内容的运作模式，通过构建强大的数据库并对其进行管理，

---

① 周艳.解析互联网媒体的内容运营和广告营销新模式[J].现代传播，2011(12).

梳理数据指标之间和不同数据库结构之间的关联。互联网能够把原本零散而没有关联的信息重新组合起来，生产出人们所需要的信息内容，于是其内容运营的能力得以大幅度提升……在内容营销方面，内容本身的数据、用户的基础数据、用户的信息浏览和使用习惯数据、信息传播过程中产生的交易行为数据等，这些通过传统方式很难得到的数据，在互联网上变得非常便捷，数据是透明的、可寻址的，这就使得互联网上的数据库营销更为常见而高效，而且屡见创新。”

在这篇文章中，我们可以看到新媒体在内容编辑整理和内容营销方面的尝试。2012 年之后，大数据技术席卷了整个传媒产业，给新媒体的内容运营带来了更加深远的影响。在本章节中，我们将重点讨论大数据如何从这三个方面来改变新媒体的内容运营，并最终影响其内容价值的实现。

二、大数据在新媒体内容集成和分发中的运用

此前，我们已经探讨过新旧媒体在内容运营中的差异，并指出在新媒体内容的运营过程中，内容被视为“产品”。而被赋予了产品观的内容运营，就会在产品本身质量之外追加更多对“包装”的要求，以便更好地吸引消费者并销售出去。对于用户来说，内容的编辑与推荐就相当于内容产品的包装和铺货，如何利用大数据技术来提升编辑的能力、推荐的精准性、分发的针对性，尤其是适应新媒体环境下受众碎片化和个性化的传播特性，就成为新媒体机构内容运营体系中的重要命题。

（一）人工与数据相结合的编辑策划，深度挖掘内容价值

互联网的发展带来了信息的大爆炸，对于个人用户来说，可以浏览的信息量过于巨大，不同网站内容中同质化的程度也较高，难以做出选择。对于新媒体机构来说，帮助用户进行信息筛选，同时让自身的内容产品获得竞争优势以吸引用户的注意，这些工作是通过适当的编辑、包装和精准推送来实现的。换个角度来说，即便是同样的内容素材，也会因为不同的加工方式和编辑推荐而产生不同的效果。所以，我们认为，编辑与推荐过程其实是对内容价值的再次解读与深度挖掘，是新媒体内容运营的重要组成部分。大数据在这项工作中的重要意义就在于帮助新媒体机构提升效率与效果。

在视频网站中，YouTube 可谓鼻祖。该网站首先将所有内容做了一个基本的划分，包括热门、音乐、体育、游戏、电影、电视节目、新闻、直播、焦点和 360°视频共十个频道组。其中音乐、体育和游戏三类由系统自动归类生成。这十个频道组从内容类

型、体验类型、热门度等多个角度对视频进行了归类，方便用户进行查找。《好奇心日报》则根据目标用户的需求推出了诸如“10 个图”“Top15”等栏目(如图 3-8)，事实上这些栏目为《好奇心日报》带来了极高的点击量和互动数量。我们知道，几乎所有的互联网媒体都会对自身的内容做一个基本分类，这种分类方式首先是根据内容类型进行划分的，但同时也会根据用户调研、市场竞争等各种反馈数据来进行辅助决策，对内容产品进行基本的编辑策划。

图 3-8 《好奇心日报》首页

另一个能够体现出人工编辑、策划思路的就是新媒体内容的“排序”，首页推荐、置顶、排行榜等都是典型代表。2012 年 6 月，新浪微博推出智能排序功能，用户访问新浪微博时可选择“智能排序”或“更新时间排序”。有网友访问新浪微博时，界面会显示“温馨提示：你正通过智能排序的方式浏览微博，智能排序依据你的喜好帮你梳理微博内容”。新浪微博客服表示，智能排序是根据用户的关注、标签和微博内容等相关信息来判断用户的喜好，从而进行微博排序的(如图 3-9)。

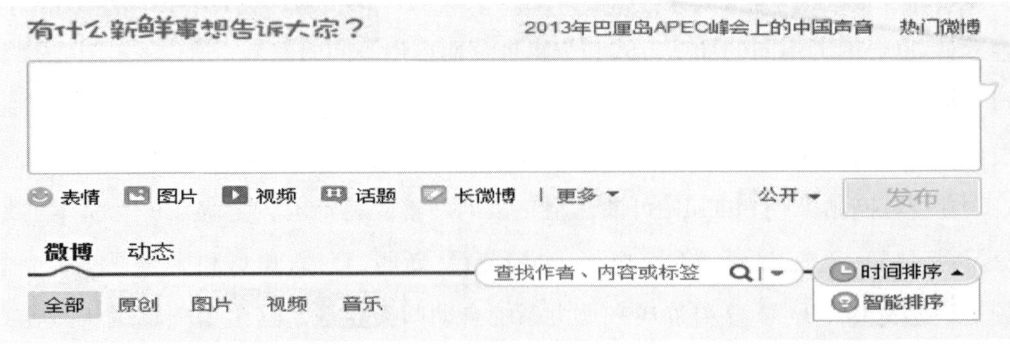

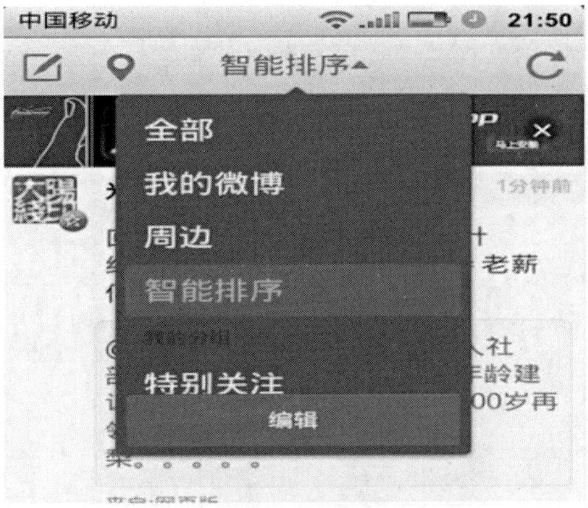

图 3-9　新浪微博的智能排序功能

Newsmap(新闻地图)是谷歌新闻聚合器上实时新闻反馈的可视化呈现。数据块的大小对应新闻受欢迎的程度。其反映的是谷歌新闻聚合器实时更新的新闻。这种数据可视图基于树状图的算法,适合表现大量信息的聚合。用颜色、标题字号、区块面积等来展现归并后的信息。这种排列方式打破了空间限制,帮助用户快速识别、分类和认知新闻信息,平面而直观地展现不断变化的信息片段(如图 3-10)。

2011 年 4 月中旬,App Store 排行榜上雷打不动的"小鸟家族"突然被脸谱等应用挤了下去,由于脸谱和"愤怒的小鸟"当时都没有大的程序或营销调整,唯一的解释就是苹果更改了 App Store 排行榜的算法。脸谱从原本的排名第二十位跃升至第一位。据分析,更新算法后,除了应用下载量,用户评价和使用频率也会影响该应用在 App Store 上的排名。第三方公司负责 8 万个应用产品统计的市场部副总裁表示,苹果的确更改了排行榜的统计算法,不再只考虑下载次数。可能是加入了更多的统计方法,如使用频率等,来考核 App 真正的受欢迎程度。除了以上提到的因素之外,如果一款 App 被下载了 100 万次,而后来有 50 万人很快删掉了这个 App,那么这样的排行也是不准确的,还是按照使用频率来统计比较好。

这种排序的另一个发展方向就是搜索引擎优化(Search Engine Optimization, SEO)。搜索引擎优化是一种利用搜索引擎的搜索规则来提高网站目前在有关搜索引擎内自然排名的方式。在此我们不做详细论述。

需要注意的是,以目前的技术现实来看,短期内完全用数据和人工智能来进行内容编辑是不现实的,人工编辑的形式仍然是主流,大数据起到的是辅助性的作用。

图 3-10 谷歌的 Newsmap 页面

（二）准确预判用户需求并进行相应的内容推荐

在进行合理的内容编辑之后，第二步是需要用到更多数据的推荐工作。除了用户可自主进行频道订阅以外，新媒体机构还会进行相应的推荐。为了提升这种推荐行为的精准程度，新媒体机构需要搜集大量的用户行为数据，以准确判断用户的偏好和倾向。一个简单的例子是，用户在视频网站观看视频之后，网站通常会有相应的内容推荐，比如同一导演、演员的其他作品，相似主题的作品等，用户点击越多证明推荐越成功，这种推荐就是依靠大数据来实现的。在图 3-11 中，我们对如何利用大数据来了解受众的喜好做了简单的介绍。

在视频推荐方面，YouTube 拥有独特的推荐算法，并在 2013 年获得了技术艾美奖。YouTube 从 2008 年起向用户推荐相关视频，用户可以在主页或者视频播放页面的右侧看到推荐视频。2008 年年底，推荐算法为 YouTube 每天增加了数十万小时的

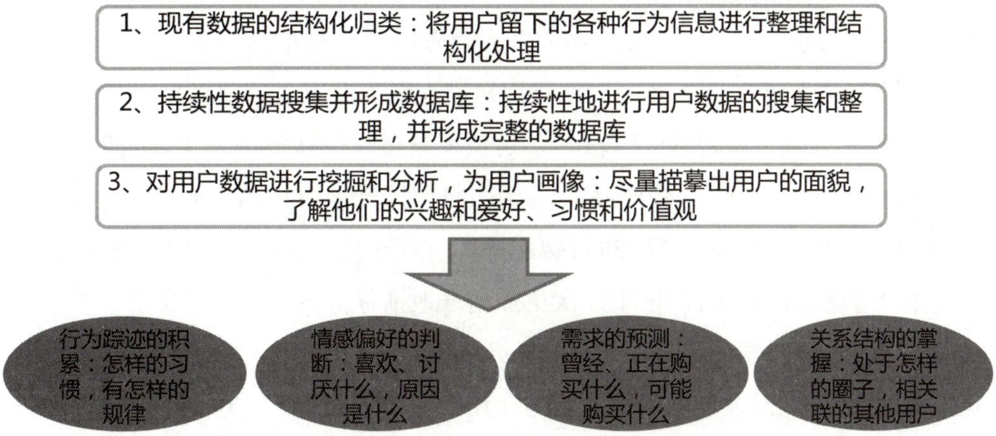

图 3-11 如何用数据来了解受众对于媒体内容的看法

观看时长，如今，这个数字已经达到了数百万小时。YouTube 发现，基于用户所观看的一个视频来推荐最相关的视频反而会把用户“吓跑”。“如果我们把算法设计成始终推荐最相关的视频的话，用户很快就会感到厌倦。”YouTube 负责算法的软件工程师赫克托·易(Hector Yee)在接受采访时说，“用户喜欢观看不同话题的视频。”有时候，用户愿意点击的“相关视频”实际上是“毫不相关”的。

YouTube 发现，如果要根据个人兴趣来推荐个性化的内容，用户更喜欢连续观看不同题材的视频。换句话说，用户并不需要 YouTube 推荐与当前观看的视频绝对相关的视频，他们更希望看到自己感兴趣的不同题材的内容。从数据中，YouTube 获得了清晰的推荐依据，包括用户的使用行为、使用时机等，比如什么时候用户会点赞，哪些视频他们会从头到尾地观看。总的来说，YouTube 追踪全网用户的观看行为并进行记录，用数据构建了一幅访问者可能会点击内容的图画，以此为当前观看视频的每个用户推荐其可能感兴趣的视频。①

通过数据分析，视频网站的用户大体可以分为两类，一部分是有明确收看目的的，对于这部分用户，视频网站要做的是帮助用户减少观看过程中的操作动作，让他们能够快速找到想要收看的内容；另外一部分用户没有明确的收看目的，所以要根据数据为他们进行合理的内容推荐。美国在线视频网站 Hulu 针对第一种用户设计了一些数据产品，比如“show you watch”，这个产品可以把内容按照用户的最后一次观看时间进行排序，而且还通过数据分析形成机器学习模型进行排序，参考指标包括用户所

---

① 张漠. YouTube——新媒体时代的“好莱坞”[J]. 广告大观(媒介版)，2015(9).

收看剧集的播出时间、当前平台等信息。比如,《破产姐妹》是每周二更新,那么当这个用户在下周二登录时,“show you watch”就会为用户自动推送最新一集的《破产姐妹》。此外还有“show smart start”,就是用户进入剧集页面之后会直接进入上一次所观看的集数,不需要重新搜索。“upnext”是长视频会自动播放下一集,短视频会推荐相同主题的视频的产品。这些产品共同帮助用户提升观看体验。对于第二种用户,Hulu 设计了个性化的推荐首页,进行智能推荐,在推送之后还以小调查的形式了解用户对这个推荐的反馈意见,以便下一次更加精准地推荐。

另一个案例是我国的今日头条。目前几乎所有主流的新闻资讯 App 都会打出个性化推荐的旗号,然而他们的做法主要是让用户自己勾选,鲜有足够优质的算法来支撑。今日头条则不同,它凭借其核心的算法,可以做到较为准确的自动推荐。其中有两个最重要的机制,一个被称为“冷启动”,一个被称作算法的驯化(如图 3-12)。

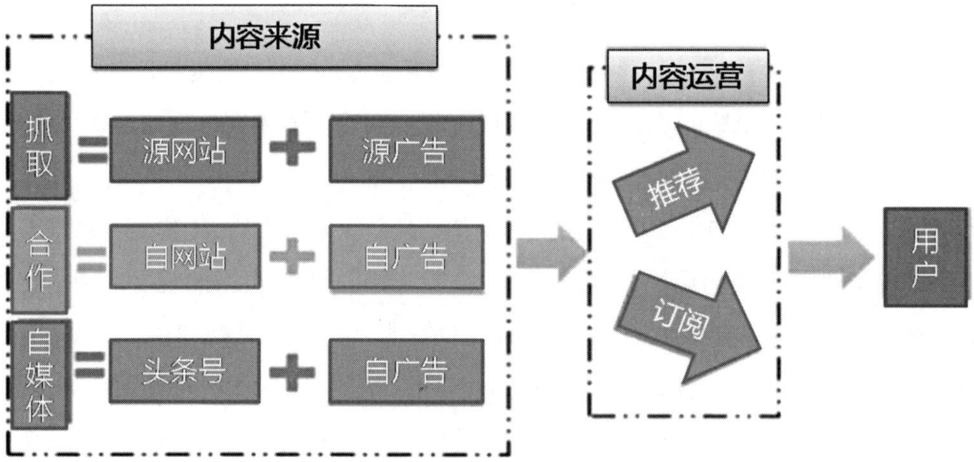

图 3-12　今日头条的基本内容运营思路

冷启动是指用户在第一次使用所绑定的社交账户登录今日头条客户端时,今日头条通过对用户社交数据的挖掘,包括根据好友关系、兴趣所在、历史数据而形成的多个分析模型等,为使用者建立 DNA 兴趣图谱,这一过程用时只需 5 秒。从用户第二次使用今日头条开始,就进入到算法的驯化阶段。随着用户使用频率的增加,用户的 DNA 兴趣图谱会有所变化。今日头条不断地对用户的浏览、收藏、转发、评论等行为进行学习和分析,再结合其阅读习惯、阅读时间、阅读位置等多个维度,不断增加其属性。除人群属性外,算法还会对文章打标签,包括发布时间、文中出现的名人、发布文章的区域等。而今日头条最终要做的就是“推荐”。

但是，一个人会归属于多个人群，一篇文章也会有多个标签，因此必然会有多篇文章推荐给这个用户，如何确定推荐顺序呢？今日头条的推荐算法的核心原理，是让用户对文章进行投票，并把得票率最高的文章推荐给相同的人群。按照“W1×候选 1 的投票率＋W2×候选 2 的投票率＋W3×候选 3 的投票率＋……＝最高分”这一公式，计算出一个得分，按得分的高低来排序，就可以得到推荐文章的候选顺序。推荐能够满足的是用户的个性化需求，而实际上，并非用户的所有阅读兴趣都能够被算法所洞悉、满足。有一些共性的需求，用算法来解决，不如用频道运营的方式来实现效率更高。因此，今日头条还会让机器将内容分成各种版块，让用户订阅。[①]

（三）快速、有针对性的分发传播可以有效提升新媒体内容价值

新媒体传播的一个特性就是速度迅捷。在内容生产方面，大数据等技术的出现使得抓取、编辑、整理的速度不断提升，新媒体机构在生产和集成内容的同时，也作为其他媒体机构的内容源而存在。所以，在内容集成的同时，内容分发也在发生。因此，利用数据技术优化分发与传播路径，同样是新媒体机构内容运营的一个要点。

通常来看，如果想要优化分发与传播的效果，第一，必须对不同媒体、不同终端的用户的行为偏好有充分的了解。以视频产品为例，电视端更适合播放长视频以及画面精良的视频内容，手机等移动终端多半用来满足用户碎片化时间的信息获取需求，所以视频内容宜简短；在一天的不同时间段里，用户对于视频内容的类型的需求也会存在差异，新闻类、娱乐类、科技类、生活类不一而足；不同的用户群体对于视频内容的类型和特征也会存在需求的差异点。针对这些特点，内容生产者在将内容分发至不同的媒体类型以及终端类型时，应对用户行为、需求数据有充分的了解。第二，对于下游的传播路径也应当有一定的了解，以便掌控整个内容传播的过程，从而提出相应的优化方案与问题解决方案。

BuzzFeed 是美国的一个新闻聚合网站，2006 年由乔纳·佩雷蒂(Jonah Peretti)创建于美国纽约。BuzzFeed 致力于从数百个新闻博客那里获取订阅源，通过搜索、发送信息链接，为用户浏览当天网上的热门事件提供方便，被称为媒体行业的颠覆者。基于对内容热度的了解，BuzzFeed 的一项分析工具 POUND(Process for Optimizing and Understanding Network Diffusion)能够展示在线内容是怎样从下游的网站访问开始一步步传播的，一段 BuzzFeed 的内容是如何从一个通道被分享到下一个的，无论

---

① 孙鑫森．今日头条的技术“决定”论[J]．广告大观(媒介版)，2015(9)．

是点对点的邮件还是社交媒体，都能够被这些技术所捕捉。

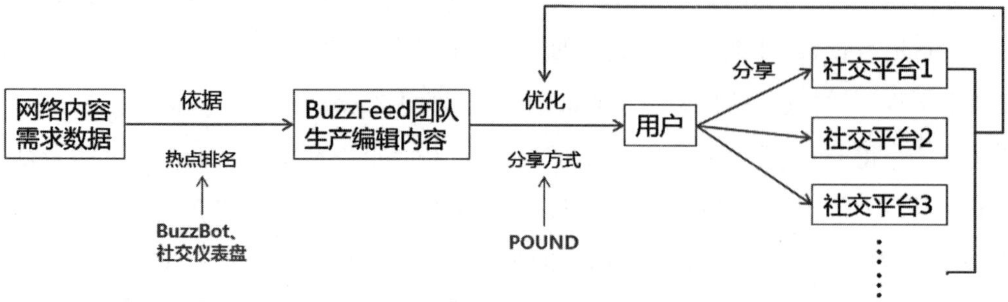

图 3-13　BuzzFeed 产品模式：生产基于网络热点的病毒式内容

一般我们只能看到一段内容引发了推特、脸谱的若干条分享转发，但是无法看到其传播的路径。而 BuzzFeed 的 POUND 工具则可以清晰表明，其真实的分享路径是一条推特引发了大概 20 次脸谱的分享和 7 次 Linkedin 的转发。这代表着对于了解网络扩散的算法的优化，从最初的分享者开始，复杂的网状模式传递给其他渠道的环节和其中的关联都可以被掌握。该工具能够通过跟踪包含在文章 URL 中的匿名代码来跟踪这个跨平台共享。[①] 在了解了这些信息、数据之后，BuzzFeed 就可以更好地帮助自身内容进行二次传播，从而优化自身内容的传播价值（如图 3-13）。

2009 年 8 月，《赫芬顿邮报》与著名社交网站脸谱合作推出了一个社会化新闻服务项目“HuffPost Social News”，用户可以在该区域看到自己的脸谱好友正在阅读的内容，也可以将感兴趣的内容直接发到自己的脸谱账号，推荐给好友，由此形成一种信息筛选模式：将海量的新闻过滤成用户及其好友关注的部分，由用户决定需要了解的内容，并形成一定范围的社群传播。通过社会化新闻服务项目，《赫芬顿邮报》网站的访问量上升了 48%，达到 350 万次；网站个体用户达到 947 万。

三、大数据在新媒体内容交易中的运用

新媒体的内容运营流程中的另一个重要环节是内容的交易，包括内容的购买与销售、内容的置换等。在全球媒体产业中，内容交易市场已经非常规模化和成熟化，国内的内容交易也由来已久，在大数据的作用下，新媒体的内容交易出现了更多的变化。

① 张漠. BuzzFeed：基于网络热点的新闻新秀[J]. 广告大观（媒介版），2015(12).

(一)数据与内容交易密不可分

按照此前的论述,新媒体内容运营的另一个重要环节是通过内容销售实现版权收入。这就涉及了内容交易这个话题。交易双方在交易过程中必须对所交易产品进行充分的评估。然而,媒体内容产品不同于普通的标准化产品,它同时兼具物质产品与精神产品的属性,因而对媒体内容的评估是一个专业化程度很高的课题,在国内外已经有了上百年的学术探索和机构实践历史。不同种类的内容产品、不同阶段的内容产品,在评估方法、交易估值方面都会存在显著的差异。

一直以来,媒体内容的交易评估都在追求尽可能的准确与精细,为了不断优化交易决策,交易双方需要了解待交易的内容产品方方面面的数据与信息,并将这些数据、信息进行有效的整合,从而为决策判断提供重要参考。

总体来说,用以进行内容交易的内容评估是一套完整的数据体系,包括评估指标、评估方法和评估流程。这三个变量的不同会直接影响最终的评估结果,从而改变交易行为。因此,一直以来,媒体的内容产品交易都与数据密不可分,只是在不同的发展阶段,由于人们能够掌握的数据量的大小、数据类型的多少、数据分析和处理能力的强弱不同,因而体现出了不同的特点。

(二)大数据优化了内容产品的交易流程

内容交易的第一个环节是交易之前。此时,卖方需要考虑三个核心问题,即销售怎样的产品、何时销售、以怎样的价格销售。销售怎样的产品,需要卖方充分结合市场需求,对内容素材进行适当的编辑和包装,比如此前提到的拆条、重组等,因为不同的买方需要的内容产品是不同的。何时销售即思考在怎样的时机将产品销售出去,从而获得最高的利润。以怎样的价格销售考虑的是定价问题。而买方考虑的问题与此相对应,也是用怎样的价格,在怎样的时间,购买怎样的产品。

此后的环节就是交易中的交易管理和交易后的交易维系等。在新媒体机构的内容产品交易中,大数据的作用体现在两个基础层面。第一,帮助交易双方获取更加大量的数据作为决策支撑。第二,帮助交易双方以大数据的理念和技术手段来处理相关数据,无论是历史积累数据还是实时抓取数据,对这些数据的正确处理都可以提升数据的使用价值,更好地促进销售。

在这个过程中,利用大数据对交易产品进行充分的评估是一个非常必要的步骤。相关评估的内容我们将在本书的第五章进行更为详细的讲解。

(三)大数据改变了内容产品的交易方式与手段

大数据给新媒体机构内容产品交易带来的另一项改变体现在交易的方式与手段上。在媒体内容交易中,视频内容是非常典型的一个分支,其主要的交易方式是通过交易展会(如电视节和电影节等)、版权交易中心(各地政府均建有版权交易中心,并允许社会机构参与),以及线上交易平台来实现的。传统的交易模式已经无法适应新媒体时代的市场需求,所以开放化、精细化和在线化是今后的必然发展方向,大数据将在其中发挥极为重要的作用。

1.业界的相关探索

2013年SMG旗下的上海五岸传播有限公司与成都索贝数码科技股份有限公司成立了合资子公司——上海五翼文化传播有限公司,负责SMG内容交易平台的开发和运营。2014年1月该平台正式上线,命名为秒鸽传媒交易网。秒鸽借鉴了"淘宝"的平台模式,客户(内容成品或素材版权的所有方)可以进入平台的"商场"中开设店铺,而商场则从交易订单中抽取佣金。同时,依托海量内容,平台也可为客户提供各类增值服务,包括信息订阅、版权管理等。同样开展此类业务的电视台还有中央电视台的"中国国际广播电影电视节目译制交易平台数字音像门户"、北京电视台的"京视网"以及长沙广播电视集团旗下的中广天泽运营的"节目购"。

一些文化投资机构也切入到内容交易平台领域,比如最早的陕西文化产业投资控股集团(以下简称"陕文投")。2011年5月,由陕文投、陕西广电网络、陕西盛唐天下投资发展有限公司共同出资5,000万元人民币注册成立的陕文投集团控股子公司——西安电视剧版权交易中心有限公司是陕文投版权交易中心的运营主体,目前,该中心对外的服务平台为中国影视版权交易网。目前该网站主要提供版权登记、备案,著作权登记,影视内容方面的信息、资讯等服务,还推出了融剧宝投资服务。这一产品"以影视制作企业与播出机构之间存在应收购剧款为基础,在双方签订电视剧预先购买合同或电视剧播出合同后,由版权交易中心先向债权人(影视制作企业)支付应收购剧款。在约定期限内,债务人(影视播出机构)向版权交易中心支付全额购剧款。在成功地开展了融剧宝服务后,版权交易中心在约定期限内收回垫付资金,并向债权人(影视制作企业)收取一定比例的交易服务费"。

2.学术界的相关研究

在这个方面,中国传媒大学广告学院所探索的"内容银行"模式是一个非常典型的案例。所谓内容银行是指“在网络融合背景下，一个基于海量内容建立起来的开放式的内容交易和管理的系统平台，通过建立统一的交易标准，搭建内容存储、支取、增值的机制与平台，以云存储为基础，为每日内容提供存储、展示、搜索、分析、评估、衍生、竞价、交易、管理、投融资等全功能服务，加速内容交易、流通、增值，实现内容安全与高效的管理”①。从这个定义来看，大数据不但将被充分运用于新媒体内容产品销售的各个环节当中，并且还会为新媒体机构提供全新的销售方式与销售手段。

在具体的功能设置上，内容银行将在提供海量数据的基础上，实现量化与质化交叉融合的内容评估功能，让交易双方都获得更好的决策参考；同时提供线上与线下相结合的展示交易平台，为交易双方实现智能化在线交易管理与操作；借鉴互联网实践，构建 RTB 技术平台，实现内容交易的实时竞价，促使交易行为公开、透明、即时地开展，并最大程度地保障交易双方的利益。

虽然内容银行只是新媒体机构内容交易发展方向的一个典型代表与探索，但是大数据将深刻地改变新媒体机构的内容交易方式与手段是毋庸置疑的。

本章思考题

1. 数据新闻与传统新闻报道之间存在什么差异？
2. 如何用大数据的思维、理念来指导新媒体的内容运营？
3. 大数据如何改变新媒体的内容交易？

① 周艳，龙思薇. 内容银行的核心理念和特点[J]. 广告大观(媒介版)，2016(2).

第四章　大数据改变了新媒体营销体系

■ 本章要点

1. 大数据与新媒体营销之间的关联
2. 需求是营销传播体系的核心
3. 营销调研与消费者洞察

第一节　新媒体环境下大数据加速了营销体系的变革

一、正确理解新媒体的营销传播

在第一章第二节中，我们曾简要论述了大数据会对新媒体营销产生影响。从概念上来看，所谓的新媒体营销可以分解为两个层面。第一是基于新媒体进行的营销活动，在这个层面上，新媒体是营销活动的传播载体与平台；第二是新媒体作为广告主进行的营销活动，此时新媒体是广告营销活动的发起方。

在此，我们将新媒体营销理解为第一个层面的意义。那么，在新媒体运营过程中就要考虑如何为广告主提供更好的营销传播平台与营销传播服务，包括广告运营理念的构建、广告产品的设计、广告服务的提供等。对于新媒体机构来说，广告是非常重要的商业模式，所以广告营销资源的挖掘、服务传播平台的运营、产品体系的搭建都是非常重要的媒体运营内容。

二、新媒体营销传播的“变”与“不变”

我们都知道，在一般的市场营销与广告传播的概念中，广告营销活动的参与者包括广告主、广告公司、媒体和消费者；广告营销活动则可以划分为市场机会分析、市场细分、目标市场选择、市场定位、营销活动管理等环节。但是，在新媒体环境下形成了新的营销传播平台，构建了新的传播规则，推动了新的营销效果测量体系的形成，也催生了新的营销产业链。

在图 4-1 中，我们将“新媒体的发展如何改变营销传播”这一问题归纳为四个方面。第一，新媒体的发展改变了原本大众传播时代的单向营销传播方式，并催生了双向互动的营销传播方式，各类强交互性和即时性的新媒体相当于打造了一个又一个全新的营销传播平台。第二，新媒体彻底改变了原本由传者主导的营销传播流程，受众不再是被动接收信息，而是掌握了更多的主动权，以新媒体为载体，参与到营销传播活动当中，发挥了更强的主观能动性。新的传播规则形成，一个营销传播价值“共创”的时代到来。第三，新媒体与传统媒体巨大的差异，使得原本针对传统媒体的测量标准、评估方法无法完全适用于新媒体，因而推动了全新的营销传播效果测量体系的形成。第四，针对新媒体的营销传播特点，新的营销传播产业链条逐渐形成，带来了新的业务、新的分工以及新的角色和机构。

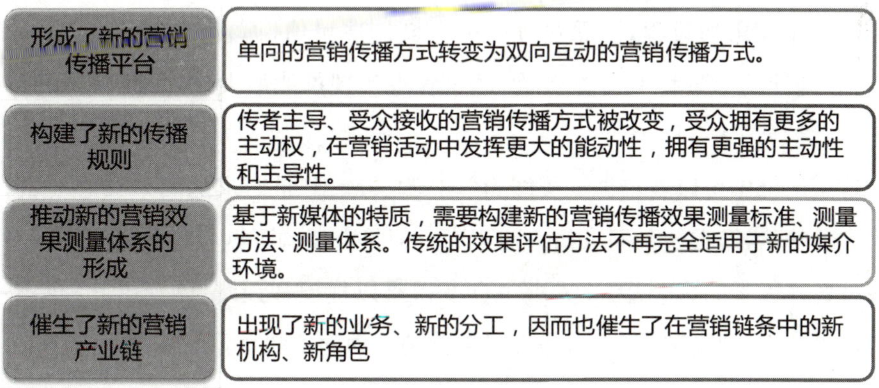

图 4-1　新媒体如何影响广告营销活动

虽然在新媒体参与之后，传统的广告营销体系已经发生了巨大的变革，在这个过程中，大数据作为极为重要的变革因素之一，推动了全新的广告营销体系的建立。但是营销的本质与核心目标并没有改变，营销与数据之间的联结也没有改变。营销的实现过程其实就是不断地接近真实需求的过程,可以说需求正是营销的核心,无论是哪种营销模型,其根本的目标都是把握需求,实现营销者与消费者之间的价值交换,满足消费者的需求。而在追逐需求的过程当中,营销其实走上了一条数据化的道路,用营销调研、消费者洞察来探知需求、验证需求,用数据作为制定营销决策的参考,用数据来评判营销的有效性。这是新媒体营销传播活动的"不变",也是接下来我们将要学习的重点。

第二节 数据对于营销的意义:探知需求的工具

一、营销学中需求的概念与特征

(一)需求的概念

作为一门交叉学科,营销学与经济学、心理学、管理学以及社会学等学科都有着密切的关系。因此,营销学中的部分概念在其他学科范畴中也能够找到一定的借鉴与参考。

作为营销学中的核心概念,需求在经济学中所指的含义是在一定的时期,在既定的价格水平下,消费者愿意并且能够购买的商品数量。在心理学中,需求是指人体内部一种不平衡的状态,是对维持、发展生命所必需的客观条件的反映。从营销学的角度来看,需求是"有支付能力购买具体的商品来得到满足的欲望"。① 营销是一个发现需求并且满足需求的过程,供需双方通过交换创造价值,而营销就是对这个过程的管理,通过管理让这个过程变得更有效,通过管理实现价值最大化,因此营销的目标就是发现需求、满足需求。

从这个解释中可以看出,"购买能力"和"购买欲望"是需求的两个核心要素,如果用公式来表示的话,需求=购买欲望+购买力。但是由于购买欲望与购买力这两个要素会受到各种各样因素的影响,因此需求也会变得难以捉摸和预测,体现出其独特性。这样的独特性也使得"把握需求"成为一直以来营销最为基础和重要的任务。

(二)需求的特征与分类

关于需求的特征,学术界有人将其归纳为多样性、发展性、伸缩性、周期性和可诱导性。其中,多样性是指不同的消费者有不同的需求,同一消费者的需求也多种多样;发展

---

① 菲利普·科特勒,文·莱恩·凯勒.营销管理[M].13版.卢泰宏,高辉,译.北京:中国人民大学出版社,2009:13.

性是指在总体水平上，人们的消费需求会随着社会经济的发展以及人们生活水平的提高而不断地发展变化，当其某种需求被满足以后，新的需求或者更高级的需求就会被激活；伸缩性是指由于内因或者外因的影响，消费者的需求可以扩大、增加和延伸，也会减少、抑制和压缩；周期性则是指消费者对消费对象的需求会因为某些因素的影响而呈现出周期性的变化，具体表现在当某种消费需求被满足以后，经过一定时间这种需求又重新出现；可诱导性是指消费者的需求是可以被诱导、引导和调节的，企业可以通过适当的广告、店面刺激以及促销手段等，使消费者的需求意识由弱变强，由潜在需求转变为现实需求，从而成功地售出产品，这也是营销得以有效进行的重要基础。

根据需求的这些基础性特征，营销学的研究者也做出了不同的解释与划分。例如，菲利普·科特勒在第 13 版《营销管理》中将需求分为五种基础类型：第一种为明确表述的需要，第二种为真正的需要，第三种为未明确的需要，第四种为令人愉悦的需要，第五种为秘密需要。同时，他认为营销其实就是对需求的管理，因此他的营销需求理论包括人们对产品的八种需求状态，分别为负需求、无需求、潜在需求、下降需求、不规则需求、充分需求、超饱和需求以及不健康需求等。

那么，需求这一概念在营销理论中究竟占了多大的比重？虽然关于营销的概念和界定有很多，然而我们发现，不管是哪个学派、处于哪个阶段，在主流营销概念中，需求都是其核心。

二、需求是营销理论中的核心概念

（一）营销是为了满足需求

在一些概念中，营销的存在就是为了满足需求。例如，1960 年，麦卡锡提出，市场营销是企业经营活动的职责，它将产品及劳务从生产者直接引向消费者或使用者，以便满足顾客需求及实现公司利润，同时也是一种社会经济活动过程，其目的在于满足社会或人类的需要，实现社会目标。菲利普·科特勒在 1984 年提出，市场营销指的是企业的这种职能：认识目前未被满足的需要和欲望，估量和确定需求量的大小，选择和决定企业能最好地为其服务的目标市场，并决定适当的产品、劳务和计划（或方案），以便为目标市场服务。他在 2009 年的第 13 版《营销管理》中提出，营销是“辨别并满足人类和社会的需要，通过满足他人从而获得利润。因此我们可以将营销管理看成艺术和科学的结合——选择目标市场，并通过创造、交付和传播优质的顾客价值来获得顾客、挽留顾客和提升顾客的科学与艺术”。[①]

(二)营销是一种交换关系,是一个复杂的过程

“服务营销理论之父”格隆罗斯所给的定义强调了营销的目的:“营销是在一种利益驱使下,通过相互交换和承诺,建立、维持、巩固与消费者及其他参与者的关系,达到各方的目的。所谓市场营销,就是在变化的市场环境中,旨在满足消费需要、实现企业目标的商务活动过程,包括市场调研、选择目标市场、产品开发、产品促销等一系列与市场有关的企业业务经营活动。”[②]美国学者基恩·凯洛斯将各种市场营销的定义分为三类:一是将市场营销看作为消费者提供的一种服务的理论,二是强调市场营销是对社会现象的一种认识,三是认为市场营销是通过销售渠道把生产企业同市场联系起来的过程。这从一个侧面反映了市场营销的复杂性。而钱旭潮等在所编著的《市场营销管理:需求的创造和传递》一书中则将市场营销界定为“由需求的把握和创新来构思有效的产品,通过市场交换送达消费者,以满足消费者的需求,始于需求,终于需求”。

这一类的概念更多地强调了营销者与消费者之间的互动关系、交互关系,以及营销所具备的过程性和动态性。

(三)需求的产生者在营销概念中日益重要

目前,业界较多引用的是美国市场营销协会的定义委员会给市场营销所下的定义。这一定义由委员会做过多次调整,这些调整体现出在讨论营销的定义时,对于需求的产生者即消费者的重视程度在逐渐提升。

1935年,该委员会给市场营销下的定义为:市场营销是使商品和服务从生产地流向消费地时所从事的各种经营活动。1960年,协会对该定义进行了修正,更改为:“市场营销是生产者为引导产品和服务流向消费者或使用者所从事的各种经营活动。”这两个定义的共同点是强调产品和服务最终流向消费者,但是这两个定义也因为没有从消费者的视角出发,没有充分考虑产品生产之前的调查、设计等内容,没有考虑社会和伦理方面所应当承担的责任等而遭到一些批评。

因此,1985年,美国市场营销协会公布了新的定义,即市场营销是通过创造和实现交换,对创意、产品和服务的观念、价格、促销和分销制订计划并实施的过程,从而满

---

① 菲利普·科特勒,文·莱恩·凯勒.营销管理[M].13版.卢泰宏,高辉,译.北京:中国人民大学出版社,2009:5.

② 克里斯廷·格隆罗斯.服务管理与营销.韦福祥等,译.北京:电子工业出版社,2008.

足个人和组织目标的交换。此次定义提出了“交换”的概念,将实体产品扩充到了服务和理念等虚拟产品的层面,将营销活动扩充到了前、中、后各个阶段,强调了生产组织与个人、组织与组织等双向的关系。在2004年8月举行的AMA夏季营销教学研讨会上,AMA再次更新了营销的定义,将其修订为:市场营销既是一种组织职能,是为组织自身及利益相关者利益而创造、传播、传递客户价值,管理客户关系的一系列过程。新定义中最显著的变化就是把定义的立足点和表述的侧重点都放在了顾客身上,明确了顾客的地位,承认了顾客的价值,并强调了与顾客的互动,强调了以顾客为中心的核心理念。2007年,这一定义再次做了微调,变为:营销是创造、传播、传递和交换对顾客、客户、合作伙伴乃至整个社会有价值的产品和服务的一系列活动、机制和过程。

三、营销理论级模型的流变与需求息息相关

(一)对需求探知研究的演进推动了营销理论的成长

基于上文所描述的对营销管理本质的理解,菲利普·科特勒的营销管理范式可大体概括为:需求分析—营销战略—营销组合—组织实施—营销控制五个过程。因而,科特勒的营销管理理论框架中最重要的假设就是:需求是外显的并且可以预测,这在其整个营销管理架构中表现得尤其明显。企业根据对顾客需求的分析和衡量,来决定企业的营销战略以及策略,进而实施有关战略与策略。表4-1是科特勒对于需求状态的划分。

表4-1 科特勒的需求划分

需求状态	定义
负需求	如果绝大多数人都对某个产品感到厌倦,甚至愿意出钱回避它,那么,这个产品市场便处于一种负需求。
无需求	目标消费者可能对产品毫无兴趣或者漠不关心。
潜在需求	有相当一部分消费者可能对某物有一种强烈的渴求,而现成的产品或服务却无法满足这一需求。
下降需求	每个组织或迟或早都会面临市场对一个或者几个产品需求下降的情况。
不规则需求	许多组织面临着每季度、每天甚至每小时都在变化的需求。
充分需求	当组织对其业务量感到满意时,就达到了充分需求。
超饱和需求	有些组织面临的需求水平会高于其能够或者想要达到的水平。
不健康需求	不健康的产品将引起抵制消费的活动。

然而对于这种假设也有不少批评的声音，总结来看即认为需求应该分为两类：一类是显在需求，是容易被测量、探知并满足的；另一类是隐性需求，需要使用更加精细化的方法来捕捉这样的需求。例如，凯斯·戈芬·弗莱德·莱姆基（Keith Goffin Fred Lemke，2005）认为，客户有时候并不明确他们的需求是什么，一些公司正在使用一些新的方法力求抓住它。这些方法被称为隐性需求分析（Hidden Needs Analysis，简称 HNA）①。

因此，不同的营销范式也针对不同的消费者隐性需求提出了一系列解决方案，从产品需求、服务需求到关系需求，体现了对消费者隐性需求的不断提升的挖掘过程，是需求基因不断演化的体现。针对每一种需求基因所构建的营销体系也都形成了特殊的学术研究团体，并吸引了众多的追随者。基于此，很多学者都回归了营销学的原点，即消费者需求，开始关注营销理论演化的逻辑脉络，如英国克兰菲尔德管理学院（Cranfield）新营销研究中心（New Marketing Group）的苏珊·贝克尔（Susan Baker）、德国学者凯斯·戈芬·弗莱德·莱姆基以及国内学者范晓屏、包政、张学军等，分别研究了消费者隐性需求的重要性及其对营销理论的影响。② 因此，可以说需求探知研究的演进在一定程度上推动了营销理论的诞生、发展。

（二）建构营销模型是为了更好地把握需求

如果讨论营销理论的流变，那么从 4P 到 4C、4S、4R、4V 的转变是一个极为典型的过程。

1953 年，尼尔·鲍登（Neil Borden）在美国营销协会的就职演说中，创造了“营销组合”这一术语；1960 年，美国密西根大学教授杰罗姆·麦卡锡（J. McCarthy）提出了 4P 分类，即产品（Product）、价格（Price）、渠道（Place）、促销（Promotion）四要素；20 世纪 80 年代中期，菲利普·科特勒在 4P 理论的基础上，创立了“大市场营销”理论，即 6P 营销策略，加入了公共关系（Public Relationship）和政府权力（Political Power）两项；1986 年 6 月，菲利普·科特勒教授再次提出了 11P 营销理念，即在 6P 之外加上调研（Probe）、区隔（Partition）、优先（Priorition）、定位（Position）和人员（People）。4C 理论是由美国营销专家劳特朋教授在 1990 年提出的，它以消费者需求为导向，重新设定了市场营销组合的四个基本要素，即消费者（Consumer）、成本

---

① 凯斯·戈芬·弗莱德·莱姆基. 洞察隐藏在消费者背后的需求[N]. 陈伟，编译. 中国经营报，2005—1—31.

② 吴树桐，罗永泰. 基于消费者隐性需求的营销模式研究[J]. 中央财经大学学报，2009(4).

(Cost)、便利(Convenience)和沟通(Communication)。它强调企业应该把满足顾客需求放在第一位,其次是努力降低顾客的购买成本,然后要注意到顾客购买过程中的便利性,而不是从企业的角度来决定销售渠道和策略,最后还应以消费者为中心实施有效的营销沟通。4R是指市场反应(Reaction)、顾客关联(Relativity)、关系营销(Relationship)、利益回报(Retribution),该理论由美国学者舒尔兹(Don. E. Schultz)提出。进入20世纪80年代之后,随着高科技产业的迅速崛起,高科技企业、新技术产品与服务不断涌现,营销观念、方式也不断丰富与发展,并形成独具风格的新型理念。在此基础上,吴金明等综合性地提出了4V的营销观,即差异化(Variation)、功能化(Versatility)、附加价值(Value)、共鸣(Vibration)的营销组合理论。

从4P到4C、4R再到4V,代表了营销理论的发展和演变过程。4P理论将消费群体需求等同或相近看待,着重于对消费量的满足,它采用的营销方式是规模营销。为了提高生产效率,企业广泛采用大规模的流水线生产方式,生产往往是封闭或半封闭的,对外合作少。由于顾客需求发生了明显变化,4C理论指导下的营销策略开始走细分化的道路,通讯工具和互联网也为这种个性化需求提供了技术支持。企业根据消费者的不同需求进行产品的设计和开发,实行差异化营销。为了满足顾客的不同需求,企业采用多品种、小批量的柔性生产或适应性定制生产,对外合作增强,营销活动与企业各部门、全员、全过程密切相关。4R理论与前两者存在很大区别,它认为,顾客需求已从对核心产品、延伸产品等物质的需求转变为对购买和使用过程中综合服务的需求;从需求个性特征化向需求个性瞬间化、感觉化的方向转变;从终端产品交易向购买一揽子的全套解决方案转变;从强调规模经济转变为强调经济范围。

为了适应消费需求的转变,4V营销采用了整合营销方式。4V营销理论首先强调企业要实施差异化营销,一方面使自己与竞争对手区别开来,树立自己独特的形象;另一方面也要将消费者区别开来,满足消费者个性化的需求。其次,4V理论要求产品或服务有更大的柔性,能够针对消费者的具体需求进行组合。最后,4V理论更加重视产品或服务中无形的要素,通过品牌、文化等满足消费者的情感需求。

在这个演变和发展的过程当中,可以看到的趋势是营销越来越注重对消费者需求的满足,越来越强调将消费者放在营销的中心位置,强调与消费者之间的互动、长期稳定关系的建立等。因此,如何去探知需求、如何确认需求信息,成为营销的重要任务。基于对需求的精准把握,营销才有了科学性可言,才逐渐走向了体系化。

第三节　营销调研:尽可能准确地探知需求

一、营销与营销调研

美国营销协会对营销调研的定义是:"通过信息在消费者、顾客、公众与营销人员之间架起沟通的桥梁。营销人员使用信息来识别和定义营销机会和问题,产生、完善和评估营销活动,监控营销绩效,促进人们对于营销理论的理解。"

在《营销管理》一书中,菲利普·科特勒将营销调研(Marketing Research)定义为:系统地进行信息设计、收集、分析和报告,从而解决某一具体的营销问题的过程。

阿尔文·C.伯恩斯则在其所著的《营销调研》一书中写道:"成功的企业组织的决策制定者要做出正确决策就离不开信息,而营销调研可以为决策制定者提供所需要的信息。要实施正确的营销活动,管理人员必须拥有信息,这就是营销调研的目的,也是将营销调研视为营销的一个重要部分的原因。"①

相对的,预测当前市场需求的大小以及未来的需求趋势也就成为营销调研的重要任务。而营销调研本身就是一个获取数据、处理数据、解读数据和运用数据的过程。

二、建立在数据基础之上的营销调研保证了营销的科学性

一直以来,营销的科学性正是源于营销调研运用了自然科学中的数据收集手段,严谨地记录、搜集和分析了消费者的各项数据和行为轨迹;同时又采纳了社会心理学的方法,透过现象去解释人的内心世界。这种主客观的结合让营销能够无限接近真实的市场需求,让生产者与消费者能够实现和谐交换。因此,数据与营销之间存在着密不可分的关系,而营销调研也由此成为营销的重要组成部分。

在整个营销流程中,各种相关的数据调查和数据库纷纷出现。例如索福瑞的电视收视率和广播收听率,CTR的广告投放监测数据、消费行为调研,AC尼尔森的零售研

---

① 阿尔文·C.伯恩斯,罗纳德·F.布什.营销调研[M].6版.于洪彦,金钰,汪润茂,译.北京:中国人民大学出版社,2011:67.

究、新生代消费行为研究等。随着媒体技术的发展，后来还出现了像尼尔森网联这种专门监测数字电视收视率的数据研究机构等。这些数据库的建立以及数据分析工作帮助传统的广告与营销体系实现了最高程度的科学化。

三、调研方法的专业化是保障数据真实可信的重要途径

用调研的方式去预测需求有一个最为重要的基础，就是数据的真实性，唯有用真实的数据才能还原受众的心理与行为，从而推断其需求。为了能够得到更加真实的数据，同时保证在数据采集、整理、分析与使用的过程中更加科学化与精细化，在近百年的营销调研发展过程中，逐渐形成了一套针对原有营销体系与环境的，适应传统营销机构与渠道的营销调研方法。

在数据获取上，分为二手资料与一手资料两种。其中二手资料是指为了其他目的而搜集的数据资料或者已经存在的数据资料；一手资料则是指为了特定的目的或具体的研究项目所搜集的原始数据资料。通常，这两种数据资料会被综合运用，然而大多数时候，一手数据资料的搜集是必不可少的。对于这部分数据资料，营销调研通常使用六种方法来获取，包括观察法、人类学研究法、焦点小组访谈法、调查法、行为资料分析法和实验法。而在测量设备上，由于近年来相关技术不断进步，除了最初的开机率监测手段之外，视速器、眼动仪，甚至神经学追踪仪器等也越来越多地被运用到了营销调研当中，目的就是最大限度地利用数据来还原消费者的行为与需求。

事实上，针对特定受众的调研要想获取最为真实的数据，其方法就是“普查”，即对研究对象的总体进行全面的调查，然而考虑到成本以及在原有技术手段与条件之下，这种调查方法很难实现，因此以科学化的抽样调查代之。在营销调研的数据搜集与获取过程中，一直以来同样适用的也是以抽样的方式来最大限度地接近真实，去还原消费者的心理与行为。技术手段的不断提升、计算机的出现与发展、互联网技术的不断进步，给“抽样”这一调研方式带来了新的空间与可能，甚至创造了低成本普查的可能性，这些内容将在之后的章节中做具体的说明。

四、营销信息系统的建立

正如上文所述，正确的营销决策有赖于大量信息与数据的搜集和分析，而这些信息与数据需要建立数据库来管理、运作，在营销调研当中我们称之为营销信息系统

(Marketing Information System,MIS)。该系统是由人员、机器和计算机程序所构成的一种相互作用的有组织的体系,在工作和应用中有计划、有规则地搜集、分类、分析、评价和处理信息,从而为企业营销决策者提供制定规划和策略的有效参考。一般来说,营销信息系统由以下四个部分组成。

(一)内部报告系统(Internal Records)

内部报告的主要任务是由企业内部的财务、生产、销售等部门定期提供控制企业全部营销活动所需的信息,包括订货、销售、库存、生产进度、成本、现金流量、应收应付账款及盈亏等方面的信息。企业营销管理人员通过分析这些信息,比较各种指标的计划和实际执行情况,可以及时发现企业的市场机会和存在的问题。有效运用企业的内部报告系统的关键是提高这一循环系统的运行效率,使整个内部报告系统能够迅速、准确、可靠地向企业的营销决策者提供各种有用的信息。

(二)营销情报系统(Marketing Intelligence)

企业的市场营销情报系统是指企业营销人员取得外部市场营销环境中的相关资料的程序或来源。该系统的任务是提供外界市场环境中所发生的相关动态信息。企业通过市场营销情报系统,从各种途径取得市场情报信息,如采用查阅各种商业报刊、文件,从网上下载;直接与顾客、供应者、经销商交谈;与企业内部有关人员交换信息等方式。也可雇用专家来收集有关的市场信息,或向情报商购买市场信息等。系统要求采取正规的程序,提高情报的质量和数量,必须训练和鼓励营销人员搜集情报;鼓励中间商及合作者互通情报;购买信息机构的情报;参加各种贸易展览会等。

(三)营销决策支持系统(Marketing Decision Support System,DSS)

该系统主要通过使用工具和技术对所收集的数据进行评估和分析,从而为使用者提供决策参考。信息公司将搜集到的大量数据存储于大型数据库中,使用一些决策工具和技术如盈亏平衡技术、回归分析模型和线性规划等来对这些数据进行评估,回答相应的问题。根据国外对企业市场营销的调查研究,企业研究的主要内容有市场特性的确定、市场需求潜量的测量、市场占有率分析、销售分析、企业趋势研究、竞争产品研究、短期预测、新产品接受性和潜力研究、长期预测、定价研究等。

(四)营销调研与分析系统(Marketing Research System)

这是一个相对独立的系统,并不是通过其他三个部分来搜集信息的,该系统的调研内容与项目是不连续的,有自己的开始和结束,根据具体需要而实施,为某一具体营销问题而搜集数据,目的是提供解决某些具体的营销问题所需的信息。

五、以营销信息系统为基础的数据库的建立

在建立起完善的营销信息系统之后,营销机构即能以这一系统为基础,进一步构建自身的营销数据库,将各类信息进行分门别类的整理并转化为相关的数据,以数据来支撑营销活动的开展。事实上,大量的广告与营销机构、咨询公司最开始从普查、抽样起步,逐渐建立起自身的信息系统和数据库,然后发展出能制定一系列决策的系统,并开发出多样化的工具和软件用以服务相关的企业和机构。所以,那句著名的"我只知道我的广告费有一半被浪费了,但是却不知道是哪一半"所描述的问题也是营销传播机构一直以来试图用各种科学操作来解决的。

例如,国际知名的广告公司电通自建的数据库包括广告作品数据库、广告发稿量及费用统计数据库、电视家庭收视率数据库、电视个人收视率数据库、广播个人收听率数据库、消费者生活意识及形态、媒体接触数据库、广告效果数据库,等等。基于这些数据库,电通建立了 CSP 模式(如图 4-3),这是为了更有效地制订媒体方案而开发的一种计算机模式,能够与广告四种效果相对应。这一模式有六个特征:可根据不同商品、广告类型选择模式;可预测到行为效果;把广告表现的感染力模式化;考虑到企业形象对选择品牌的影响;考虑到与广告以外的促销努力之间的关联;考虑到主要的市场因素。

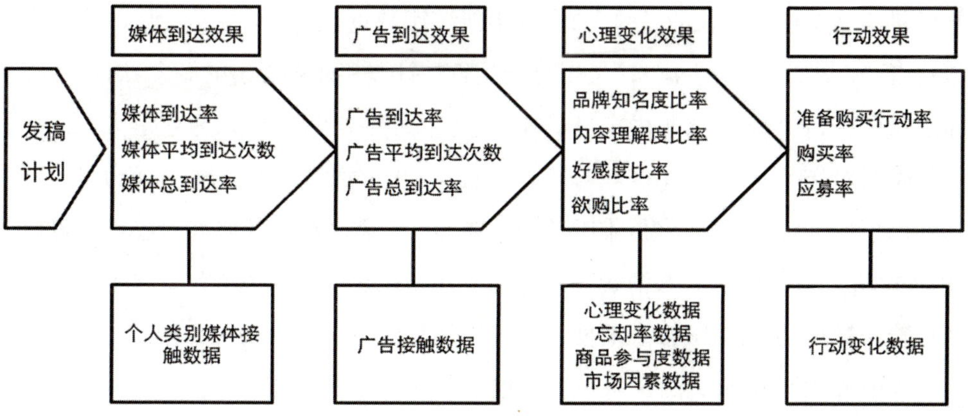

图 4-2　电通的 CSP 模式

在这些相关机构的探索与推动下，数据与营销之间的关系变得牢不可破，也证明了只要有合适的数据收集方法、正确的数据处理手段，就可以帮助营销者找到更加科学、有效的营销手段。当联机分析、数据挖掘出现之后，人类获取知识的手段也有了跨越式的发展，营销与广告学科也能够综合运用各种数据与信息进行交互式的分析，日臻成熟并有效地适应了当时的社会环境、媒体环境，满足了营销需要。

小结

营销调研通过各种各样的方式来记录消费者的行为、语言和信息，并且利用大量的类似数据去推测消费者的需求。

但是，在这个过程中，营销学界与业界发现，即使是真实记录的数据也未必能完全准确地反映消费者的需求，甚至有时还会误导营销者做出误判，因为消费者自身往往也无法真正了解自己需要什么，利用数据分析做出的预测也仍然会得到与事实不符的结果。

因此，了解消费者的内心，研究其潜意识，掌握他们的隐性需求，并且通过与他们的深度对话来斧正数据结果相当重要。这种更偏质化的研究方法，我们称之为“消费者洞察”。

第四节　消费者洞察：对营销调研的必要补充

一、消费者洞察的概念

营销者为了摆脱以往的经验主义，希望能够用数据说话，利用营销调研的方式来推测消费者的需求。“消费者洞察”是相对于“消费者调查”而被提出的概念，消费者洞察不排斥定量研究，有时候还必须做定量研究，但是也需要定性研究，因为它是从心理学角度研究消费者对产品、品牌的态度和心理，从而进一步挖掘其习惯、经验和价值观等信息。对这些因素的查找，定量研究是难以顺利完成的。消费者洞察的研究内容是静态数据背后的动态解释，它是营销者与消费者进行沟通并获取其反馈的一个重要方法。洞察的结果用以修正数据调研的内容，从而使得营销更加有效。

洞察在中文中的释义为深入、清楚地察知，发现内在的内容与含义。加拿大学者伯纳·郎尼根(Bernard J. F. Lonergan)曾经出版过一本名为《洞察》(*Insight*)的书籍，此书被命名为“郎尼根的认知理论”之因。可见“洞察”一词的源起即与人类的内心有着紧密的联系。

在营销理论中，消费者洞察（consumer insight）这个概念强调的是对消费者行为的深层理解，更偏质化研究而非量化研究。不同的研究者也会有不同的看法，然而总结来看，对于这一概念的理解主要集中在两点：第一，消费者洞察是为了通过对消费者潜意识的研究来更精准地推断其需求，尤其是他们的隐性需求；第二，消费者洞察是为了通过与消费者进行深度的、互动的沟通来更好地了解他们的需求。也就是说，消费者洞察要求营销者通过各种方式去了解消费者的潜意识、隐性需求，同时能够与消费者进行互动式的沟通，以获取他们的真实反馈。

二、不同学者对于消费者洞察的理解

全球知名的消费者行为学专家所罗门说：“许多消费者行为类似于戏剧情节。就像一台戏一样，每个消费者的出色演出需要有行走路线、道具和服装。由于要扮演许多角色，人们有时候会根据自己当时所处的特定‘剧情’改变消费决策。他们在一个角色中用以评价产品和服务的标准可能与另一个角色中的标准大相径庭。”[①]因此，消费者洞察是一个全周期的过程，不仅要包含对消费者整个决策过程的研究，同时还要将消费者当成“复合人”来研究他们的行为。

日本学者大松孝弘在其所著的《深层营销——洞察消费者潜意识的营销方法》中将消费者洞察这一概念解释为：“深入挖掘消费者的意识和行为，看穿连他们自己都不曾意识到的潜在消费心理。”他所思考的消费者洞察可以理解为对消费者潜意识的一种研究，是“他们不知不觉地感到什么和不知不觉地渴望做些什么的时候，例如不知不觉地光顾，不知不觉地（对某个产品）产生好感，以及不知不觉地（为某个产品）动心的时候，左右自己意志决定的那种最为关键的潜意识。正因为洞察消费者的潜意识具有如此巨大的功效，倘若运用得当则一定可以刺激客户的需求，进而引导他们的消费行为”。[②]

智威汤逊大中国区 CEO 唐锐涛则表示：“我们需要重申一次，洞察并非观察。”他认为，观察只是简单地记录人们说过的或做过的事情；洞察则是获知消费者基本的行为和

---

① 迈克尔·R. 所罗门. 消费者行为学：中国版[M]. 8 版. 卢泰宏，杨晓燕，译. 北京：中国人民大学出版社，2011：5.

② 大松孝弘，宇佐美清，波田浩之. 深层营销——洞察消费者潜意识的营销方法[M]. 陈诚，译. 北京：科学出版社，2008：4.

偏好的驱动力，是从与消费者的深入交谈和随后的思考分析中发展而来的。

我国研究者冯沁妍和汤志耘曾撰文对消费者调查与消费者洞察的概念做了区隔："消费者调查，是指对消费者的消费行为进行的调查，主要是针对消费者的使用习惯和态度等方面的调查。相较于消费者洞察而言，它是一种浅层次的、表面的研究。消费者在调查过程中极有可能存在言行不一的情况，所以消费者调查数据的精准性往往不高，调查结果也显得比较生硬；而消费者洞察则是针对消费者的一种更深层次的研究，它不仅能解释现在，还可以预测未来。"①

资深广告人林展贤针对这一话题撰文表示，消费者洞察这种方式即便在广告人自己眼中，也带有较多的"经验"与"直觉"的成分。"其实，消费者洞察是一种感觉的积累，除了自我的人生体验以外，还要求体验其他人的体验和感受，并在需要时真实地表达出来。广告人的消费者洞察可以分为两个层面，第一个层面是对'人性'的洞察，比如母爱、朋友、爱国等全球共同的元素与特征；第二个层面是对文化的洞察，体验每个地区本土的文化特点。"②

世界知名的广告公司奥美也曾给出一些判断消费者洞察好坏的标准，他们认为，好的消费者洞察需要让观者投入，要让他们发出类似"哦，这就是我的感受"的感叹；要看穿消费者的表面意图，分析其深层含义，挖掘其内涵；得到普遍人的共鸣而非停留于夸大一个人的感官感受；将产品利益点和情感需求相连接，达到一箭双雕的效果，等等。③

三、消费者洞察在营销实践中被广泛应用

在营销业界，越来越多的主流机构开始意识到消费者洞察的重要性，尤其在当下的媒体与传播环境中，面对迅速改变的消费者群体，洞察成为传统市场调查与消费者调查之外不可或缺的重要补充。

(一)增设负责消费者洞察的组织机构

对于消费者洞察的重视，首先体现在越来越多的营销传播机构开始强调这项业务的重要性，在组织层面增设相关机构或者进行相关的业务调整。

例如，在 WPP，消费者领域的所有公司已被整合到旗下的 Kantar 集团，包括索福

① 冯沁妍，汤志耘. 浅析消费者洞察对品牌营销及传播的作用[J]. 新闻界，2011(2).

② 林展贤. 贤聊广告第五集 · 谈消费者洞察[J]. 广告人，2003(2).

③ James Wong. 奥美广告——消费者洞察 PPT[OL]. http://www.icxo.com/.

瑞集团(TNS)、The Futures Company、明略行等多家全球领先的调研公司,WPP 在 2011 年消费者洞察领域的收入达 25%,并不断开发新的消费者研究与洞察技术。Kantar 曾和 Affectiva 公司合作,开发能够观察受众的细微表情以了解他们对广告的反应的技术。明略行开发了粉丝指数这款工具来帮助客户了解 Facebook 上粉丝的传播价值等。Kantar 集团主席艾瑞克在 2011 年的年报里表示,Kantar 集团研究的核心目标无非是两种:发现可操作的结合起来的洞察方法,获得有利于客户迅速做出商业决定的实时数据。一是为了更好地传播,二是为了更好地销售。

(二)新的消费者洞察工具不断出现

为了追求更加准确的洞察效果,洞察工具成为不少营销传播机构的研发热点之一。北京电通在 2012 年 9 月发布了新的消费者洞察工具。北京电通认为关于价值观的研究有很多,但是关于人类心理欲望的研究却很少。对"欲望"的分析揭示了人们内心深处本能的和深藏的核心目标。一旦了解了这些心理欲望,就能够更好地影响消费者的购买行为。为此,北京电通在中国地区首次正式发布了基于研究人类心理欲望的消费者分析工具:Communication Motivator。

与以往针对价值观和消费者生活形态的调研不同,电通根据亨利·A. 默里(Henry A. Murray)和亚伯拉罕·哈罗德·马斯洛(Abraham Harold Maslow)等提出的经典人类心理学,在听取了多名消费者心理研究专家的意见的基础上,深入挖掘消费者的心理欲求。Communication Motivator 利用因子分析的方法将人类欲望体系化,使策划创意人员快速、简捷地洞察消费者的 20 个欲望指标(如图 4-3),包括 13 项个人欲望、5 项对他人的欲望、2 项个人对社会的欲望,从而根据这种独有的人类心理欲望理论,匹配其他调研数据的分析,洞察消费者的欲望,继而科学地找出广告或促销(campaign)的核心创意点(core idea),从而真正地打动目标消费者。

在这个工具的背后,电通也积累了大量的数据调研和采集工作的结果作为支撑。在 2012 年的 6—7 月,电通进行了大量的数据调研和采集工作,在中国的 4 个一级城市和 8 个二级城市中采集了约 6,000 个样本,调研对象为 15—49 岁的消费者,范围覆盖 21 个品类,其中包括 17 个快消品和 4 个耐用品,借此提升洞察工具的准确性和针对性。

另一家著名的 4A 广告公司奥美广告在如何获得消费者洞察方面,正在开辟新的天地。在奥美的调研过程中,专题小组和单纯的数据不再是占据统治地位的明星。例如,在亚洲,他们走进年轻人的生活里,为这些年轻人做录像形式的日记。这些录像日记揭示了年轻人真正的行为。奥美努力去发现那些年轻人想要告诉他们的东西,而不

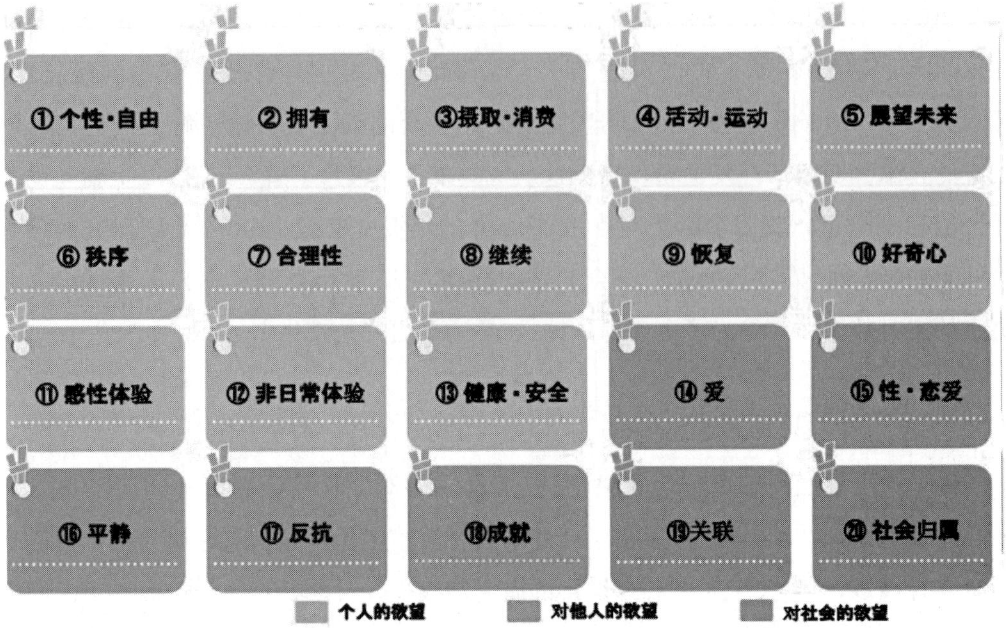

图 4-3 电通的 20 项欲望指标

仅是他们想要问的东西。同时,“奥美 Discovery”调研小组也通过在自然的生活环境中观察消费者,以了解品牌如何在人们的生活中真实地存在着。奥美公司的移情代入式调研方法获得了深入的调研结果,这些结果解释了在广泛多样的主题下的文化、行为以及品牌方面的洞察。他们曾花费了 800 多个小时与啤酒饮用者、比萨饼爱好者、投资银行家、气喘病患者、小业主、年轻的母亲和网站设计者一起购物、吃喝、谈笑,完全融入他们的生活,深入地了解他们。

(三)对消费者洞察的重要性的认同从营销传播机构向广告主流动

诸如这样强化消费者洞察,希望能够建立起更加适合碎片化受众传播背景的测量体系的广告与营销机构还有很多,其共同特征就是对于“洞察”的认同。例如,2009 年 4 月,阳狮广告在上海与香港两地同时发布名为《美好生活进行到底》的消费研究报告;2009 年 5 月,达彼思发布了关于中国新兴城市消费力的报告,并预测了 2009 年中国的八大变化;群邑中国在 2010 年发布的《赢在中国——2010 中国消费者概览》等,都是非常典型的消费者洞察案例。

此外,重视消费者洞察并且将洞察结果运用到产品研发与设计、营销策略制定中的企业也很多,宝洁公司就是其中的典型代表。例如,宝洁公司几乎每个星期都要开展消费者洞察与调研的活动,以支持营销决策。在美国的辛辛那提市的一个工业区,宝洁开设了一个超市叫“消费者村”，用来研究消费者的消费行为。超市里摆着各种各样的产品，消费者到这个地方来，宝洁公司会对他进行深入的研究，包括对他进行观察，看他具体的购买行为。同时，宝洁公司还在这个地方举行焦点座谈会，开展关于消费者的研究。宝洁公司一定要经过详细的市场调研才能针对产品做出决策，而消费者洞察在其中发挥了不可抹杀的重要作用。

第五节　数据与营销体系的关联

一、营销体系科学化的过程是一个数据化的过程

如果从社会发展的角度来看营销，其最终的作用就是提供了供需双方信息交换的可能，从而在最大程度上实现供求平衡，让供应方能够按需生产，让需求方能够得到满足。所以，供应方就不得不利用各种各样的方法、工具去接触需求方，获取需求信息，然后将产品和服务提供给需求方。然而，这个过程如果仅凭经验去判断、去做决策的话，必然会出现偏差，于是数据就成为判断和决策的重要参考。所以，营销从若干个生产者决策、选择方面的观念，演变成一系列的理论和模型，再衍生出许多工具和方法，帮助生产者不再盲目地生产、盲目地供应、盲目地铺货和投放。

因此，通过不断地尝试、修正、再尝试，围绕着供求双方，逐渐形成了一个从生产者视角出发的、较为稳定的营销体系，目的就是推测需求、预测需求、把握需求。在这个营销体系当中，首先，假定消费者的需求是“可测量、可诱发、可创造”的，消费者是可以通过一些渠道和方法被接触到，作为营销信息的接收者而存在的；其次，为了与消费者进行沟通，大众媒介成为营销的重要信息传递工具，这些工具在早期是作为稀缺资源而存在的，是控制在少数机构手中的，具有绝对的权威性；最后，为了实现有效的营销，不同的角色，如广告公司、媒介代理公司、数据服务机构、公共关系机构、咨询公司等开始出现，这些公司共同的特点是强调科学性，他们进行了大量的关于消费者、媒介、广告主的数据信息搜集工作，并以此为基础进行营销策划，制定相应的营销战略。

至此，营销体系的各个环节彼此依存，环环相扣，形成一个牢固的链条，逐渐朝着日益成熟的方向发展，并且真正实现了科学化的操作。构建这个体系的目的其实就是不断地接近真实的需求。与此同时，低成本、高效率成为成功的营销活动的两条重要考核标准。

这是一个不断调整、修复、优化的过程，同时，由于在这个过程中，数据始终扮演着非常重要的角色，因此我们也将这样一个以不断接近真实需求为目的的过程称为数据化的过程。

二、传统营销体系化和科学化的架构面临着被颠覆的可能

我们都知道，科学是具有局限性的，会受到人们探寻事物本质的能力的限制。由于信息的缺乏或者误解、工具与手段先进性的不足，人们有时候也会得出错误的结论。但是科学本身是具有自我纠错能力的，当我们获取了新的知识，原本的一些结论也会随之得到调整、修改，甚至被摒弃。

在营销学领域也是如此，虽然，经过近百年的努力，一套科学化的营销体系被建立起来，然而却也只是相对环境下的有限的科学，这种科学性在今天出现了被打破的可能性。随着近年来社会环境、经济环境、技术条件发生了巨大变化，原本的营销体系开始出现动摇。假如说原本营销体系的建立基座是需求和数据，那么正是需求和数据的变化，导致整个体系出现了震荡。首先，海量数据成为现实，这让营销体系的数据化面临挑战，因为传统的营销调研和数据处理方式无法适应海量的数据信息；其次，新媒体的出现、发展和成熟，在极大程度上改变了原本的传播环境和传播规则，新媒体承担着营销信息的传播工作，也扮演着新营销产品的创造者的角色；最后，营销体系中的角色发生了改变，营销传播的环境也出现了变革，因此在传统方法下从营销者视角出发的需求推测、需求把握变得非常困难。

当整个营销链条中的这些重要环节出现颠覆性变化时，原本稳定的体系也就因此而改变了。

三、海量数据的现实冲击了传统营销的科学性

海量的数据需要的是与之相对应的数据存储、运算、处理、分析和运用方法。正如前文所述，营销调研确保了营销理论及其体系的科学性，因此，当整体营销调研工具及方法受到挑战，无法适应海量数据的现实，无法实现其应有的与数据现实相匹配的精准程度时，原有的营销体系也必然受到影响。

从营销领域来看大数据，其最为直接的影响就是，消费者在网络、媒体、终端上的所有行为信息、语言信息都转化成了数据，而这些数据的量级显然是非常惊人的。毫无疑问，这些数据信息都具有极高的价值，是对消费者行为、心理、需求进行研究的重

要支撑，然而传统的数据处理方式显然无法与这样的数据量相匹配。

正是在这个过程当中，人们基于传统媒体环境和数据处理技术所建立起的营销体系已经无法匹配当下的发展现实，新的营销理念、营销工具和营销方法开始层出不穷，如何构建起新媒体环境下的营销体系成为学界与业界探讨的重点。

四、营销传播环境的变化动摇了传统营销体系

（一）消费者、受众正在改变

原本营销环境中，消费者是集中存在的，是容易被接触到的，是媒体传播渠道的信息"受众"。虽然在1950年前后就已经有人提出了关于用户信息规避行为的研究，然而总体上来看，在传统营销体系中，消费者处于一个相对被动的状态，是营销信息的接收者，在那个环境中其"互动"的方式也相对简单，即信息的反馈和规避。然而，技术改造了社会，一方面信息爆炸的环境让人类个体改变了原本的信息接收模式，筛选、回避等行为已经非常常见；另一方面，技术带来的媒体巨变使得信息的传播渠道发生了极大的改变，消费者或者受众开始参与到信息、内容的生产中，拥有了极大的主动权和真正的互动性。在这个阶段中，碎片化和主动性成为消费者最为明显的特征，冲击着传统的营销体系。

（二）信息传播的介质——媒体正在改变

在原本的营销环境中，媒体资源是稀缺的，是传播的一种"管道"，因此当时的信息传播是控制在少部分人和机构手中的，他们代表着一定的"权威"；传播体系中的身份和角色是明确的，传者负责生产信息，媒体负责传播信息，受众负责接收信息，定位和界限都很明确。

然而以互联网为代表的新媒体在近年来颠覆了整个传媒产业：传输网络、内容生产、媒体功能都朝着融合化、平台化的方向发展，媒体和信息的稀缺性不复存在；传播的控制权发生了偏移，传播者、传播工具、接收者都可以生产信息内容、发布并传递信息、接收信息，原本清晰的边界已经消弭，营销的科学性也就无从谈起了。

在这种情形下，营销者很难按照原本的方式去接触和覆盖消费者：碎片化的消费者无法用有限的媒体形式实现全面的覆盖；用媒体组合的形式去覆盖目标消费者会直接提升营销成本；消费者在传播中的主动性使得营销信息即使被送达也无法保证能够被接受。此外，海量数据颠覆了传统的调研方法、数据处理方式等，对它们提出了新的

挑战，营销者面对着海量的数据，却不知道应该如何去处理和分析。在这样的背景下，生产者和营销者想要实现对需求的精准把握自然变得非常困难，而当营销无法实现“按需生产”，调节供求之间的关系时，原本建立起来的科学化营销体系自然就被打破了，传统营销模型也就随之“失灵”了。

五、大数据参与到了新媒体营销传播的每个环节中

通过此前的探讨，我们得出了营销传播体系不断完善的过程就是数据化的过程的结论，然而新媒体迅猛发展所带来的海量数据恰恰让原本的“数据化”无法实现，从这个角度颠覆了原本的营销体系。数据信息的增长已经从量变走向了质变，因此在原有的调研方法、数据分析方法的基础上进行局部调整、修补，无法解决这一问题。大数据开始参与到构建新媒体营销体系的活动中，并对其产生了极大的影响。

无论是基于传统媒体还是新媒体的营销传播活动，都离不开几个基本的环节：市场分析、消费者研究、产品与服务的设计和调整、营销战略的制定、营销战略的执行、营销效果的监测与反馈。这些基本环节组成了一个营销传播的闭环，而大数据已经渗透到了每个环节当中，这是大数据与新媒体营销的重要关联点（如图 4-4）。在接下来的章节中，我们将进一步学习大数据是如何影响新媒体营销的。

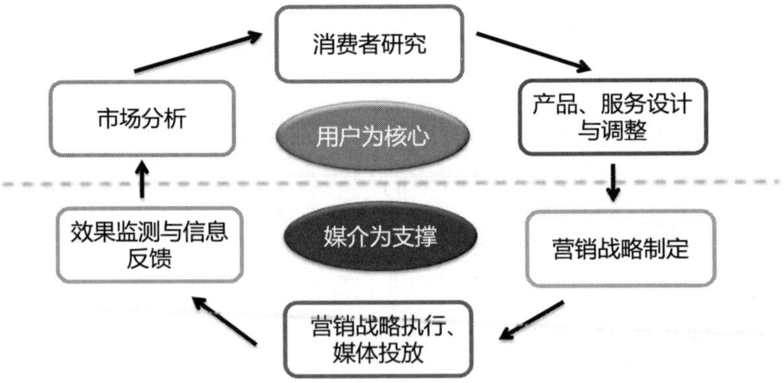

图 4-4　营销传播的每个环节当中，大数据都发挥着积极的作用

本章思考题

1. 大数据与营销体系之间的关联点在哪里？

2. 传统营销体系的有效性为何会在新媒体与大数据的双重作用下被颠覆？

3. 大数据给营销体系带来了哪些新的变化？

第五章　大数据改变消费者研究模式——以用户画像为例

本章要点

1. 大数据如何改变消费者研究
2. 用户画像的概念
3. 用户画像的关键步骤

第一节　大数据改变了营销传播中的用户研究

一、大数据帮助营销者更加迅速地了解用户

在本章中我们将详细介绍的用户画像是对用户进行全方位的深度了解的一种完整的研究体系，但是在实际的操作中需要研究团队投入一定的人力、物力和时间。如果条件有限，也可以利用大数据在相对较短的时间内了解消费者的主要信息。在这个方面，巧妙地运用社交媒体上的信息来迅速了解消费者是非常重要的。

在新媒体时代，用户在社交媒体上留下了大量的信息和数据，但是，这些信息和数据的类型过于繁杂，而且绝大部分并非结构化数据，所以传统的数据处理方法无法从中挖掘出相应的数据价值。大数据技术的出现恰好解决了这个难题。

例如，2013年时，有媒体报道表示，IBM研究人员米歇尔·周（Michelle Zhou）称，仅通过分析大约200条具有实质内容的微博，她就可以较为准确地判断出一个人的大概性格。在研究论证的试验中，米歇尔·周提炼的分析数据来自于Twitter和IBM

自己的内部社交网络处理数据，最终得出的结论来自于与推文相配套的 IBM Connections 深度信息平台。

米歇尔·周在接受采访时称，计算机能够从人们日常语言的脚印中得出某个人的性格特征。或许有些人会好奇，为什么在此之前这种性格分析技术并没有得到广泛应用。这主要是因为不知道从哪里获得正常的语言脚印，但现在却可以从社交媒体和数字通信中获得相关信息，这些都是现成的，并且到处都是。米歇尔·周声称，只要 200 条推文，大约有 2,500 到 3,000 的字，就可以对一个人进行性格评价，并构建该用户的性格分析图，划分的依据主要是语言心理学、选词的分析以及 41 性状（如图 5-1）。

图 5-1 米歇尔·周的人物性格分析图示例

与另一项分析了 7.5 万名志愿者的 1.5 千万条 Facebook 状态的研究相似的是，两个研究都得出一个共同的结论——个人的词汇选择和行为习惯与性格具有一定的相关性。这两个研究的结论都是从一个巨大的信息池经过复杂的算法后得出的，而从根本上来说，大数据也符合心理学。

米歇尔·周指出，这些总结出的人格特征包括你的动机是什么，你的信仰是什么，你都有什么基本需求……用传统的方法是无法在短时间里得出一个人的性格特征的，当然标准的心理测试除外。IBM 的研究结合了文本分析、人机交互、心理学和大规模数据处理，而这项成果将会给诸多行业提供相关见解和建议，比如零售、政府、媒体、贸易谈判（分析谈判对手的性格）、银行和医生（医生可利用这些信息进行指导治疗）等，其影响十分深远。

二、大数据可以帮助营销者更好地调整产品及服务以满足用户需求

正如前文所述，营销的目的就是了解用户的需求，并满足用户的需求：营销主体设计并生产相应的产品和服务；营销信息的传播平台则需要更加精准地传递营销信息。这两者的共同前提是对消费者以及用户需求的充分了解。而大数据在这个过程中可以帮助营销者更加精准地了解用户需求，即时获取并处理用户的反馈信息与数据，并且最大化数据资产，为营销链条中的每个环节都带来更大的收益。

例如，新浪微博在2013年曾经成立过一个战略级别的秘密项目“达尔文”，基于对新浪网、微博、站外应用等海量数据的结构化处理，将信息按照“人”“物”“关系”进行有业务价值和商业价值的重组，服务于新浪微博的智能推荐、搜索、广告等用户产品与商业产品，实现数据资产的价值。

时任新浪联席总裁兼首席技术官的许良杰在解释“达尔文”项目时表示，微博早期的目的是连接人与人。但每个人在一天24小时内会有很多节点，例如听过什么音乐、看过什么书、去过什么地方、喝过什么咖啡。“达尔文”项目的关键就是怎样把这些人、这些节点、这些物连接在一起，变成一个大数据的模型。理顺这些关系、分析这些数据，将给新浪的商业模式带来革命性的变化，一方面为用户提供更加精准、更加智能的产品投放与推荐，提高用户活跃度和参与度；另一方面为广告主与商家提供基于消费者兴趣的、更加智能的一站式广告服务，通过大数据帮助他们合理优化广告预算安排，横跨电脑、平板、手机甚至未来的电视屏幕。而在用户方面，微博也将继续推进粉丝头条、服务平台等增值服务。

几乎就在“达尔文”项目开展的同时，新浪微博又发布了大数据移动产品Page，这是一个聚合了用户兴趣爱好和社交关系数据的综合展示页面，话题、图书、音乐、餐饮美食等内容都能在微博上生成专属的Page页面。通过Page页面，网友可以很方便地查看到有价值的微博内容。

许良杰指出，不同于其他社交网络的强关系联合，微博是以用户兴趣为驱动力的节点组合，而大数据的目的就是把人、兴趣、物有效地串联在一起（如图5-2）。他强调，大数据必须要落地，要有具体产品呈现出来。广告主最关心的就是用户兴趣点，精

准了解用户兴趣意味着能给广告主带来更多的价值，这是其他社交平台所不具备的。目前移动端广告是美国与中国共同面临的行业挑战，许良杰也对此表示了乐观。

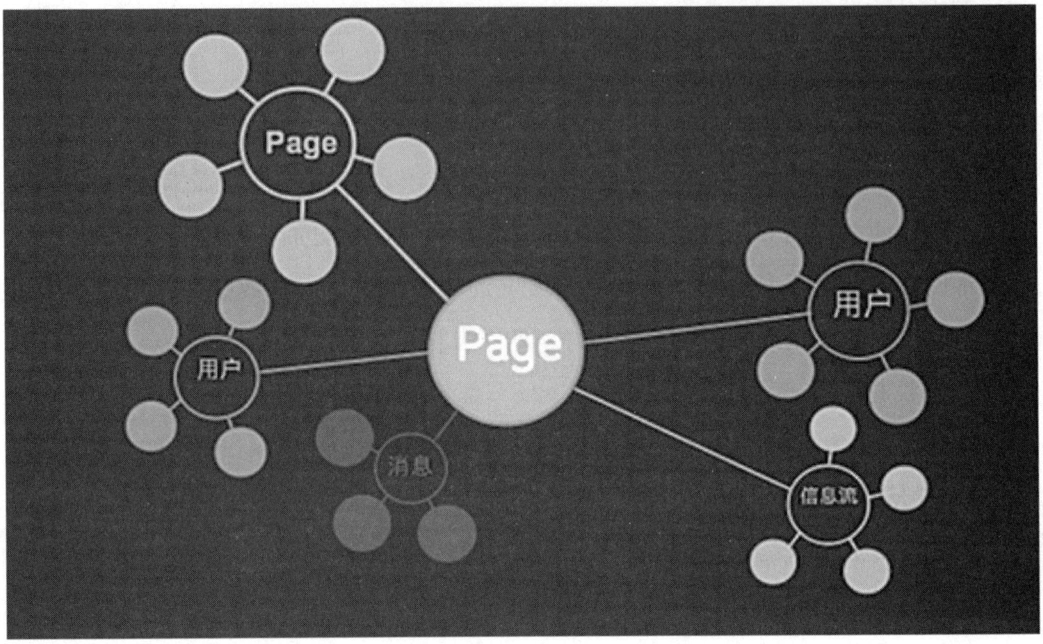

图 5-2 新浪微博"Page"的用户、信息连接构想

许良杰认为，微博拥有近 6 亿的注册用户，而新浪网更有十多年的运营数据沉淀，可以通过大数据分析对用户兴趣与资源进行整合，因此新浪微博在移动广告端占据着一定的优势地位。例如，目前有 76%的微博用户是通过手机登录的，这带来了很多基于位置的服务(LBS)数据。一个用户如果经常去某个咖啡厅买某种咖啡，那么经过对用户的微博足迹的分析，当那个咖啡厅特定咖啡促销的时候，微博就可以将优惠券推送给用户。不过，只有精准的、基于用户兴趣的信息推送才是有价值的，也不会被用户认为是干扰；而且用户会有选择权，微博只会在用户确认了之后推送信息。得益于大数据分析的成果，微博一直通过 A、B 两个版本的产品，对来自特定人群、地区，以及拥有特定使用习惯的限定用户进行精准的谨慎测试，根据用户的反馈情况再决定是否继续推进服务。①

可以看到，在这个案例当中，新浪微博的身份是多元且复杂的：一方面，他们作为营销主体，需要生产尽可能满足消费者需求的媒体产品；另一方面，他们也作为营销平

① 资料来源：http://tech.sina.com.cn/i/2013—10—08/09268793882.shtml。

台服务于广告主。这种复杂性恰好是新媒体环境下营销体系的显著特点。

三、大数据可以更加精准地推断用户对营销信息的反馈

在营销调研中，营销效果的反馈一直都是非常重要的一个组成部分。所以在消费者研究当中，通过怎样的方式和方法，能够更加迅速、又不被消费者察觉地去获取营销效果的反馈，这是非常值得研究的。接下来，我们以科技公司数托邦创意分析工作室对微博数据的分析来验证这个观点。

数托邦于 2013 年挑选了两位当红男明星陈坤和黄晓明，通过大数据的分析手段，挖掘了与他们相关的 1.2 亿条微博信息，迅速把握了他们在微博上呈现的关键词、他们的社交关系圈、人脉影响力及其影视作品、商业代言等重点内容。

首先，数托邦对陈坤和黄晓明两人的所有微博及其活跃粉丝进行了数据提取，并通过数托邦自有技术剔除了疑似水军和僵尸粉的账号，共计采样了 15 万个微博活跃用户（其中包括陈坤和黄晓明各 5 万活跃粉丝，以及 5 万随机抽取的新浪微博活跃用户），分析处理了约 1.2 亿条微博信息。通过对比分析二人代言的一些商业品牌，研究者发现当时陈坤代言有道云笔记，黄晓明代言天梭，均在其粉丝群体中产生了积极的品牌宣传效果（群体偏好度的提升均超过两倍），而陈坤代言标致 308 的正向效果似乎就不太明显了。有意思的是，虽然二人都代言过康师傅品牌，但二人的粉丝群体对此品牌的提及度甚至低于随机用户。

以二人的商业微博作为内容来源进行分析之后，可以从微博传播力的角度观察到二人的微博营销效果。去除水军带来的泡沫数字后，研究者发现二人所发的商业微博，其传播效果和他们微博的平均互动量数值其实是相近的。由此可见，其单条商业微博呈现的额外互动量数字，背后多半是有营销推广动作的，实际上并没有有效地将信息传播到更多的真实用户中。

除此之外，还有很多信息是可以间接地用于广告主营销活动参考的。例如，通过对二人微博粉丝群体的地理位置信息进行分析可以发现这样几个特点：

第一，在地区分布上，两人的活跃粉丝呈现出了明显差异。陈坤的粉丝在西藏和西北省份偏好度最高。大胆猜想，如果有西部题材或者含佛教元素的影视剧，请陈坤参与应该会获得不错的关注度。黄晓明则在东北和中部省份更有影响力，同时可以看到黄晓明在台湾也很受粉丝拥戴。总的来说，两人都更受北方地区粉丝喜爱，而上海、广东、福建和港澳地区对两人的热衷度都较低，尤其是广东和港澳这几个粤语地区对

二人的关心程度较低。这样的信息对于区域性广告主或以区域市场拓展为目的的营销活动选择代言人而言无疑是极具参考价值的。

第二，从最受粉丝关注的媒体账号排行看，陈坤的活跃粉丝看起来更关注时事政治，他们关注了《南方周末》《美国国家地理》《三联生活周刊》等相对严肃的媒体账号；黄晓明的粉丝则似乎更青睐轻松娱乐的信息，更多地选择关注了各种微吧以及湖南台的综艺节目，如《百变大咖秀》等。

此外，奢侈品也已然成为陈、黄粉丝群体心中的所爱。在活跃粉丝关注的企业品牌 TOP10 中，Chanel、Dior、GUCCI、LV、Burberry 等国际大牌均赫然在列。

当然，两人粉丝的性别比例、年龄分布、受教育情况等基础人口信息也是非常容易被统计到的。所以，目标消费者是否与形象代言人的粉丝群体相匹配，营销广告信息更适合刊登在哪些媒体上，这些广告主的选择难题也都可以从中找到一定的解答。

资料链接

案例一　可口可乐昵称瓶

从 2012 年开始，可口可乐公司开始构想各种各样的名字，诸如“老爸老妈”“小王小李”，甚至表情符号。但在做消费者调研的时候公司发现，网上被人们熟知的、积极乐观的称呼是最受大家欢迎的。

可口可乐大中华区互动营销总监表示：“年轻人的日常沟通语言中，经常可见‘吃货’‘喵星人’‘天然呆’这种用语，已经很难区分这是网络语言还是日常文化了。所以，在进入市场前我们利用科学的方式，严谨地做了全网消费者聆听与分析，选出消费者习惯与喜欢使用的社交用语，再结合品牌与公司的理念，落实最后可以上瓶的快乐昵称。标签文化本来就是中国文化，特别是对于当下‘80 后’‘90 后’甚至‘00 后’而言，互贴标签是一种认同机制：一方面是有趣，另一方面也是受心理上的存在感和自我认同感影响。”

“我们把瓶子变成了社交工具。一方面契合我们传递快乐的主题，另一方面，瓶子成了我们表达对别人的看法的方式。社交营销的核心就是 social@heart，只有触及消费者内心，才能让他们愿意与你互动，并愿意与朋友分享，这样才能形成话题和关注，所发布的内容也会‘自己长脚’，跑遍甚或跨越整个社交网络。”

在推出昵称瓶一个多月后，7 月 10 日上午可口可乐“昵称瓶”的定制活动达到了新的高潮。5 分钟内，售价 20 元的定制瓶，订购数攀升到 900 个。人气使得可口可乐在新浪微博上的订购系统一度崩溃。

案例二　沃尔玛如何了解消费者偏好

2011年4月,沃尔玛以3亿美元的高价收购了一家专长于分类社群的网站Kosmix。Kosmix不仅能收集、分析网络上的海量资料(大数据)给企业,还能将这些资讯个人化,提供采购建议给终端消费者(若不是追踪结账资料,这些细微的消费者习惯很难从卖场巡逻中发现)。这意味着,沃尔玛使用的大数据模式,已经从"挖掘"顾客需求进展到能够"创造"消费需求。

沃尔玛本身就是一个海量资料系统,适用于各种商业上的分析行为,它庞大的综合功能把资讯应用提升到了新的境界。作为世界最大的零售业巨人,沃尔玛在全球有超过200万名员工,总共有110个超大型配送中心,每天处理的资料量超过10亿笔。由于资料量过于庞大,沃尔玛的大数据系统最重要的任务就是在做出每一个决定前,将执行成本降到最低,并且创造新的消费机会。

Kosmix为沃尔玛打造的大数据系统被称为"社交基因组(Social Genome)",连接到Twitter、Facebook等社交媒体。工程师根据每天的热门消息推出与社会时事相呼应的商品,创造消费需求。分类范围包含消费者、新闻事件、产品、地区、组织和新闻议题等。同时,针对社交网络快消息流的性质,沃尔玛内部的大数据实验室专门开发了一套追踪系统,结合手机上网,专门追踪管理庞大的社交动态,每天能处理的资讯量超过10亿笔。

"社交基因组"的应用方式五花八门。举例来说,沃尔玛实验室的内部软件能从Foursquare平台上的打卡记录,分析出在黑色星期五,不同地区消费者最常购买的品项,然后,针对不同地区送出购买建议。

沃尔玛电子商务总监拉詹曼分析,Facebook和Twitter的力量庞大到难以想象,"我们如果能透过社交网站的大数据,掌控消费者行为,我们就能以此重新定义消费的方式"。

案例三　ZARA如何获取消费者线上线下的丰富数据

1. 实体店的线下数据搜集:把消费者声音化成数字

ZARA的柜台和店内各角落都装有摄影机,店经理随身带着PDA。当客人向店员反映"这个衣领图案很漂亮""我不喜欢口袋的拉链"这些细枝末节的问题时,店员会向分店经理汇报，经理通过ZARA内部全球资讯网络，每天至少两次传递资讯给总部设计人员，由总部作出决策后立刻传送到生产线，改变产品样式。

关店后，销售人员结账、盘点每天货品上下架情况，并对客人的购买与退货率做出统计。再结合柜台现金资料，在交易系统中做出当日成交分析报告，分析当日产品热销排名，然后，数据直达ZARA仓储系统。

收集海量的顾客意见，据此做出生产销售决策，这样的做法大大降低了存货率。同时，根据这些电话和电脑数据，ZARA分析出相似的“区域流行”，在颜色、版型的生产中，做出最接近客户需求的市场区隔。

2. 线上数据搜集：以线上店为实体店的前测指标

2010年秋天，ZARA一口气在六个欧洲国家成立网络商店，增加了网络巨量资料的串联性。次年，ZARA分别在美国、日本推出网络平台，除了增加营收额，线上商店强化了双向搜寻引擎、资料分析的功能。线上店不仅回收意见给生产端，让决策者精准地找出目标市场；也向消费者提供了更准确的时尚讯息，双方都能享受大数据带来的好处。分析师预估，网络商店为ZARA提升了至少10%的营收额。

此外，线上商店除了完成交易行为，也是活动产品上市前的营销试金石。ZARA通常先在网络上举办消费者意见调查，再从网络回馈中撷取顾客意见，以此改善实际出货的产品。

ZARA将网络上的海量资料看作实体店面的前测指标。因为会在网络上搜寻时尚资讯的人对服饰的喜好、对资讯的掌握，以及催生潮流的能力，比一般大众更胜一筹。再者，会在网络上抢先得知ZARA资讯的消费者，进实体店面消费的比率也很高。ZARA所选择的迎合网民喜好的产品或趋势，在实体店面的销售成绩依旧亮眼。

这些珍贵的顾客资料除了应用在生产端，同时被整个ZARA所属的英德斯(Inditex)集团各部门运用，包含客服中心、行销部、设计团队、生产线和通路等。各部门根据这些巨量资料，制作形成KPI，完成ZARA内部的垂直整合主轴。

ZARA推行的海量资料整合获得了空前的成功，后来被ZARA所属的英德斯集团下八个品牌学习应用。可以预见未来的时尚圈，除了台面上的设计能力，台面下的资讯/数据大战，将是更重要的隐形战场。

第二节 用户画像的概念和特点

一、用户画像的概念

用户画像的英文单词为 persona，最早出现在 2004 年出版的 *The Inmates Are Running the Asylum*[①] 中。该书的作者是被称为交互设计之父的阿兰·库珀(Alan Cooper)。所以，这个词最开始是为了交互设计师的工作而创建的：要做一个能够称之为“好体验”的产品，必须对用户有足够的了解，从而建立同理心，即通过沟通、观察用户的生活建立起的一种和用户感同身受的心理状态。从广义的市场营销概念上来说，产品策略也是营销活动的重要环节，因此，即便是从产品经理的角度来理解用户画像，我们也仍然可以将其看作营销调研的一个分支方向。

由于用户画像这个概念本身源自设计领域，所以在延伸到其他行业包括营销传播领域的过程中，学界和业界对于这个名词的概念也会出现不同的理解。

在库珀的解释当中，personas 是设计师通过观察用户，并与用户沟通后分解出来的几种人物类型，每一个类型称为一个 persona。以下四点是库珀认为建立 personas 的好处。简而言之，是让团队成员在产品设计的过程中能够抛开个人喜好，将焦点放在目标用户的动机和行为上进行产品设计。因为，产品经理为具体的人物做产品设计要远远优于为脑中虚构的东西做设计来得更容易。

第一点，使用通用语言进行用户描述；

第二点，用户需求有了具体的形象，不再是模糊的；

第三点，提供了目标消费者——我们不是为世界上的每一个人进行设计；

第四点，终结了关于设计中优先顺序的争论。

2007 年 8 月，机械工业出版社出版了由史蒂夫·穆德(Steve Mulder)和乔夫·雅(Ziv Yaar)合作的《赢在用户》一书。作者在书中提出了 UCD(User-Centered Design)的概念，提倡“以用户为中心来进行设计”，就是要求产品设计人员发自内心地把用户的需求置于一切需求之上。在此书中，persona 被翻译为“人物角色”，作为 UCD 方法中最重要的一个工具。它使用的所有手段，无一不是为了促进和巩固 UCD 的思路。

---

① COOPER A. The inmates are running the asylum[M]. Zndican：Sams，2004.

作者从一开始就在强调“用户”的重要性，尤其是反复地说明“设计者不是最终用户”这个道理，从用户研究方法到角色的应用小技巧（海报、角色卡、T恤），目的就是让“以用户为中心”的思想始终贯彻于产品的设计过程中。这是最重要的，也是很难做到的。这本书详细地描述了角色创建和应用的完整过程，在此之前，国内的产品设计界、UCD的拥趸都只能根据一些零星描述和个人理解在这条路上艰难地摸索。

之后，这个概念得到了一定的延伸，也不再局限于交互设计师的使用范畴，产品经理、广告公司也开始广泛地使用这个概念。在实践当中，腾讯等公司常常运用这个概念。例如，腾讯核心部门CDC（Customer Research & User Experience Design Center），即用户研究与体验设计中心也对用户画像有着自己的解释。在他们的官方网站中，用户画像被这样解释：“用户画像是真实用户的虚拟代表，是在深刻理解真实数据的基础上得出的一个虚拟用户。我们通过调研去了解用户，根据他们的目标、行为和观点的差异，将他们区分为不同的类型，然后从每种类型中抽取出典型特征，赋予一个名字、一张照片、一些人口统计学要素、场景等描述，就形成了一个用户画像。”①

我国学者对这一概念也有相应的研究。武汉理工大学余孟杰博士在《产品研发中用户画像的数据模建——从具象到抽象》一文中表示：相比传统的线下会员管理、问卷调查、购物篮分析，大数据第一次使得企业能够通过互联网便利地获取用户更为广泛的反馈信息，为进一步精准、快速地分析用户的行为习惯、消费习惯等重要商业信息，提供了强大的数据基础。用户画像（user profile）的概念应运而生，它完美地抽象出一个用户的信息全貌，可以被看作企业应用大数据的根基。相似的概念其实早就存在，例如市场细分（market segment）、使用者（actor）、用户模型（user archetype）等。画像是近几年在个人人机交互中时常被提及的一个名词。用户画像通常是一些虚构出来的人物，用来代替最终的用户群体。了解光学知识的人都知道，一道彩虹中存在着上百种颜色，但是在光谱里，每种颜色都是不一样的，所以当问到彩虹里有几种颜色时，你的答案往往是七种，因为这七种颜色代表了上百万种颜色。同样，用户画像就像是彩虹里的七种颜色，用来代表上百万的不同的实际用户。②

胡守忠教授等则认为，用户画像是由无数数据组成的，这些数据不仅再现了消费者的全貌，反映了消费者的需求，而且是企业挖掘消费者需求与价值、进行消费者细分、实施精准营销及其他活动的基础。③

---

① http://www.cdc.tencent.com/? p=4898.

② 余孟杰.产品研发中用户画像的数据模建——从具象到抽象[J].设计艺术研究，2014，4(6)：60—64.

③ 刘海，卢慧，胡字忠，等.基于“用户画像”挖掘的精准营销细分模型研究[J].丝绸，2015，52(12)：37—42.

结合国内外学界与业界的探讨，我们认为，用户画像是一种建立在对目标用户大量相关数据进行搜集与分析的基础之上，勾画目标用户形象与偏好，并将这些特征抽象化，模拟成为几个经典虚拟用户形象角色的过程。由于虚拟形象必须能够代表实际用户群体，因此不可能脱离产品及市场进行虚构。用户画像是在创造一系列的“典型”或者“象征性”的用户，但用户画像的一个更高层次的功用则在于融合边缘情况的行为或需求。

二、用户画像的特点

事实上，用户画像本身并不是一种全面革新的消费者研究方法或工具，其体现的是消费者研究对于大数据的应用，以及对新媒体环境下营销广告活动新需求的适应和满足。所以，如果将用户画像与其他消费者研究进行对比，我们可以看到用户画像具备以下两个较为明显的特点。

第一，由于这种用户研究的方法涉及较高的数据要求，所以虽然传统的调研方法也可以进行用户画像，但是大数据支持下的用户画像是能够发挥更大作用并得到更好的效果的。所以我们在本章节中所学习的用户画像，一个基本特点就是“掌握大量用户数据”这一基础。在之后我们所列举的案例当中，进行一次完整用户画像的前提就是占有海量用户数据。

第二，用户画像是一种能将定性与定量方法很好地结合在一起的载体，通过定量化的前期调研，我们能获得一个对于用户群体较为精准的认识，从而在后期的用户角色的建立中很好地对用户优先顺序进行排序，将核心的、规模较大的用户突出出来。定性化的方法虽然无法对不同单位的特征做数量上的比较和统计分析，但能对观察资料进行归纳、分类、比较，进而对某个或某类现象的性质和特征作出概括。在角色建构的过程中，使用定性化的方式能获得大量用户的生活情境、使用场景和用户心智等资料，进而得出活生生的用户类型。基于后台数据的支持和挖掘，可以选择将定量化和定性化的方法相结合来创建用户画像。

第三节 用户画像的方法与核心环节

一、用户画像的两大基本环节

作为一种进行消费者研究的方法及工具,用户画像具备一套完整的流程和环节。从基础操作层面来看,收集数据和分析数据,创建用户形象,这是两大基础。在具体的方法论上,被业界引用较多的则是阿兰·库珀的“七步人物角色法”和林恩·尼尔森(Lene Nielsen)的“十步人物角色法”。接下来我们会逐一讲到这些方法。

大卫·特拉维斯(David Travis)认为,一个令人信服的用户角色要满足七个条件,即 PERSONA。其中,P 代表基本性(Primary research),指该用户角色是否基于对真实用户的情景访谈。E 代表移情性(Empathy),指用户角色中包含与姓名、照片和产品相关的描述,该用户角色是否引起同理心。R 代表真实性(Realistic),指对那些每天与顾客打交道的人来说,用户角色是否看起来像真实人物。S 代表独特性(Singular),每个用户是否是独特的,彼此很少有相似性。O 代表目标性(Objectives),该用户角色是否包含与产品相关的高层次目标,是否包含关键词来阐述该目标。N 代表数量(Number),用户角色的数量是否足够少,以便设计团队能记住每个用户角色的姓名,以及其中的一个主要用户角色。A 代表应用性(Applicable),设计团队是否能使用用户角色作为一种实用工具进行设计决策。也就是说,要完成一次有针对性的、较为完整的用户画像研究,至少要包含以上这七点。

无论具体的方法有多少,为了得到以上这些信息,并成功创建用户角色,获取数据和解读数据是必不可少的。

(一)海量的数据获取

有观点认为,用户画像其实就是用户形象标签化的过程,目的是帮助企业快速找到精准用户群体以及用户需求等更为广泛的反馈信息。所以,从这个角度来看,第一个步骤就是获取足够大量、足够多元的用户相关数据,并对其进行数据挖掘,从而了解到用户的一些关键行为与偏好指标。这些数据包括用户的基础数据,例如用户的职业身份、年龄、性别、学历、浏览习惯(手机、浏览器),以及用户的交易偏好等关键因素,对这些数据进行清洗后,使用聚类分析区分确认最明显的因素。

例如，易分析是一家分析网站数据的专业公司，提供 Web＋Wap＋App 跨屏跟踪，为网站提供访客实时分析、用户画像分析、访客画像分析、访客标签分析、电商数据分析、App 数据统计等服务。该公司的用户画像服务对于所需数据进行了这样的归纳：第一，用户基础属性，除了识别网站会员和游客，还包括用户 ID（真实注册 ID）、E-mail、订单、年龄、性别等人口属性信息。这些需要从外部系统导入易分析或通过接口传值收集。第二，用户访问习惯，即用户喜欢在什么时间、什么地点访问网站，在网站的停留时间，关注哪些栏目、频道或者商品，喜欢通过什么来源进入本站。第三，用户终端入口，对于电商网站获得产品浏览、关注的信息，准确地说是由购物车到购买的流程用途较大。关注用户每次的浏览次数和浏览时间。第四，消费习惯和品牌偏好，比如最大单笔消费金额、低价格区间商品占比、高价格区间商品占比、品牌偏好、品类偏好、促销敏感度、是否关注评价。第四，客户响应度，包括推广促销活动、EDM 活动、短信活动的响应程度、转化率、客单价等。

当然，以上这些数据可能并不是企业自己可得的数据积累，还会需要企业从各种来源来获取。对于这些数据，我们可以做一个基本的划分，得到静态信息数据、动态信息数据两大类。其中静态数据就是用户相对稳定的信息，如性别、地域、职业、消费等级等；动态数据则是用户不停变化的行为信息，如网页浏览、商品搜索、评论发表、渠道接触等。所以，获取数据，并且不断更新数据，是用户画像的第一步。

（二）基于充分数据挖掘的用户形象创建

获取数据之后的第二步就是进行充分的数据挖掘与用户角色形象的创建，这是关系到最终用户画像是否精确、是否具有典型性、是否能够准确指导接下来的营销传播活动的重要步骤。为了更好地创建用户形象，在这个过程中，我们首先需要在已获取数据的基础上进行有针对性的补充调查，从而获得更加全面的用户数据，同时更需要加入一定的定性研究方法，然后运用各种方法和手段去解读数据，进而创建用户角色形象。所以，这是一个定量与定性相结合的数据挖掘过程。

在用户画像的过程中有一个很重要的概念叫作颗粒度，就是我们的用户画像应该细化到哪种程度。极端地说，用户画像最细的颗粒度应该细到每一个用户每一个具体的生活场景，但这基本上是一个不可能完成的任务，同时如果用户画像的颗粒度太大，对于研究的指导意义又相对变小了，所以把握好画像的总体丰富程度就显得尤为重要了。因此第一步中设计的有针对性的定性与定量的调研可以有效地精细化颗粒度。

之后，是用户访谈和赋予用户角色形象。在前期数据的支持下，这个步骤需要发挥定性研究的长处。前期如果是一个搭建骨架的过程，那么这一阶段就是塑造一个有血有肉的活体的过程了。这个步骤的重点是挖掘目标用户的生活情境与使用场景，围绕用户的行为特征，通过添加环境、人际关系、操作熟练程度、使用意向、人口统计学属性等细节对用户进行描述，形成用户画像的框架。此外，为用户画像取合适的名字、适当描述个性、附上照片等能使角色更加生动、栩栩如生，更易于设计师形成直观印象。

二、"七步人物角色法"与"十步人物角色法"

对于用户画像的具体执行，不同的人会有不同的看法。业界使用较多的两套方法分别是阿兰·库珀的"七步人物角色法"和林恩·尼尔森的"十步人物角色法"[①]。

(一)七步人物角色法

在阿兰·库珀的七步人物角色法中，第一步是界定用户行为变量。这个步骤的主要目标是发现并确认影响最终人物角色模型的核心因子。例如用户的行为习惯、态度、能力、技能等，这些因子将成为区分不同用户类型的重要标准。

第二步是将访谈对象与行为变量一一对应。比如在访谈中了解用户更看重产品的哪个方面，是产品质量、产品价格、产品外观，还是产品品牌？这是一道了解"态度"的问题，访谈对象的特征借此与之前界定的行为变量对应起来。

第三步是识别行为模式。如果在多个行为变量上我们看到有一部分群体具有较为显著的共同特征，那么就可以将这些特征总结成为一定的行为模式，行为变量就与用户角色形象产生了一定的逻辑关系或者因果关系。例如，我们发现喜爱音乐的人往往会倾向于购买高质量的耳机，更热衷于在社交媒体上进行音乐分享，愿意在音乐软件中为喜爱的内容付费等。那么，这就是"热爱音乐"的用户所具有的显著行为特征，可用于最后对这类用户的代表形象进行角色创建。

第四步是确认用户特征和相关目标。这个步骤需要我们从数据出发，挖掘出一些人物形象的细节，比如角色形象的姓名、年龄、形象特征、价值观(也就是目标，使用产品是为了获得什么，是产品功能还是品牌价值、自我实现)等。

第五步是检查完整性。意思是检查人物和行为模式的对应关系，检查是否存在逻辑矛盾、重大疏漏，尤其是已创建的角色是否遗漏了重要的典型人物，是否缺少

---

① NIELSEN L. Ten steps to personas[J]. Hci Vistas, Volume—III, 2007—2008.

了重要的行为模式等。同时，还要确保每一类人物角色及其行为模式具有独特性、差异性。

第六步是描述典型场景下用户的行为模式。这个步骤其实是对所创建的人物形象进行展开叙述的过程，需要创建者能够用同理心去感受所创建出的人物角色，勾画其兴趣爱好，还原其产品或服务的使用场景。

第七步是指定人物角色类型。阿兰·库珀认为，人物形象最好不超过3个，一旦数量较多，就有必要对这些角色进行优先级排序，例如：首要重点用户、典型用户、次要用户、补充用户、非目标用户等。

其中，第六步的描述方法比较常见的有关键词法、列表法和卡片法。关键词法相当于“贴标签”，将用户特质标签化，以关键词来记录用户的重要信息、喜好、态度、行为等。列表法是指将用户的核心信息数据整理在统一格式的表格当中，使用户信息一目了然（如图5-3）。卡片法是以卡片的形式对用户信息进行统计，再由团队成员讨论并进行优先级排序，便于团队成员充分了解所创建的人物角色。

典型用户	王大爷　　列表法
信息	男，62岁，皮肤科大夫，已退休。
背景	退休后加入社区老年摄影俱乐部。每周活动一次。
痛点	数码相机的存储卡满了，不知道如何导出到电脑上或者传给他人，每次都需要儿子帮忙。
描述	每周一次的活动，相机存储卡经常会拍满，需要导出。 给别人传照片时，需要先导出到电脑，再通过电脑QQ传给别人。 用相机配的数据线连接电脑时，操作很麻烦，经常不能正确识别设备。 台式机摆在地上，插口在机箱后面，每次插拔都要趴到桌子下面去。

图5-3　用列表法进行的人物形象描述

（二）十步人物角色法

在林恩·尼尔森提出的十步人物角色法中（图5-4），第一步是发现用户（finding the users）。主要目标是了解谁是用户，有多少用户，他们与品牌、产品之间的关系是什么。这个步骤也是收集大量数据并进行初步解读的过程。

第二步是建立假设（building a hypothesis）。主要目标是找出用户之间的差异，标记目标群体，并且大致描绘出目标人群。

第三步是用户调研（verifications）。主要目标是进行关于persona的调研，包括态

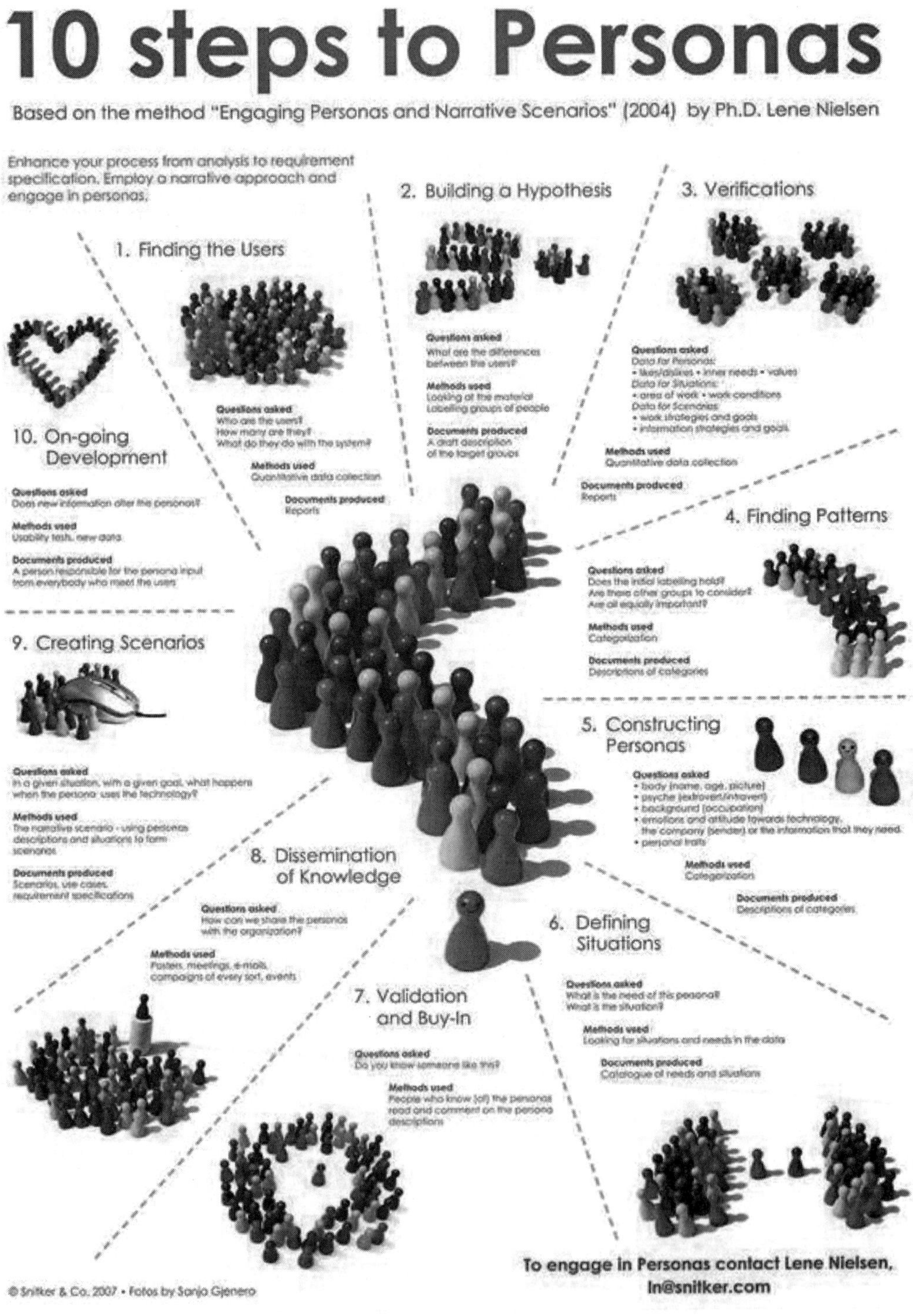
10 steps to Personas
Based on the method "Engaging Personas and Narrative Scenarios" (2004) by Ph.D. Lene Nielsen
Enhance your process from analysis to requirement specification. Employ a narrative approach and engage in personas.
1. Finding the Users
Questions asked
Who are the users?
How many are they?
What do they do with the system?
Methods used
Quantitative data collection
Documents produced
Reports
2. Building a Hypothesis
Questions asked
What are the differences between the users?
Methods used
Looking at the material
Labelling groups of people
Documents produced
A draft description of the target groups
3. Verifications
Questions asked
Data for Personas:
• likes/dislikes • inner needs • values
Data for Situations:
• area of work • work conditions
Data for Scenarios:
• work strategies and goals
• information strategies and goals
Methods used
Quantitative data collection
Documents produced
Reports
4. Finding Patterns
Questions asked
Does the initial labelling hold?
Are there other groups to consider?
Are all equally important?
Methods used
Categorization
Documents produced
Descriptions of categories
5. Constructing Personas
Questions asked
• body (name, age, picture)
• psyche (extrovert/introvert)
• background (occupation)
• emotions and attitude towards technology, the company (sender) or the information that they need.
• personal traits
Methods used
Categorization
Documents produced
Descriptions of categories
6. Defining Situations
Questions asked
What is the need of this persona?
What is the situation?
Methods used
Looking for situations and needs in the data
Documents produced
Catalogue of needs and situations
7. Validation and Buy-In
Questions asked
Do you know someone like this?
Methods used
People who know (of) the personas read and comment on the persona descriptions
8. Dissemination of Knowledge
Questions asked
How can we share the personas with the organization?
Methods used
Posters, meetings, e-mails, campaigns of every sort, events
9. Creating Scenarios
Questions asked
In a given situation, with a given goal, what happens when the persona uses the technology?
Methods used
The narrative scenario - using personas descriptions and situations to form scenarios
Documents produced
Scenarios, use cases, requirement specifications
10. On-going Development
Questions asked
Does new information alter the personas?
Methods used
Usability tests, new data
Documents produced
A person responsible for the persona input from everybody who meet the users
© Snitker & Co. 2007 • Fotos by Sanja Gjenero
To engage in Personas contact Lene Nielsen, ln@snitker.com

图 5-4 十步人物角色法

度与偏好、内在需求、价值等；关于场景的调研，包括工作环境、工作条件；关于剧情的调研，包括工作策略和目标、信息策略和目标等。

第四步是发现共同模式(finding patterns)。主要目标是判断是否抓住了重要的用户标签，是否有更多的用户群，用户群是否同等重要，同时要对不同的用户群体进行分类描述。

第五步是构造虚构角色(constructing personas)。主要目标是填充人物角色的基本信息(姓名、性别、照片)、性格信息(外向、内向)、背景信息(职业和家庭)、对待产品的情绪与态度、个人特质等。

第六步是定义场景(defining situations)。主要目标是回答这种 persona 的需求适应哪种场景这一问题，进而对需求和场景进行分类。

第七步是复核检查(validation and buy-in)，通过回答你在现实生活中是否见过类似的人物形象，人物形象是否具有足够的真实感这样的问题来检验此前形象创建的可信度。

第八步是知识的散布(dissemination of knowledge)。主要目标是通过各种渠道和方法让团队中的所有成员都能够了解所创建的人物角色，以便进行后续工作。

第九步是创建剧情(creating scenarios)。主要目标是通过构想在设定的场景中、既定的目标下，当 persona 使用品牌的技术的时候会发生什么，并且将答案做统一格式和要求的描述，来进行横向比较。

第十步是持续的发展(on-going development)。目标是根据不断更新的数据反复检验此前创建的人物角色，并且持续性地对其进行修正和优化。

人物角色不是精确的度量标准，它更重要的作用是作为一种决策、设计、沟通的可视化交流工具。丰满而有真实感的人物角色比正确的人物角色更有用。所谓正确的、完全符合实际情况的角色是不存在的，我们应该尽可能丰富、形象化我们的目标用户群，让它在设计决策过程中发挥作用。再者，保持人物角色的活力这个问题不容忽视，尤其是当团队首次创建和使用用户模型时。用户模型不只是为某个项目、某次特殊需求而创建的，持续使用和更新，将核心用户的形象融入到每个成员的开发、设计思维中，才是构建人物角色的使命。

第四节　用户画像的具体案例分析

在简单介绍了用户画像的概念和操作方法之后，接下来，我们用几个实际的案例来展示用户画像的实际操作方法。

一、新浪微博 2011 年用户画像案例

新浪微博在 2011 年进行了一次微博用户的用户画像研究，并且对这次研究的经过做了大致的整理，发布在新浪微博 UDC 的网站上。[①] 在此，我们将这个案例的核心内容摘录如下。

(一)用户画像的目标与背景

基于设计的需要和对市场的了解，新浪微博在 2011 年度进行了一次微博用户的用户画像研究。整个勾画过程持续了三个月。在进行微博用户画像的过程中，研究者所面临的情况是微博产品上线已经两年多，用户群已稳定发展起来，并且自己对于产品及用户的整体状况有了一定的把握，但是在具象化、有生活情境的用户描绘上却还存在认识的不足，因此研究者在进行用户画像时给自己定下了四个目标：

第一，使产品经理、交互设计师、视觉设计师、开发工程师对微博产品目标用户产生具象的认识，更好地了解目标用户；第二，细化用户的使用场景、使用目的，方便产品经理、交互设计师等在讨论产品方案时举出实例；第三，提高产品设计效率，把资源使用在典型用户上；第四，指导产品决策，为有针对性地定位产品提供便利，通过分层满足目标用户的需求，逐步提高用户对产品的认同度与依赖度。

(二)用户画像的核心步骤与实施过程

基于新浪微博后台数据的支持和挖掘，此次用户画像选择定量化和定性化相结合的方法来创建微博用户画像。总体来说，这次用户画像所经历的流程主要有：

1. 前期资料的搜集与后台数据的挖掘

在描绘了这一项目的时间节点，制定出项目规划后，搜集前期资料有利于研究者了解项目的背景和对总体情况进行把握。虽然用户画像是在创造一系列的“典型”或者“象征性”的用户，但用户画像的一个更高层次的功用在于融合边缘情况的行为或需求。创建用户画像不是单纯地抽离出典型、进行分隔的一个过程，更为重要的是边缘人群的需求整合进来，使产品能在更大范围里满足用户的需求。

---

① 资料来源：http://udc.weibo.com。

因此研究者认为，在画像之前必须要知道产品的用户特征、用户使用产品的操作行为特征等要素，从总体上把握用户群的需求，同时也需要竭力了解所谓边缘用户的行为或需求以便在后期画像过程中将其需求最大程度地整合进去。

研究者首先对后台数据进行提取，通过后台数据挖掘，了解用户上网环境的一些关键指标，如屏幕分辨率、移动端与Web端用户的比率等。在对用户使用场景有了一些初步把握后，研究团队随机提取了10万用户的UID样本量，获取了用户职业身份、年龄、性别、学历、浏览微博时长（手机、浏览器）、用户的偏好（通过分析微博内容来获得）等关键信息，进行清洗后，使用SPSS聚类分析确认区分最明显的因素，得出最为典型的五类用户及其占比。第一类属于微博内领袖人物，粉丝数以及活跃度都很高，认证数量比例总体偏高，年龄比例总体偏大，男性占比稍高于平均值；第二类是微博内非领袖活跃人物，关注人数多，认证数量比例高于平均值，手机端注册用户较少，女性用户占比高于平均值；第三类喜欢浏览，粉丝少，全部来自PC端的年龄偏大的男性用户；第四类浏览量很小，很少搜索，会转发一些微博，男性占比稍微高于平均值，而且属于低龄化群体；第五类属于纯浏览型，很少原创、转发和被转发、私信等，全部来自PC端的女性用户。

至此，研究团队对整个用户群的类型与规模有了一个定量化的把握和了解，这对于建立可信的用户画像非常具有参考价值，使后期的画像在数据上有了支持。

2. 定量化的调研分析

经过上一步，研究团队已经对整体用户有所了解，但还缺少一些信息。所以在这一步时，研究者采取问卷调查的方法来丰富用户的情态，从而细化画像的颗粒度。通过问卷调查，研究者主要想了解的信息有微博用户的使用场景、用户关注的内容、整体满意程度以及个人的人口学统计特征，从而在已有数据的支持下继续深化了解用户信息。通过网调系统及微博通知的方式，研究团队回收了5,000多份问卷，在问卷设计中涉及以上主要变量。研究团队对回收的这批数据进行处理，获得了用户的人口学统计特征以及常用功能的占比，这些常用功能包括用户使用深度、使用核心功能等要素。

3. 用户访谈与角色建构

在前期数据支持下，根据目标用户的比例和使用特征数据，研究团队找到20名目标用户进行深度访谈，重点挖掘其生活情境与使用场景。围绕用户的行为特征，通过添加环境、人际关系、操作熟练程度、使用意向、人口统计学属性等细节对用户进行描述，形成了用户画像的框架。此外，为用户画像取合适的名字、适当描述个性、附上照片等能使角色更加生动，栩栩如生，更易于设计师形成直观印象。由于前期对用户群比例有了定量化的了解，因此在涉及给三个以上的用户画像进行排序时就有了比较明确的数据支持，保证了画像顺序的客观性。通过整个前期的调研加上定性的访谈，研究团队最终归纳了五类用户角色，并将其以人物介绍的方式总结在图片当中，如图 5-5。

图 5-5 新浪微博 2011 年用户画像的五类核心用户形象

二、腾讯 2013 年桌面浏览器用户画像案例

接下来的这个案例是腾讯 2013 年针对腾讯 QQ 浏览器（桌面浏览器）所进行的一次用户画像研究。

（一）用户画像的背景与目的

浏览器的设计团队认为有必要进行阶段性的用户画像研究，使其作为产品化的工具以供使用，主要目的是统一项目组对用户的认识，了解用户阶段性的变化趋势，为功能设计提供参考依据。

产品团队则希望通过用户画像了解用户使用桌面浏览器的行为习惯、使用场景及不同场景的行为差异、竞品使用情况、更换浏览器的驱动力及对 QQ 浏览器的预期。

（二）用户画像的核心步骤与实施过程

第一步是确立研究方法并且获取用户基础数据。

在这个过程中，除了运用腾讯原有的用户积累数据之外，研究团队还发放了大量的调研问卷。其中从 QQ 网民用户中回收问卷 12，184 份，清洗后问卷数量为 9，347 份；从移动端用户中回收问卷 28，039 份，清洗后问卷数量为 24，768 份。

同时，团队还安排了一定数量的用户访谈，以入户的形式对这些用户进行了较为深入的定性研究。

通过对以上所有数据的分析，研究团队得出了四类用户形象，并且对这些用户用什么浏览器、如何使用浏览器、对浏览器的态度和看法等问题进行了较为集中的描述。

（三）用户画像的构建与展示

此次用户形象共分为四类（如图 5-6）。第一种被描述为“可乐型”，此类用户的主要特征是对 PC 知识了解较少，PC 上网以娱乐为主。第二类被描述为“清水型”，他们虽然对 PC 知识了解较少，但使用 PC 上网不以娱乐为主，使用功能较少，但使用频率较高。第三类为“鸡尾酒型”，这是一类高端用户，但是仍然以上网娱乐为目的来使用浏览器。第四类为“咖啡型”，这类用户的专业或职业与 PC 强相关，经常使用 PC，使用目的也以工作内容为主。

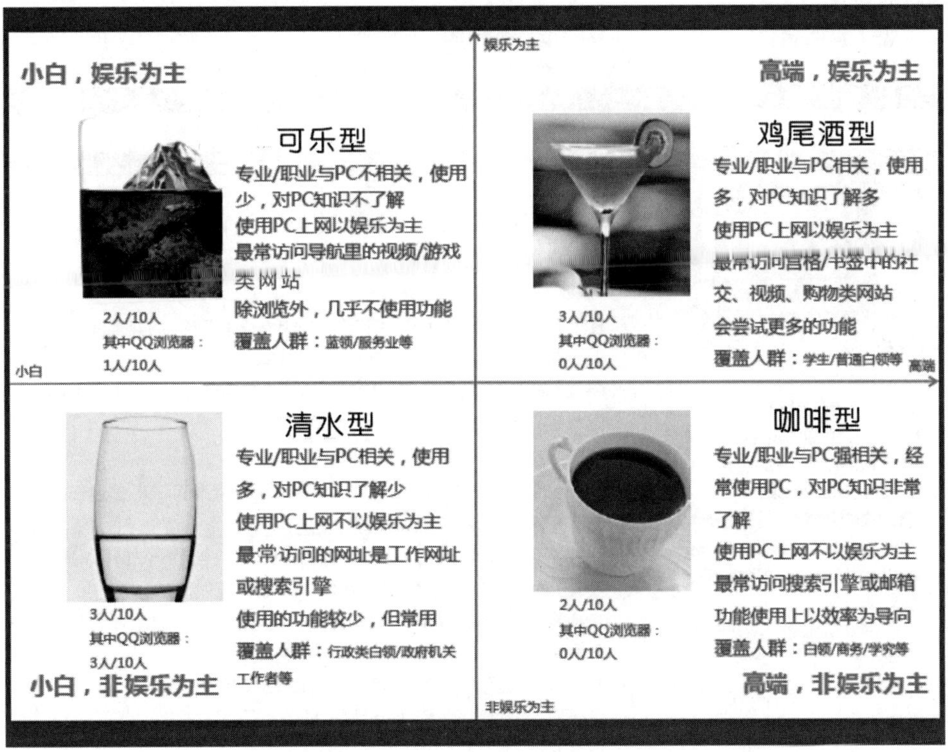

个人信息

李强，22岁，河南南阳市方城县人

高中毕业后去南阳工作，现在是某建筑公司工人，在南阳市租住一个单间

周末很少出去，一般宅在家里，也会和朋友们出去喝喝酒

平时的爱好就是玩电脑，喜欢游戏和网游小说

有1台XP系统电脑和早期智能机

需求点

可被感知的速度快

丰富的内容推荐

可乐——娱乐为主，纯浏览型用户

电脑使用：

- 他使用电脑比较小心，担心误操作后导致电脑出现什么问题（之前有遇到安装的游戏找不到）
- 电脑出现问题后他不会自己操作，因为他担心会让情况更糟糕
- 电脑上使用软件少，360杀毒、浏览器和QQ是必装的，还有一些单机游戏，如果360卫士有提示信息，他会按提示操作
- 他说，电脑就是放松的工具，如果没有电脑，不上班时就没什么意思

浏览器使用：

- 他的浏览器是安装电脑时别人给安装的，最开始时用IE，后来维修电脑时，店员在安装360卫士后给他安装了360安全浏览器，就一直使用
- 他说自己应该不会换浏览器，因为觉得麻烦，现在这个也习惯了，但如果他知道周围的人都在用别的，自己也愿意尝试
- 他觉得对于浏览器来说，最重要的是打开网页快，但家里的小区宽带有时候用的人多会有点慢，如果网页打开慢，有可能是网速的原因，但还是希望浏览器能更快地打开网页
- 他很少使用浏览器里的功能，觉得浏览器就是用来打开网页的，功能/插件什么的有是更好，没有也行

85

个人信息

余文静，32岁，沈阳市人

本科学历，某机关单位文职公务员

现在和技术宅爱人、6岁的女儿一起生活，女儿是生活重心

工作和生活比较规律，上班需要使用电脑处理文件或访问工作类网站

没有什么特殊喜好，空闲时喜欢和家人一起出游

单位、家共3台电脑，有iPad和iPhone

需求点

有自己常用的功能

书签和常用网址能快速地找到

清水——非娱乐为主，纯浏览型用户

电脑使用：

- 使用中很少碰到什么问题，每天的操作基本都差不多，如果遇到了问题，直接找爱人或单位专门负责IT的同事解决
- 电脑上使用的软件有些是别人安装的，有些是自己安装的，现在用得比较多的是office办公软件，用word最多

浏览器使用：

- 电脑上现在装了IE浏览器，是自带的，很少用，还装了QQ、遨游和谷歌浏览器
- QQ浏览器用了很久了，从TT浏览器就开始用了，当时好像是用QQ时安装上的，看到是QQ的，而且用起来还不错，就一直在用
- 遨游是老公推荐自己用的，现在这两个都在使用，不放弃遨游的原因是里面有自己添加的很多书签，用得习惯了
- 有时候也用谷歌来搜索，觉得谷歌的搜索结果更权威
- 觉得不太可能换浏览器，除非现在的用不了了
- 觉得浏览器都差不多，没有什么特别的
- 功能上，用的功能不多，偶尔下载工作需要的文档，基本每天下班前都会清除历史记录，有时也用恢复和截图

88

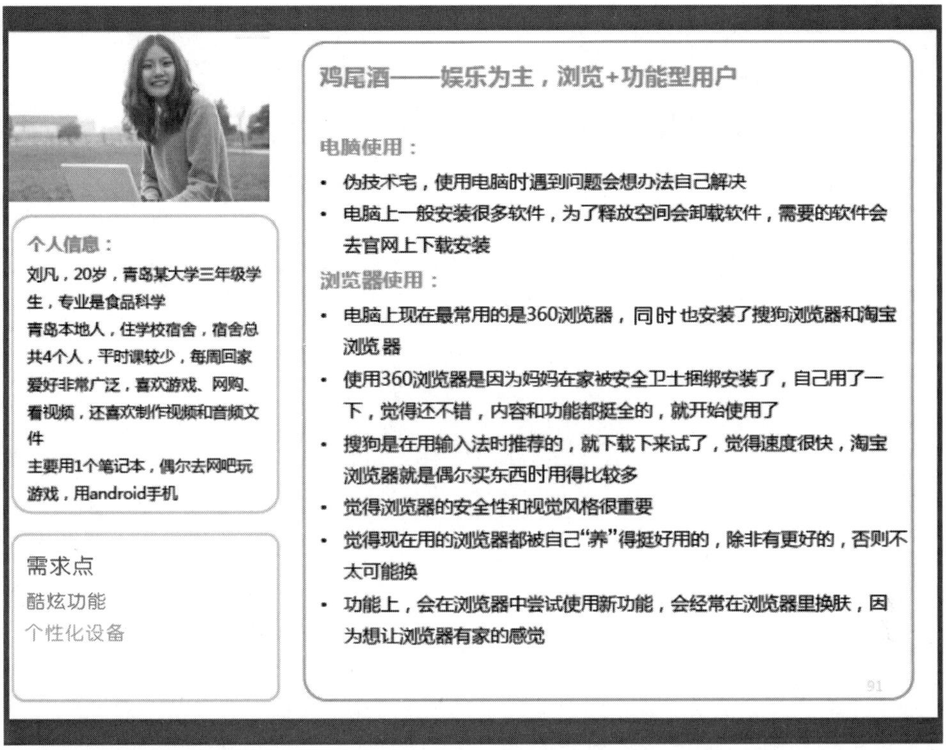

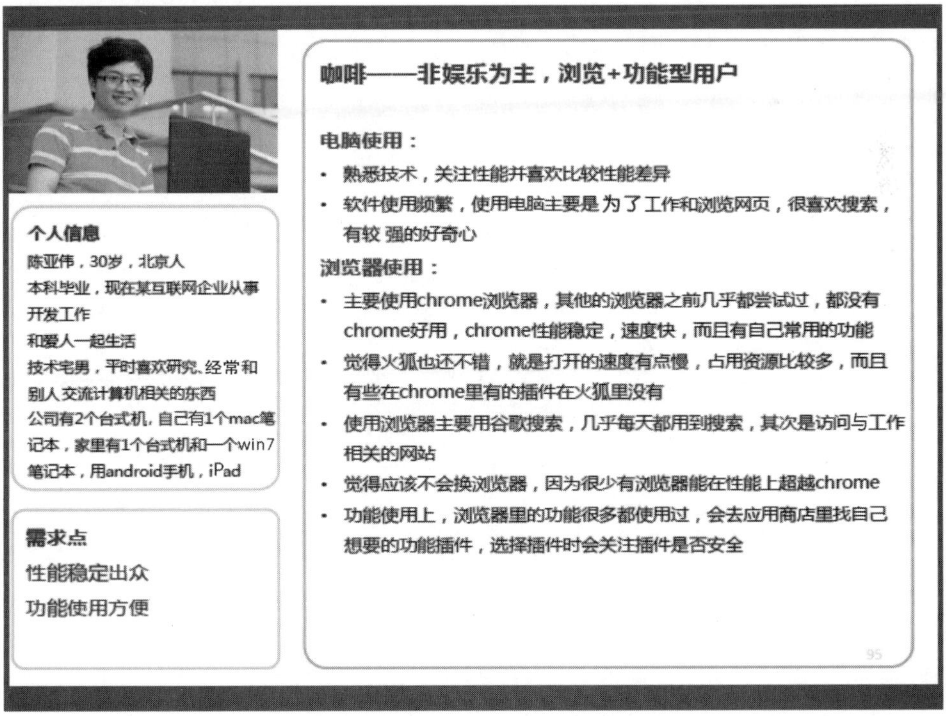

图 5-6 腾讯桌面浏览器用户画像案例

本章思考题

1. 用户画像的核心步骤包括哪些?

2. 为什么用户画像中需要使用到一定的定性研究方法?

3. 在本章中,给你印象最深刻的案例是哪个? 为什么?

第六章　程序化广告:大数据改变营销策划与媒体购买

■ **本章要点**

1.程序化广告的概念

2.程序化广告中的核心角色

3.程序化广告的发展趋势

第一节　程序化广告的核心概念

一、程序化广告的核心概念

程序化广告是随着程序化购买技术的运用,基于程序化购买这一行为过程而出现的。所以,在我们学习有关程序化广告的知识之前,首先要对与程序化购买相关的角色、概念、流程和实现方式做一个界定。

2014年,IAB美国互动广告局从资源售卖角度,对数字广告投放的程序化交易方式进行了划分和定义。程序化购买不再与实时竞价(RTB)混淆在一起,Automated Guaranteed(流量与价格是交易双方协商确定的)、Unreserved Fixed Rate(双方预先协议价格,但是无库存流量保证)、Invitation—Only Auction(通过白名单/黑名单邀请购买方参与,流量通过竞拍获得)、Open Auction(公开市场流量竞拍,即RTB)等概念都有了明确的界定。

(一)程序化购买(Programmatic Buying)

程序化购买指的是广告主通过数字广告投放平台,自动执行广告媒体购买的流程,这是一个与传统广告购买模式相对的概念。基于大数据基础和实时竞价技术,程序化购买提供了一种通过数字化、自动化、系统化的方式改造广告主、代理公司和媒体平台的可能,使得参与方能够进行程序化的对接,并且在极短的时间内精准找出与广告信息相匹配的目标消费者,通过程序化的手段进行广告媒体购买及投放,并对投放信息进行实时反馈。程序化购买把从广告主到媒体的全部投放过程转变为程序化和自动化的投放,实现了整个数字广告产业链的智能操作。

程序化购买相比于传统数字营销媒介购买模式的优势在于:在每一个单一的展示机会下,把适当的广告在适当的情境下提供给适当的消费者。通过这种方式,广告主可以只对那些他们想获取的目标消费者付费,从而提高了广告预算的回报;对媒体而言,因为广告资源采用竞拍方式售出,所以可以获得更大的收益;对消费者而言,可以只看那些与他们的特定需求和利益相关的广告。最初,程序化广告被运用在互联网的展示类广告购买当中。

(二)需求方平台(Demand - Side Platform,DSP)

需求方平台可以使广告主更简单便捷地对位于多家广告交易平台的在线广告进行买卖,同时它也是一个综合性管理平台。需求方平台允许广告客户和广告机构更方便地访问,以及更有效地购买广告库存,因为该平台汇集了各种广告交易平台的库存。有了这一平台,就不需要再走另一个烦琐的购买步骤——购买请求了。

互联网里有成千上万的广告主急需推广自己的产品,所以需要寻找优质的媒介和精准的目标用户,优化广告投放策略,提高投入产出比。简单地讲,需求方平台就是广告主服务平台,广告主可以在平台上设置广告的目标受众、投放地域、广告出价等。

(三)供应方平台(Sell - Side Platform,SSP)

供应方平台与需求方平台相对应,是媒体广告资源方的服务平台。这个平台能够让广告资源拥有方介入广告交易,从而使它们的库存广告变为可用状态。在互联网产业中,除了大型的网站之外,还有许许多多的中小型互联网媒体,它们的广告资源通常很难以最优的价格销售,甚至不少是难以销售的。通过供应方平台,它们的库存广告可以获得最高的有效每千次展示费用,而不必以低价销售出去。媒体资源方可以在供应方平台上管理自己的广告位,控制广告的展现等。

(四)数据管理平台(Data Management Platform,DMP)

数据管理平台负责帮助广告主进行数据汇集和按需要与需求方平台进行数据交换,是对分散的第一方、第三方数据进行整合、归纳、统一的技术平台,用于对精准用户进行细分,使广告投放直接到达这些选定的人群(通过第三方广告网络和广告交易市场);同时,测量在广告投放中具有最佳表现的用户细分群体和广告媒体,从而使媒体采购和广告创意可以得到适时的优化。

广告投放前,数据管理平台协助广告主管理广告投放、站点流量、电商成交、社交粉丝、受众兴趣等重要数据,并在科学建模和深入挖掘后向需求方平台提供中立的受众描述、全面的行为分析,为实时竞价投放提供数据依据。广告投放后,数据管理平台协助广告主和媒介执行机构来优化广告投放的受众质量,评估需求方平台和广告交易平台的转化效率及覆盖成本,从而使营销效果最大化。

(五)广告交易平台(Ad Exchange Platform)

互联网广告交易平台像股票交易平台一样,用于联系广告交易的买方和卖方,也就是广告主和广告位拥有方。对于广告主来说,这个平台可以帮助其收集、处理广告目标客户的数据,自定义定向、出价和预算,在恰当的时机买入符合需求的广告资源;对于媒体资源方来说,这个平台可以实现广告位管理、广告位投放、精准定向、收益优化等功能。利用这个交易平台,广告主能够更加便捷和精准地在对的时间、对的地点接触到对的用户,它可以为每一次广告的收视次数(impression)赋予一个独立的价值,其运用的实时竞价技术可以让广告主竞拍的广告显示在用户面前。

(六)广告网络(Ad Network)

广告网络是一个封闭的网络广告市场,网络业主作为中间环节先向媒体方采购广告库存,然后再转售给买家,虽然有时候出版商也可以创建自己的广告网络。这是一个连接广告主和网络媒体的广告系统平台,一方面为广告主提供广告管理、发布和监测服务,另一方面为媒体兑现部分广告存货的价值。

在网站媒体数量倍增而且碎片化的背景下,广告网络主要为大型门户网站销售大量剩余的广告位置,或者聚合众多小型网站并为它们出售广告位置。广告交易涉及三方组织,包括媒体网站(卖方)、广告网络(中介人)和广告主(买方)。根据维基百科的定义，广告网络提供了广告主到达希望展示广告的网站的“桥梁”，其关键功能是整合了各网站所提供的广告位资源，以满足广告主投放广告的需求，广告网络使用广告投放服务器来实现定向、展示跟踪并提供投放广告的增值功能。

（七）实时竞价(Real Time Bidding，RTB)

实时竞价是一种利用第三方技术在数以百万计的网站上针对每一个用户的展示行为进行评估以及出价的竞价技术。程序化广告最大的特色之一就是应用了实时竞价技术，使得交易双方能够在每个广告展示曝光的基础上进行实时竞价。

与大量购买投放频次不同，实时竞价规避了无效的受众到达，针对有意义的用户进行购买。对于媒体来说，实时竞价可以带来更多的广告销量、实现销售过程自动化及降低各项费用的支出。而对于广告商和代理公司来说，最直接的好处就是改善了投放效果，提高了投资回报率。

二、程序化购买中三组概念的对比

（一）公开交易和私有交易

程序化购买按照交易是否公开可以分为公开交易和私有交易，公开交易主要采用实时竞价模式，私有交易主要包括三种竞价方式：私有程序化购买、优先交易、私有竞价，区别在于是否竞价以及广告位是否预留。

私有程序化购买(Programmatic Direct Buying，Premium Direct Buying，PDB)，是把广告主常规购买的保量的优质媒体资源，利用程序化购买的方式进行人群定向等多维度定向的广告投放。无论实时竞价还是私有程序化购买模式，都需要将需求方平台作为实现投放的桥梁。

优先交易(Preferred Deals，PD)与私有程序化购买的区别在于广告资源具有一定的不确定性，广告位的展示量不能预先保证。

私有竞价(Private Auction，PA)，媒体把较受广告主欢迎的广告位置专门拿出来，放到一个半公开的市场中进行售卖，有实力的广告主竞价，价高者得之。

（二）第一方 DMP 与第三方 DMP

所谓第一方 DMP，是广告主的私有 DMP，收集整合的是广告主的第一方数据，包括广告数据、官网数据、EDM 数据、客户管理数据等，广告主拥有系统的唯一控制权和使用权。

所谓第三方 DMP，控制权和使用权一般归 DMP 运营商所有，其中收集整合的数据不属于任何一个广告主独有，对于广告主来说属于第三方数据。

第一方 DMP 和第三方 DMP 两者在技术功能上是相同的，都拥有数据采集、数据管理、数据分析、对接应用等核心功能。两者的区别是：相较于第三方 DMP，第一方 DMP 的独特优势是广告主的信息安全可以得到彻底的保障，第一方 DMP 整个数据系统的控制权和使用权全部在唯一的广告主手里。

（三）广告网络和广告交易平台

有人这样比喻两者之间的差异：广告网络是规范化地管理和经营一个"小市场"，而广告交易则是提供了一个自由买卖的"大市场"。在"小市场"中，主要涉及的买卖双方都很明确，只有三方参与交易，即广告主或代理商、广告网络和媒体；在"大市场"中，买卖方涉及面不再有限制，交易完成的随意性相对比较明显。也有很多人把广告交易平台比喻成股票市场，当你要买进某种股票时，只是出一个价格，然后由股票交易平台来匹配愿意接受这个价的卖家，价格随行就市，上下波动。

第二节　程序化购买的实现方式与基本流程

一、程序化购买的实现方式

整个程序化购买的实现过程大致可以想象成这样：

某个品类广告主的潜在消费者 A，开始浏览网站 X。网站 X，或者与网站 X 合作的供应方平台（SSP）向广告交易平台（Ad Exchange）发出请求："X 网有一个访客 A，有没有广告主感兴趣，想在 X 网的广告位上投放广告的？"于是需求方平台（DSP）向数据管理平台（DMP）求助："帮我看看 A 这个人有什么特征，喜欢什么。"DMP 根据对消费者 A 的过往数据的分析回复："这是个喜欢美食的家伙！"根据 DMP 反馈的受众属性以及广告交易平台提供的媒体信息，需求方平台帮助广告主判断是否出价、出价多少、展示什么样的广告信息。有可能同时会有很多人一起出价购买这个或者这几个 X 网的广告位，于是广告交易平台决定出价高的需求方平台获胜，同时匹配相关的广告代码，广告成交了，并且开始在 X 网相应广告位置展示。整个过程大概会在 100 毫秒之内完成(如图 6-1)。

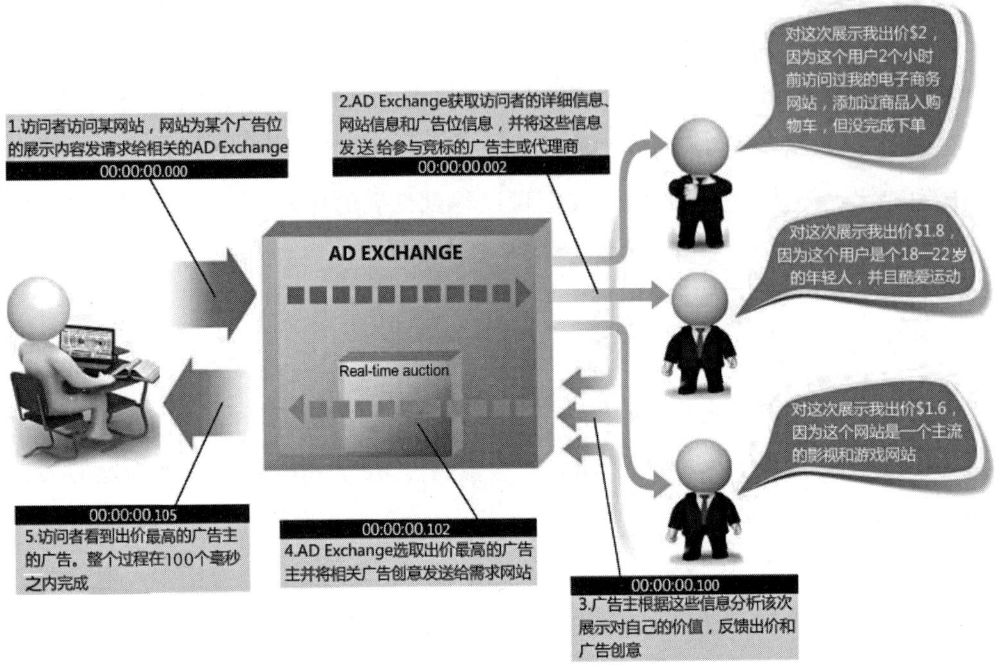

图 6-1　程序化购买的实现流程(图片来自网络)

假如你是一个深度汽车控,浏览各大汽车网站是每天必做的事,而有一天,你要上新浪体育看最新的欧洲杯战况,就在你输完网址、按下回车键的那一瞬间,“你是汽车控”这一信息就迅速地传达到福特、比亚迪、丰田等汽车广告主那里。页面的左上角有个空白的广告位,这些广告主会迅速地对这个广告位竞价,而最后福特胜利了,呈现在那里的就是新福克斯的一段视频广告。就这样,一个实时竞价广告便在浏览器缓冲的那 100 毫秒之内完成了。

在这个过程中,广告交易平台是整条产业链的交易中心,所有的广告流量都要在这里完成交易:在数据管理平台提供的数据定位分析的指引下,需求方平台为广告主在浩瀚的流量中找到相匹配的媒体资源,从而完成精准营销;而供应方平台的职能跟需求方平台类似,不过它希望实现媒体的价值最大化。

二、程序化购买与传统媒体购买的区别

与传统的广告代理及购买模式相比,程序化购买最主要的作用在于提高了广告投放的精准性。

在目标受众方面,传统广告投放模式需要根据媒体的情况推断目标受众的属性;而程序化购买可以实时分析流量背后的人群属性,判断该人群是否是其目标受众。

在广告位置方面,传统模式只能提供固定的广告位,并以此确定媒体排期;而程序化购买可以以受众为核心,实时判断广告位置以及投放频次、投放时间。

在购买方式上,传统的媒介投放需要提前商谈广告价格,并且价格体系往往并不透明;程序化购买则可以根据受众价值在最短时间内决定是否出价、出价多少,且广告价格透明、真实。

最后,在广告投放控制方面,传统模式基本上只能够提供投放后的监测数据,然后在下一次投放行为中进行优化;而程序化广告可以实时监测受众反馈效果。

总结来说,传统的人工购买方式即广告主根据自身的营销诉求及目标受众,采购相应属性的媒体资源,从而实现对受众的覆盖,本质上是对媒体的购买。而程序化购买是在对用户数据进行分析的基础上,找到符合营销诉求的目标受众,通过采购这些受众正在浏览的广告位,促成受众的购买行为。

如图 6-2 是艾瑞咨询所提出的程序化购买的产业链结构图。

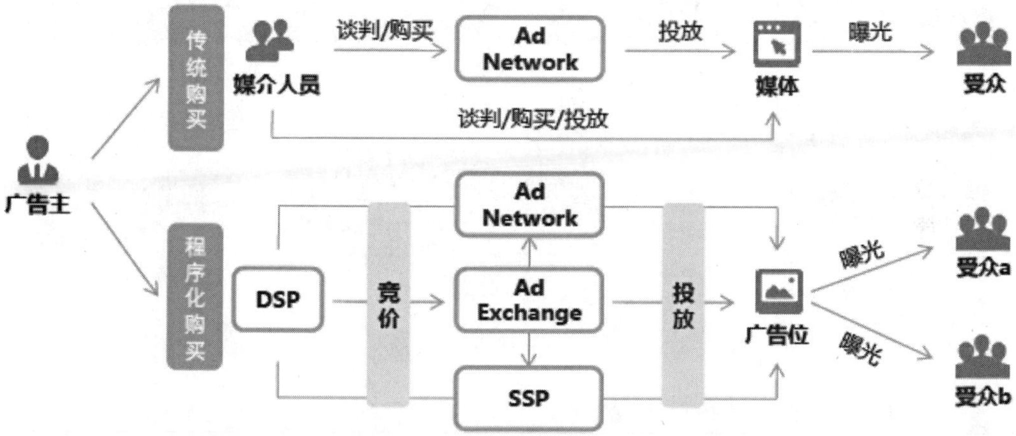

图 6-2　艾瑞咨询提出的程序化购买产业链结构图

第三节　程序化广告的发展历程及现状

一、程序化购买的发展历程

实时竞价广告成型于美国。从初步建立,到 2010 年进入美国实时竞价广告发展元年，再到需求方平台、供应方平台、广告交易平台、数据管理平台等迅速崛起，产业链渐次形成并逐渐发展完善。

1995 年，网络广告管理软件开发与广告服务商 Double Click 成立并开始建立 Double Click Network，这是世界上最早的、目前规模最大的一个广告网络。

2000 年，中国的“好耶”用自己开发的广告发布与监测系统同网站换取他们自己没有卖出去的广告，建立了中国第一个广告网络的雏形。

2005 年，第一家广告交易平台 RightMedia（后被雅虎收购）建立，成为第一个数字资源广告交易平台，也拉开了广告交易平台的序幕。

2007 年，谷歌以 31 亿美元的大手笔击败竞争对手，收购了 Double Click 公司，在增强自身技术实力的同时，开始了在程序化领域的谋篇布局。

此后，程序化购买进入了快车道，DSP、SSP 等产业角色逐步出现，生态架构得到了完善。

网络上有人制作了程序化广告的发展历程，我们可以做大致参考（如图 6-3）。

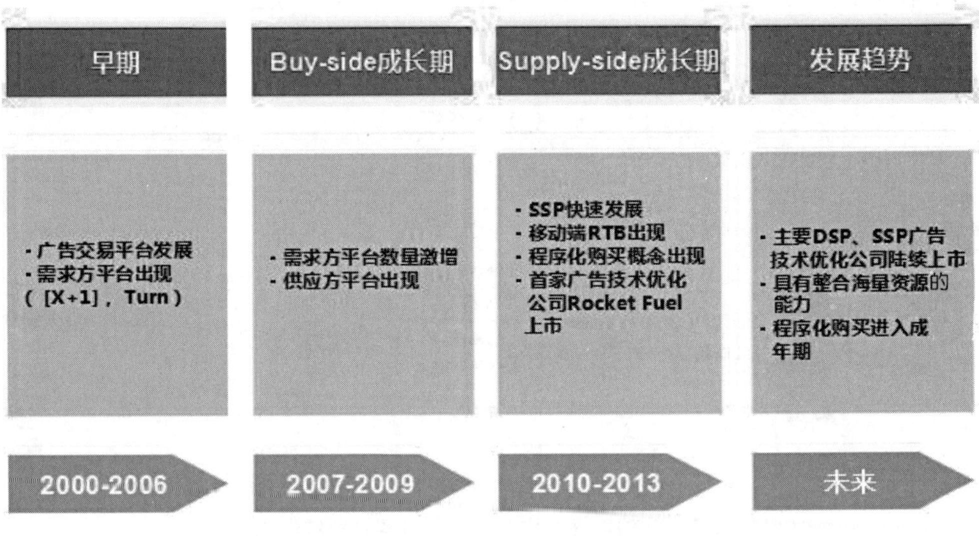

图 6-3　程序化广告的发展阶段划分

在国内，网络广告服务商受到国外程序化广告的冲击与启蒙，开始在中国数字营销市场部署程序化购买。阿里妈妈于 2011 年 9 月正式对外发布 Tanx 营销平台，随后谷歌正式宣布在中国推出 DoubleClick 广告交易系统，加入到了中国程序化购买发展大潮中。之后，腾讯、新浪、盛大、秒针、百度和优酷土豆等广告交易平台纷纷涌现，广告交易平台的兴起为中国程序化购买的快速发展奠定了基础。

2012 年是中国 DSP 市场快速崛起的一年,众多 DSP 产品上线并开始尝试多元化的布局。进入 2013 年,DSP 投放技术趋于成熟,市场反应激烈。品牌广告主开始重视程序化购买,服务商开始搭建私有程序化购买服务平台。广告主买断的私有资源实现了程序化购买,这对优质广告主来说,既保留了其专属广告位的排他性优势,又保证了广告内容的个性化展示和对投放频次的综合性控制,还能够对广告预算进行智能分配,大大避免了广告费的浪费。在此需求趋势下,程序化购买服务商开始有针对性地推出私有程序化购买的服务团队及平台。移动互联网全面发展之后,移动端程序化购买开始走向成熟。

近两年数字营销市场中出现大量融资并购案例,蓝色光标注资爱点击、AdMaster、晶赞科技收购多盟、亿动;360 收购 MediaV 旗下聚效广告平台;《广州日报》投资悠易互通;阿里妈妈全面整合易传媒,计划未来组建基于阿里大数据的品牌营销服务中心……火热的投资并购一方面显示出资本市场对数字营销新趋势的认可;另一方面也凸显出独立第三方 DSP 的价值,为其发展留出了更大的发挥空间。新型 PDB 模式的诞生,标志着大型品牌广告主数字广告程序化时代的到来。

如图 6-4 是易观智库描绘的中国程序化广告市场 AMC 模型。

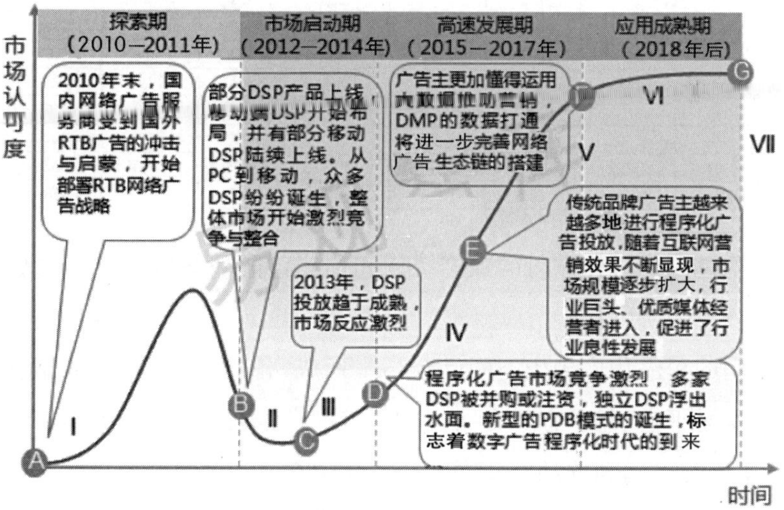

图 6-4　易观智库描绘的中国程序化广告市场 AMC 模型

二、程序化广告已经初步形成了较为完整的产业链

根据相关机构的统计数据显示,2010 年全球实时竞价广告的市场规模已经达

到 4.03 亿美元，到 2017 年，预计这个值将达到 208.19 亿美元，复合年均增长率高达50.5%。谷歌全球媒体营销总监约书亚·斯帕尼尔(Joshua Spanier)在 2016 年初接受媒体采访时表示，2015 年谷歌接近 100%的品牌展示广告出自程序化购买，已全线进入程序化购买时代。易观智库发布的《中国程序化广告购买市场专题研究报告 2015》中的数据显示，中国移动用户增长率创新高，达到 11.8 亿，为 DSP 在移动方面的市场开拓了广阔的前景，并带动中国程序化广告营收规模保持了 141.0%的高增长率，达到 52.3 亿元。表 6-1 是相关统计机构给出的 2010 年至 2017 年全球实时竞价广告市场规模。

表 6-1　全球实时竞价广告市场规模

	2010年	2011年	2012年	2013年	2014年	2015年	2016年	2017年	2010–2017 复合年均增长率(%)
美国	3.52	10.67	19.97	31.36	46.69	68.74	100.56	144.04	48.5
年增长率(%)	NA	203	87.2	57.5	48.9	47.2	46.3	43.2	
加拿大	0.05	0.15	0.28	0.55	0.81	1.19	1.78	2.58	55.7
年增长率(%)	NA	192	84.3	96.3	47.5	46.0	49.2	45	
德国	0.16	0.62	0.86	1.57	2.20	2.94	4.40	6.31	48.8
年增长率(%)	NA	287.8	39.4	81.9	40.1	33.8	49.3	43.5	
英国	0.15	1	1.57	2.83	4.09	5.71	7.82	10.28	45.4
年增长率(%)	NA	552	57.9	79.6	44.2	39.8	36.8	31.4	
俄罗斯	-	-	0.05	0.11	0.22	0.39	0.67	1.14	83.5
年增长率(%)	NA	NA	NA	116	88.3	76.2	72.3	68.4	
日本	-	0.53	2.17	3.81	5.21	7.20	9.23	10.32	39.1
年增长率(%)	NA	NA	429.6	105.0	77.9	24.7	28.5	32.0	
中国	-	-	0.20	0.59	1.27	2.55	4.63	7.83	106.6
年增长率(%)	NA	NA	NA	185.9	114.0	100.5	81.2	69.1	
全球	4.03	13.82	26.96	44.88	67.26	98.65	144.98	208.19	50.5
年增长率(%)	NA	242.4	95.1	66.4	49.9	46.7	47.0	43.6	

所以，无论是哪个机构进行的数据统计和预测，都显示程序化广告已经进入了高速发展、日渐成熟的阶段。

目前，我国的程序化广告生态圈已经初步形成，各类数据公司、数据管理平台、代理公司、广告交易平台、需求方平台、供应方平台、广告网络等都参与其中，并且进一步细分出基于桌面互联网和移动互联网的程序化生态。

事实上，从产业发展的角度来看，程序化广告所构建的生态圈，并没有彻底突破经典广告营销模式的核心，依然是广告主通过广告代理方和媒体让信息触达消费者的过程，依然是利用数据洞察消费者，然后作为营销投放行为的决策参考。只是落在具体的实现过程中，程序化广告是与传统媒介投放、广告购买完全不同的。“它的价值在于

代理、媒体和数据服务层面，对广告也进行了扩容和升级，提高了广告活动的效率。”①(如图 6-5、图 6-6)

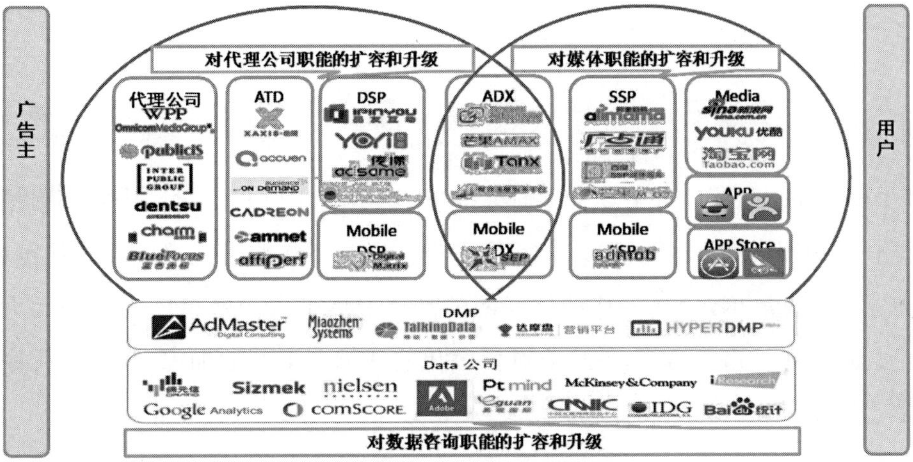

图 6-5　程序化广告生态圈的形成②

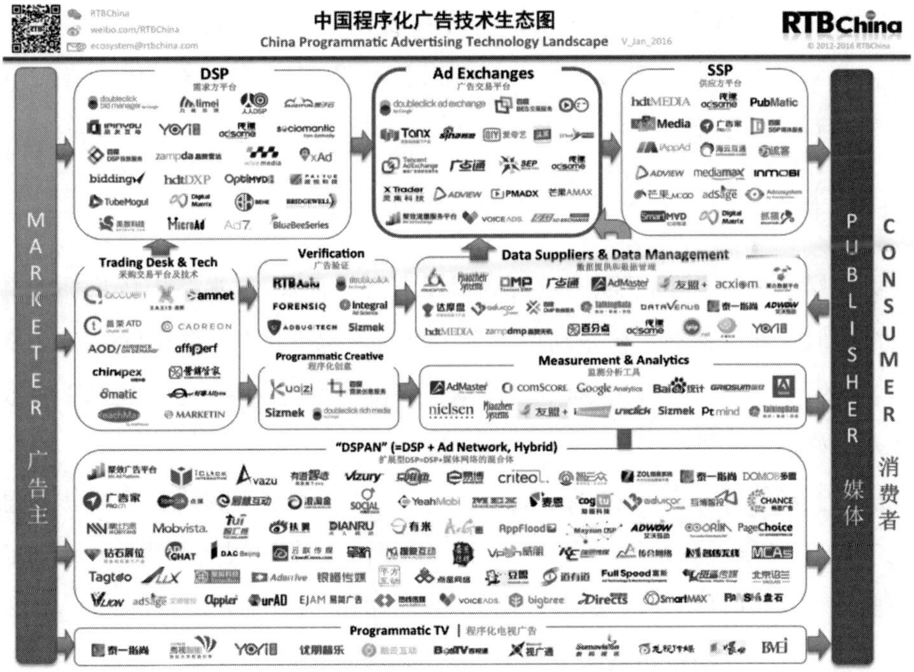

图 6-6　中国程序化广告技术生态图③

---

① 王薇.解构程序化生态圈——剖析程序化广告八大误区[J].广告大观(媒介版),2015(8):24—29.

② 王薇.解构程序化生态圈——剖析程序化广告八大误区[J].广告大观(媒介版),2015(8):24—29.

③ RTBChina,2016 年 1 月发布于互联网。

第四节　程序化广告的发展趋势和方向

一、程序化广告逐渐突破互联网媒体范畴

《中国程序化购买广告市场专题研究报告 2015》把中国程序化广告购买市场规模高速增长的原因归结为两方面：一方面是广告主对程序化购买效果的逐步认可；另一方面则是中国互联网，尤其是移动互联网的高速发展带来的网络广告市场的大幅扩展。经过近几年的市场培育，各行业对程序化的认识在不断地加深，我国的程序化广告发展也出现了新的趋势和方向。

传统媒体的数字化转型成为传媒产业发展的战略必需，融合媒体的发展为程序化购买提供了条件。事实上，程序化购买已经从互联网平台延伸至电视、广播、报纸、杂志等平台，进行更为全面的目标人群和流量覆盖。目前，电视媒体的程序化广告探索相对来说更加成熟与丰富。接下来我们将简单了解程序化广告对电视媒体广告购买行为的改变。

(一)技术基础

在电视媒体方面，伴随互联网电视或智能电视的普及，电视广告按目标人群进行精准投放的时代即将到来。要做到按目标人群售卖电视广告，需要 DSP 公司掌握庞大的、实时的、交互的数据流量，对电视观众进行准确画像，并且通过技术手段或平台按照观众偏好投放广告。

以酷云互动等公司为代表的技术类第三方正在实践建立在增强观影体验思路上的精准广告，简单来说就是将所有通过智能电视播放的节目视为可供“targeting”的内容，识别这些内容并将相关资讯、广告用多种原声的形式叠加在电视屏幕上，让观众能够及时互动。这类互动包括购买节目中展示的服装，获得与体育比赛赞助商、运动员有关的延展信息等。

为了实现这一目标，酷云互动通过云端与大数据技术积累了海量的电视屏内容数据，其核心目标就是建立一套视频的解析数据。酷云互动在全国建立采集中心，将采集到的视频输入到计算机中，云端和大数据技术的作用就是让计算机像人类一样看视频，计算机在看的过程中解析视频当中发生了什么事情。

世界杯期间,有四家广告主与酷云互动展开合作,这是电视广告数据的成型,是电视广告程序化购买第一次商业化的验证。以广告主自然之宝为例,自然之宝的品牌标签是白领、丽人、精英、时尚女性、男性、网络购物人群,这些人群构成了自然之宝的主要消费人群、用户特征、品牌特征。酷云互动的精准广告平台可以把符合品牌属性的用户肖像抽取出来,同时整合这些用户喜欢观看的视频内容,当品牌标签、用户标签、内容标签三者匹配时,电视广告触发,广告购买完成。

(二)业界实践

2014 年 10 月 23 日,在 2015 年 SMG 广告盛典上,上海文广集团凭借旗下的全媒体平台,启动了国内首款全平台电视广告实时竞价系统,该系统是由上海文广集团旗下数字营销公司艾德思奇自主研发的。盛典现场,许多品牌合作商体验了用手机“秒杀”电视广告的快感。最终,宜信财富、可口可乐、为为网三家品牌分别拍得 SMG 娱乐频道当天下午 4 点播出的《中国梦之声》正一至正三广告位。

2015 年 8 月 26 日,华数传媒与悠易互通达成“程序化购买新视界”战略合作,表示自己平台上的广告已经全部接入程序化购买。目前,华数已构建了电视领域的媒体服务平台(SSP),将通过与悠易互通 DSP 广告平台的对接,进行互联网电视广告投放。悠易互通与华数集团已完成了与秒针、AdMaster 等第三方广告监测机构的对接,通过互联网跨屏数据分析,可观察到互联网电视人群的特征是相对高端与年轻,基于大数据洞察的程序化电视购买已经实现。未来,悠易互通还将持续投入技术支持,完成程序化电视和 OTV、MobileTV 等的结合以及跨屏投放。

二、程序化从购买环节向其他环节拓展

从内涵上看,狭义的程序化广告特指程序化购买,而广义的程序化广告还涉及广告营销传播信息的制作、广告表现、广告投放信息监测与反馈等多个环节。可以说,程序化改变的不仅仅是广告营销的购买环节。所以,广义的程序化广告更倾向于指代一种通过技术手段实现的广告优化和广告智能化操作。

例如,谷歌的多款程序化广告产品均包含了广告内容制作、广告效果分析等服务内容。在此后的章节中,我们将详细分析相关案例。此处,我们先向大家展示 EA Sports 的一个程序化广告创意案例。

Madden 是 EA Sports(艺电旗下研发制造体育视频游戏的品牌)打造的一款

NFL(国家美式橄榄球大联盟)的运动游戏。该公司将《Madden 疯狂大联盟 15》游戏中的视频片段加工成 GIF 格式的动画图片,并插入比赛过程中出现的观众评论,制作成一系列动画片段,然后将这些 GIF 动画投放到 Madden GIFERATOR. com 网站、社交媒体以及谷歌广告网络中的体育、游戏相关网站上。技术上,这套 GIF 生成系统将画面分为人物画面、动态标题和背景三层,这三层内容都可以根据赛场上的实际情况来选择,然后组合成为 GIF 广告。因此,这些 GIF 广告的内容与当时的赛场实况是同步的,包括比分和用时。不仅如此,EA Sports 除了通过程序化来生产广告内容,还把观众也带入了其中。该公司建立了 giferator. easport. com 网站,球迷可以在上面选择球员、背景,撰写广告标题,然后把自己生成的 GIF 动画通过网络分享出去。比赛期间实时生成了 2,300 多个广告,42 万个 GIF 动画在网络上流传,如图 6-7。

图 6-7 EA Sports 程序化广告操作方式截图

相对于广告内容来说，Madden 这款游戏最不缺的就是创意素材。32 支球队有百名大牌球星，每只球队、每个球星背后都有一大群球迷，每场比赛都有许多大家热烈讨论的内容，只需要对这些创意元素进行分类整理，最终就能又快又灵活地利用程序来完成组合。利用程序化广告工具，EA Sports 在网站上把各球队人物、背景素材及 GIF 动画制作工具提供给球迷，让这些“脑洞大开”的球迷们放手创作动画广告，并主动分享传播。该广告活动还获得了 2015 年戛纳广告金狮奖。

三、程序化广告的新方向：视频化、移动化

目前 PC 端仍然是引领程序化购买的主导角色，但未来通过分析广告投放需求、积累移动资源和相关数据、创新更为多样的交易模式以及提升相关技术，移动 DSP、视频类的 DSP 将在程序化购买市场占据重要的地位，整个竞争格局会发生一定变化。重要的是，PC DSP＋移动 DSP＋视频 DSP 的跨屏投放方式，将是一个重要增长点。

（一）移动程序化

伴随着桌面互联网向移动互联网发展转型，基于移动端的广告营销也有了相应的增长。移动程序化成为整个程序化广告的重要发展方向。

移动程序化快速发展的原因主要有三个方面：首先，移动端的用户使用行为相对 PC 端更加多样化，不同于 PC 端用户主要通过浏览器获取广告，移动端大量的应用程序使用户的使用行为更加多样化，广告定位难度也相应加大；其次，移动端的用户使用行为相对 PC 端更加碎片化，这主要体现在两方面，其一是用户使用时间的碎片化，其二是用户使用场景的碎片化；最后，移动端的营销形式相对 PC 端更加互动化，虽然现阶段移动广告的形式较为单一，但 GPS、三角陀螺仪、摄像头等移动端独有功能将会提供更加互动化的营销方案。

艾瑞分析认为，基于以上这些差异，移动端广告对程序化购买的需求和适应能力均要强于 PC 端。首先，多样化的用户行为使基于 App 购买（类似于 PC 端的媒体购买）的广告投放模式无法实时全面地覆盖目标受众；其次，碎片化的用户行为使基于 App 购买的广告投放模式无法做到精准定向，在错误的场景和错误的时间推送的广告会使用户产生厌烦情绪；最后，现有的程序化购买技术完全可以实现现阶段形式较为单一的广告投放，未来随着技术的提升，可投放的广告形式也将更加丰富。所以，引入程序化购买技术的移动广告将更加适应移动端用户多样化、碎片化的使用习惯，并

给用户提供即时、准确的广告互动体验。当然，在移动端，程序化广告主要针对的是各类 App 中的广告展示。

eMarketer 的研究报告显示，2015 年美国的移动程序化展示广告支出达到 93.3 亿美元，占整个程序化展示广告支出的 60.5%，这也是移动程序化占比首次超过 PC 端。品友最新数据显示：截至目前，其整体营收中约 40%的收入来自移动程序化，并保持着每季度 100%的高速增长。品友互动大数据研究院的研究数据表示，程序化广告在移动端的发展非常迅速，2014 年增长 350%，2015 年增长 300%（如图 6-8、图 6-9）。

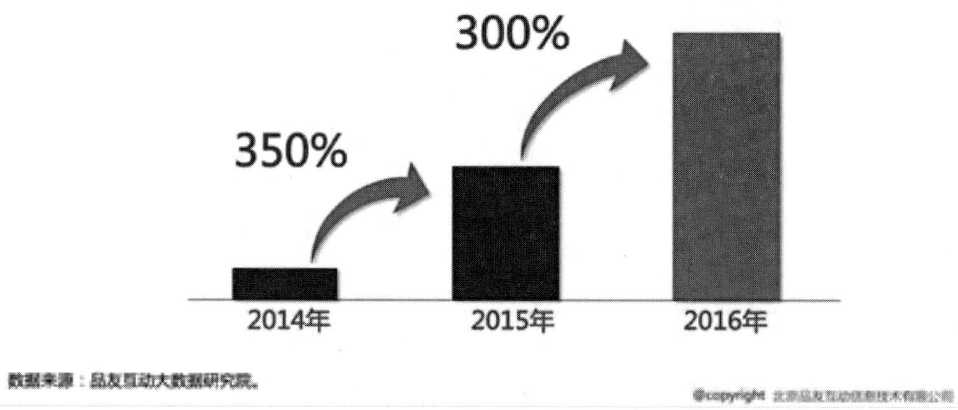

图 6-8　移动端的程序化购买发展迅速

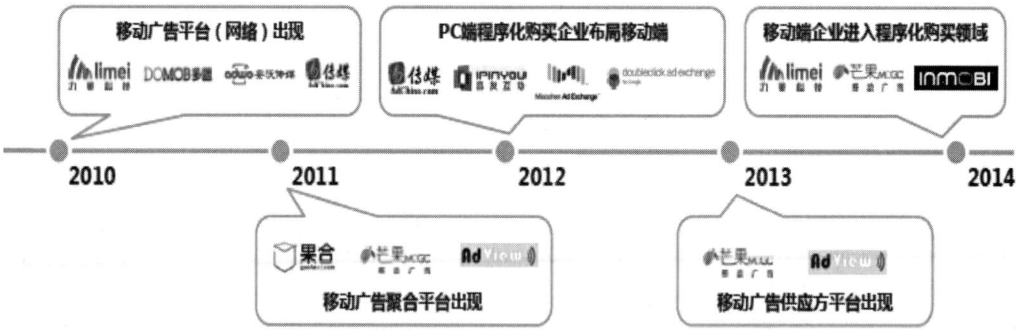

图 6-9　艾瑞咨询提出的我国移动程序化发展历程

（二）视频程序化

在传统大众媒体时代，视频广告的表现形式就是电视广告，电视媒体也一直占据着广告市场中最大的份额。在新媒体时代，网络视频成为电视媒体的重要竞争者与替代者，所以，为了实现更加精准、智能的投放，视频程序化在最近几年也得到了极大的发展。

传统的视频广告包段、包节目模式和内容制作存在以下几大问题：第一，曝光机会少，只能锁定个别的节目、频道或投放，并不能获得广泛的人群覆盖和品牌曝光机会；第二，非定向曝光，难以对准品牌目标受众，传统投放方式下，只能通过锁定节目、频道等方式，间接锁定品牌目标受众，这种情况下会出现媒体资源浪费严重，目标受众重复覆盖等问题；第三，曝光不足或者过度，比如传统方式下，存在大量被曝光 1—2 次的用户，广告主无法针对这些用户进行定向投放，同时，无法对媒体曝光的频次进行控制，而视频媒体重合度高，也会导致部分信息曝光过度。

新的网络环境下，品牌广告主视频投放的核心诉求在于：更加规模化的优质视频承载选择、更加精准的跨屏投放可能、得到优化的投放数据管理与分析。所以，为了迎合广告主的需求，媒体方、代理方也在积极开展对视频广告程序化的探索。近两年，大量的视频资源进入程序化购买市场中。国内的优酷土豆、爱奇艺 PPS 先后开放了自己的私有交易平台，风行、暴风影音等视频媒体通过建立 SSP 等方式陆续跟进，TANX 也已接入大量视频资源。另外，互联网电视的程序化在 2016 年全面拉开帷幕，比如，苹果智能电视的上市，将成为推动移动设备多样化的关键性要素。数字营销公司易传媒、品友、悠易互通、力美、亿动等纷纷推出视频广告程序化购买产品。

调研机构麦格纳环球公司的研究数据显示，2013 年的美国广告市场，58%的横幅广告（Banner Ad.）通过程序化购买进行交易，视频只占 25%，预计到 2017 年年底横幅广告将上升至 87%，视频则将上升至 69%。eMarkerter 数据显示，2014 年美国视频程序化购买市场规模达 7.1 亿美元，较 2013 年增长 274.4%，占美国视频广告整体规模的比例由 2013 年的 5%上升到 12%。据美国知名科技网络商业内幕（Business Insider）旗下研究机构 BI Intelligence 的研究数据显示，2015 年全美程序化广告收入总额达到 150 亿美元。其中，实时竞价（RTB），尤其是移动和视频实时竞价的增长最为显著。程序化购买或许是未来在线视频广告的发展趋势。

课外阅读：程序化广告如何改变了这场史上最混乱的美国大选[①]

即使是想象力最丰富的人，或许也不会想象到美国总统选举会出现如今的局面。

事先挟布什家族名利而来的杰布·布什最终不得不惨淡退出竞选，希拉里·克林顿虽然早在党内初选中就赢得了巨大的领先优势，但是伯尼·桑德斯（Bernie Sand-

① 胡勇. 程序化广告如何改变了这场史上最混乱的美国大选[J]. 商业价值，2016(5)：83—87.

ers)振臂一呼的左翼社会主义空想在年轻人群体中获得的支持却让民主党的竞争平添几分波澜，而当初外界普遍认为是纯粹搅局者的共和党候选人特朗普如今却俨然一副天选之人的架势。

这是一次前所未有的将改变美国未来发展的总统大选，我们不仅看到左右两派在其中争奇斗艳，也看到族群、阶层等的割裂和不可调和。

如果说我们现在还不能确定这场大选未来的走向究竟会如何，至少有一点是可以明确肯定的——以程序化广告为代表的技术手段在这次分外混乱的选战中扮演了前所未有的重要角色。本文就想讲一讲这场混乱背后的技术暗战力量。

谁动了我的选民

2012 年的大选中，共和党一败涂地，之后，他们就对此进行了反思，最后得出的结论是自己没有很好地利用互联网。于是到了 2013 年，包括杰布·布什在内的共和党人就开始和 Deep Root Analytics 等媒体分析公司合作，利用 Alteryx 公司的数据融合和高阶分析等技术来整理、分析投票者的信息、机顶盒数据、财务数据等，从而进行有针对性的广告投放。

在 2014 年的州长选举中，Deep Root Analytics 参与了包括新泽西州州长、威斯康星州州长及肯塔基参议员米奇·麦康诺(Mitch McConnell)等共和党人的竞选，尽管只是在中途才加入了麦康诺的团队，但是 Deep Root Analytics 帮助该团队进行媒体购买(media buy)，使其广告投放从 18 家有线电视台增加到了 34 家。在此次竞选中，共和党人一扫两年前的选战颓势，获得了 31 个州长席位，而对手民主党则只有 17 席。

投票率持续下滑已经成为各个候选人都不得不面对的难题，对他们而言，最关键的问题是吸引那些支持自己纲领、政策的目标选民到投票站去，否则一切便是空谈。如果再往前回溯的话，那么更重要的是，如何让自己的宣传接触到那些目标选民。

这恰恰就是程序化广告的胜局。

特朗普的目标选民是这样的：合法的、有能力、有技术的移民，收入和生活水平不断下降的中、低层民众，对高税负政策和干涉主义外交政策不满、对泛滥的宗教种族问题已经感到厌烦的选民。

桑德斯的目标选民则是这样的：他们都是些还未进入社会的年轻人，对中产阶级和妇人阶层抱着质朴的反感、仇恨情感，他们渴望提高大企业的税收和时薪，试图实现全民的免费医疗和教育。

那么，在程序化广告的作用下，一个做汽车修理工的墨西哥移民在上网时看到的广告应该是特朗普的“让美国再强大(Make America Great Again)”，而出现在一个背负着沉重大学贷款压力的大学生眼前的广告则应该是桑德斯的“政治改革蓄势待发(A Political Revolution Is Coming)”。

即使在同一个页面,借助 DSP 平台,每个有着各自不同教育背景、收入、宗教信仰等的网民看到的竞选广告都是不一样的,他们看到的都只是最有可能让自己去投票站投那一票的候选人的广告。

让我们回想一下有着大数据、互联网支持的程序化广告之前的宣战,候选人的广告精准投放局限于在基本盘的地区投放较少的广告,在摇摆地区投放更多的广告,根据自己的政策口号、针对不同的目标选民投放广告。即使在民调和统计体系已经成熟发达的美国,这种以十万量级为基本单位的宣传也存在大量的意外和不可控因素。而程序化广告的出现和成熟则意味着候选人可以摆脱上述束缚和限制,在更精确的数据的支持下进行更加精准的实时宣传投放。

任何一个有自己立场的选民,在理论上都无法逃脱程序化广告的大网,对各个候选人而言,唯一的问题就在于,他们投放的广告能否打动这些人并促使他们为自己投票。

选战即技术战

在《纸牌屋》第四季中,安德伍德总统要弄权谋使数据科学家爱德(Aidan MacAllan)获得了接入国家安全部门数据库的机会,借助这样的便利,致力于推动禁枪法案的克莱尔掌握了数十万赞同她的民众的信息,包括电话、个人邮箱等。通过向这些目标选民传递禁枪广告,克莱尔的团队在不到 24 小时的时间里就接到了超过 8.4 万通表达支持的电话,这一法案最终也在国会顺利通过。

这不止是艺术的虚构,在现实的大选中,如何更好地利用数据技术手段和互联网来争取目标选民,已经成为因党内初选而争得不可开交的竞选经理不得不放在优先位置的议题。

技术的进步和互联网的发展使候选人有可能更好地利用广告预算。

有研究称,2016 年总统竞选活动的政治广告花费达到史无前例的 114 亿美元,其中约 10 亿美元投放在数字广告方面。如果做一番纵向比较的话,在 2008 年,这一数字不到 2,300 万美元,8 年之间,数字广告的规模扩大了近 5,000 倍!

在 2008 年的竞选活动中,奥巴马团队的呼叫中心每星期在每个竞选州都会拨打 5,000—10,000 个短电话、约 1,000 个时间较长的电话,通过这种方式来不断修改自己的选民算法模型和选情预测——奥巴马团队预测自己在俄亥俄州汉密尔顿郡的得票率为 57.68%,最终实际结果为 57.16%。

在2012年的连任竞选中，奥巴马团队在数字广告和数据的收集利用上有着惊人的表现，最终也取得了惊人的成果。而这次选战对各个候选人最大的启发或许可以用《麻省理工科技评论》的一句话来总结：

“选民实际上可以被视作个体公民的集合体，而每个公民都可以在个人的维度上被测量和估量。”

2015年，Facebook推出了Facebook for Politics，实际上，社交网络正逐渐成为候选人投放广告的主要平台。更重要的是，没有比Facebook、Twitter以及Instagram等在用户侧写上更方便、更精确的社交网络了，这些网站提供的大数据实际上使程序化广告真正有了用武之地。

微观层面上的个体选民数据恰好可以与对选民在全国范围、本体区域内的分布的宏观分析形成互补，前者可以避免单纯以区域、种族、教育程度等来划分选民，而后者则又能使前者在总体分布基础上更加精准、更加有效。

这一切最终都鲜明地体现在程序化广告上，用户的信息将广告交易和选民联系在一起，而这些信息经过整理分析所形成的大数据则将广告交易和需求方平台连接起来，最终，通过需求方平台，候选人将自己的广告发布给自己的目标选民。

程序化广告公司Targeted Victory联合创始人扎克·莫法特(Zac Moffatt)对此评价道：“程序化意味着你可以利用技术实时地做出决定。”

政治与生意

在最新一季《纸牌屋》中，共和党总统候选人威尔·康威(Will Conway)是一个热衷于在视频网站上分享自己家庭视频的政客，与此同时，他也秘密通过剧中虚构的搜索引擎Pollyhop来收集用户的使用习惯和数据，以向目标选民推送宣传，并险些因此惹祸上身。

事实上，这些情节都是在现实的美国大选中切实发生着的。社交网络、视频网站等年轻人钟爱的互联网平台正成为政客们利用程序化广告进行宣传的“重地”，相比展示广告，视频广告不仅更加符合“千禧年一代”的口味，无疑也能帮助这些候选人更好地宣传自己和吸引选民。

在目前进行得如火如荼的党内初选大战中，风头最健的特朗普不仅是将视频网站这一工具利用得最炉火纯青的候选人，实际上，他本人就是真人秀节目《门徒》(*The Apprentice*)的执行制片人和主持人。在YouTube上，以“trump”为关键词进行搜索的话，结果超过470万条，而以“hillary”为关键词进行搜索的话，结果只有210万条左右，包括桑德斯、科鲁兹(Ted Cruz)在内的搜索结果都只有200多万条。

特朗普既是一名初出茅庐的政客,也是一个娱乐家,但归根到底,他是一个身价数十亿的商人。在这次的选举里,三重身份在他身上得以融合。

选举既是一场残酷华丽的游戏,同时又是一桩高举高打的生意。程序化广告未来将在这些社交、视频平台上扮演越来越重要的角色,这也是它本身的发展趋势。

2015 年,美国程序化广告的支出为 25 亿美元,占整个电视广告市场份额的 4%,预计到 2019 年,程序化广告的规模将扩大到 100 亿美元,在电视广告市场中的比重将上升到 17%。

一个不言自明的真相是,在未来 8 年乃至更长的时间里,"千禧年一代"、以社交和视频平台为代表的互联网、大数据和程序化广告技术不仅将在竞选中发挥日益重要的作用,在商业世界里也不会例外。

本章思考题

1. 程序化广告产业链条中的核心角色有哪些?分别起到怎样的作用?
2. 程序化购买与传统媒体购买有哪些差异?
3. 程序化广告的发展趋势如何?

第七章　大数据在新媒体营销中的应用案例

■ **本章要点**

1. 大数据与营销创意策划
2. 大数据带来全新的广告产品、广告运营体系

第一节　大数据帮助营销者重新定义消费者——百度营销案例

正如前文介绍的那样，百度以搜索引擎业务起家，目前已经是全球最大的中文搜索引擎。在发展过程中，百度也介入了众多其他媒体业务领域，并积累了大量的相关数据，开发、设计了许多数据产品。这些数据与数据产品都可以有效地帮助百度成为更加专业、完善的新媒体营销平台。

2015 年 9 月，百度正式对外发布大数据＋平台（http://bdp. baidu. com/），回应行业关键诉求。这标志着百度公开了自身的数据优势——海量数据积累、目标用户分析、前沿模型算法、高效计算能力。其中，"大数据营销决策"依托百度的海量数据和强大技术，为品牌客户提供市场格局研究、消费者洞察、媒体投放规划等营销各方面的大数据分析，为大中小企业提供强有力的营销方向指引和数据支持。在营销传播活动中的消费者画像以及重新定义消费者方面，百度大数据发挥了非常显著的作用。

一、宝路——《有位家人，你最想懂它》

2016 年 4 月初，百度发布《宠物大数据报告》，并联合宝路品牌推出关于宠物的 H5 营销案例《有位家人，你最想懂它》。宝路是国际宠物食品制造商玛氏公司的核心

品牌，也是世界范围内狗粮及宠物护理用品的领导品牌。此次通过与百度合作，宝路推出《有位家人，你最想懂它》H5营销案例，并重新定义了目标受众，从而确立了整个营销活动方案（如图7-1）。案例的成功之处在于不是单纯讲“故事”，而是加入了充满真实感的数据（数据来自百度《宠物大数据报告》），与宝路宠物产品的定位相结合，直击目标用户的心理，引发他们的共鸣。

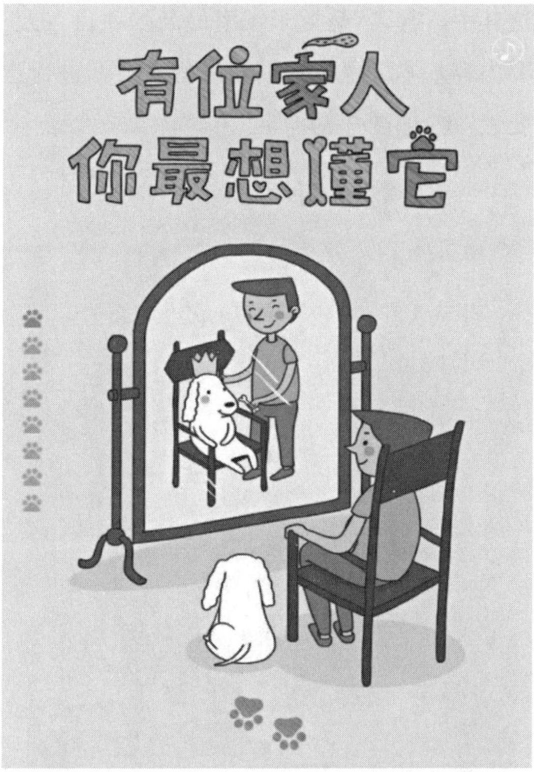

图 7-1　《有位家人，你最想懂它》H5 案例截图

第一，营销活动根据百度数据确定视觉主题选择宠物狗而不是宠物猫。百度搜索数据显示，在过去两年中，“汪星人”相关的检索量是“喵星人”的6倍左右。具体到检索类别，从宠物用品到美容，“汪星人”都保持着绝对的数量优势。也就是说，宝路的此次营销传播活动是根据百度的搜索数据确定了其传播目标受众是宠物狗的饲养者（如图7-2）。

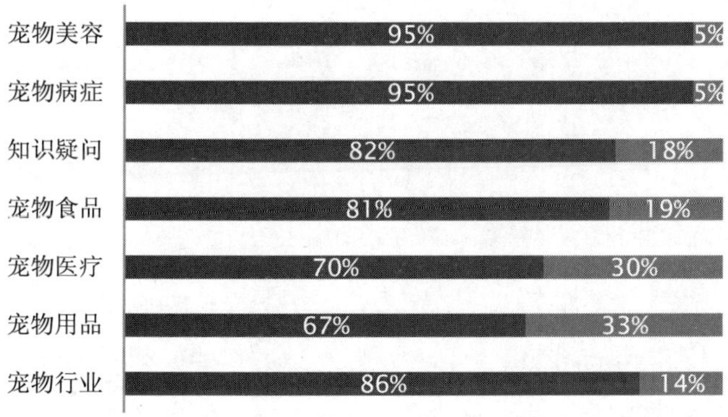

图 7-2　在百度搜索中，宠物狗（深色）的信息搜索量远超宠物猫（浅色）

第二，在具体的广告信息中，“宠物名字”成为切入点。百度的《宠物大数据报告》显示，“爸妈”在搜索“汪星人”养育决策时，会关心购买、配种、寿命、智商等方面，但在

这其中，“起名”是搜索频率最高的项目，占总搜索量的 26%。这个 H5 案例的其他主要内容基本上也是根据百度的大数据进行选择的，如“陪伴”“心动”“依赖”“承诺”“重要性”等（如图 7-3）。

图 7-3 《有位家人，你最想懂它》的相关截图

二、苏宁——线上线下相结合锁定目标消费者

2015年“双十一”期间，苏宁通过百度地图定位三类核心目标人群，充分利用媒体资源强效曝光，成功地将全民热追综艺以“撕名牌”的方式引入线上营销，利用苏宁全国门店POI信息认证＋百度地图LBS技术定位，自动判断用户与相应门店的距离，距离越近，红包金额越大，轻松解决O2O到店难题。

在对位置信息的数据利用方面，百度利用地图LBS定位数据，为苏宁易购1,600多家门店完成POI认证定制。此外，通过百度地图定位数据以及用户的搜索数据，苏宁将目标用户精准划分为忠诚用户、潜在用户和周边用户。第一类是忠诚用户，即使用百度地图搜索过苏宁、苏宁相关地标词或门店词，并点击了门店的用户(点击门店可以直接进入活动页面)。第二类是潜在用户，即使用百度地图，但未搜索苏宁相关地标词的用户(可以通过点击相关热词、积分商城广告、活动专区广告进入活动页面)。第三类是周边用户，即身处苏宁门店附近，未开启百度地图的用户(百度将为其自动推荐活动信息)。根据用户的LBS定位数据与门店POI认证，百度会自动识别离用户最近的门店，用户离门店越近，所领取的红包额度越大(如图7-4)。

图7-4 百度利用LBS数据和搜索数据为苏宁圈定三类目标受众

在此次营销活动中,"热词"推荐 6,000 万次以上,横幅广告曝光 1,820 万次以上,地理推送 4,300 万次左右。H5 活动页 PV 超过 182 万人次,3 万人完成注册领券,1.4 万人前往门店。

第二节 大数据帮助营销者优化广告创意与策划——社交数据挖掘

广告创意与策划的作用在整个广告活动中的重要性不言而喻。按照黄升民、段晶晶的定义,广告创意就是用最巧妙、最有新意和最有说服力的预言和情绪将一个作品概念传递到消费者脑海中,从而建立该产品或品牌的知名度,进而促使消费者形成品牌偏好和品牌忠诚,并付诸购买行为。① 丁俊杰、康瑾则认为,广告创意首先就是形成差异,任何一个广告创意的背后都有它非常独到的策略,而广告主对策略的掌握以及在制作中如何用创造性语言将其表现出来,就是广告活动中"最灵魂的一点"。②

过去我们一直认为广告创意是一项基于想象和思考的活动,需要充分运用创新性思维。"头脑风暴法"是传统广告创意人常用的广告创意方法。但是,在大数据进入广告营销活动之后,广告创意也得到了改变,智能化与工具化成为其重要的发展趋势,基于社交媒体的文本分析、数据挖掘优化了广告创意。

一、金霸王无线充电宝创意案例

在本案例中,金霸王通过对社交媒体数据的充分挖掘,了解了消费者在认知中对手机等移动终端产品"有电""没电"等状态的形象性描述,即不同的颜色可以表示不同的电量状态。于是,金霸王将这一认知充分运用到了广告营销活动中,并拍摄、制作了一支相应的视频广告,引起了消费者的共鸣和非常热烈的讨论。

在广告片中,男主角的手机因为使用了金霸王无线充电宝,在从早晨到深夜的各个场合中一直被标注为绿色"满电"状态。而在同一镜头中出现的其他人的手机,都是"电量不足"的黄色、橙色以及红色状态。最后,金霸王换代产品的合作人——美国嘻哈歌手、唱片制作人、企业家 Jay-Z 出现在广告片的结尾部分,并借用了男主角一直是满电状态的手机拨打电话。同时,广告语"Never be Powered off"出现,呼应整个广告

① 黄升民,段晶晶. 广告策划[M]. 中国传媒大学出版社,2013.

② 丁俊杰,康瑾. 现代广告通论[M]. 2 版. 中国传媒大学出版社,2007.

创意,如图 7-5。

图 7-5 金霸王无线充电宝产品广告片截图

二、三星制作的吐槽苹果手机的广告营销案例

2012 年，三星认为其 Galaxy S III 智能手机远优于苹果最新发布的 iPhone 5，为了让广大消费者了解这一点，三星推出了一支全新的广告片，对“果粉”排队购买 iPhone 5 大加嘲讽。这则广告通过两款手机的消费者的闲聊、对话，从诸多方面对比了三星旗舰智能手机 Galaxy S III 与苹果的 iPhone 5。

三星在广告中展现了“果粉”们在苹果商店外排队购买 iPhone 5，非常兴奋但却无知的情形。其中有一位排队的妇女兴奋地说：“我听说 iPhone 5 的新连接器是全数字的。这到底是什么意思?!”另一位排队的“果粉”谈到更大显示屏和 4G LTE 等功能时说：“今年，我们终于可以用上全新的功能了。”然而三星的智能手机已经具备了这些功能。广告中出现了一个过路人，他掏出 Galaxy S III，更大的显示屏和基于 NFC(近场通信)的点击分享功能令“果粉”们震惊。如图 7-6 是这支广告片的部分截图。

这些吐槽内容其实全都来自于当时社交媒体上用户对于这两款手机的讨论。广告创意人员在设定了一定的关键词之后，通过抓取工具获得了大量社交媒体上的相关发言与评论等，再用文本分析的方法去解读这些信息，最终抽取出了苹果手机被吐槽最多的缺点，以及三星手机被表扬最多的优点。之后创意人员将这些优缺点再次通过广告中“用户”的形象展现出来，引发了消费者的共鸣。

YOUKU
Los Angeles, CA
7 hours to go

优酷

优酷
Music Hub subscriber-to-subscriber, where available.
S Beam requires initial connection between devices, must touch back-to-back to

图 7-6 三星制作的吐槽苹果手机的广告片截图

第三节 新媒体营销的机构案例:大数据与谷歌的广告营销

谷歌的广告服务体系面向的是广告主和发布商两大人群,不论是产品级广告服务,还是平台级广告服务,谷歌都充分利用了自己在大数据上的优势。如图 7-7 中提到的是谷歌广告服务体系中面向广告主与面向发布商两类机构用户的主要产品。

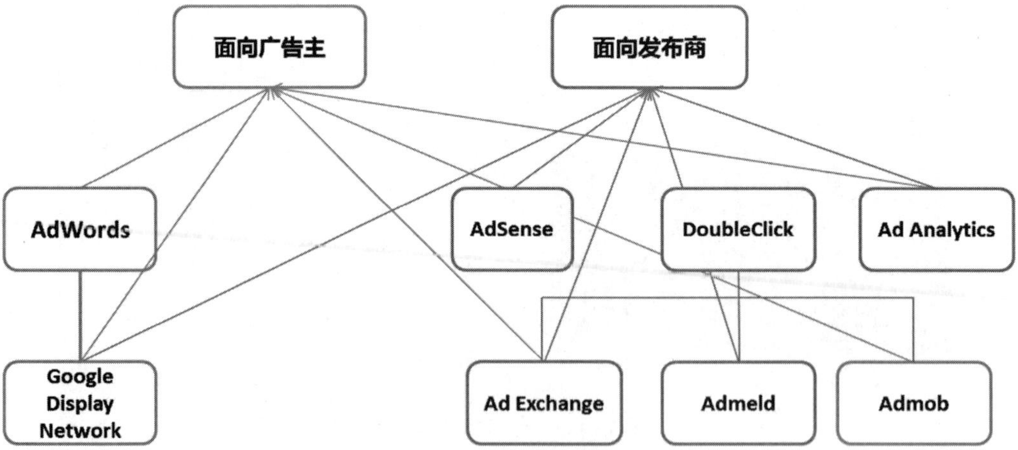

图 7-7 谷歌广告服务体系构成

一、谷歌的程序化广告产品

在谷歌广告服务体系中，AdWords 和 AdSense 应该是早期最能体现谷歌广告营销思路的产品级广告服务。前者为广告主提供了基于关键词投放广告的机会，后者则让互联网世界中的站长们找到了网站新的盈利渠道。Google Display Network 和 DoubleClick Ad Exchange 是平台级的广告产品，前者给了广告主和网站自由的交易空间，后者则成为谷歌打造开放广告系统的重要桥梁。

（一）AdWords：以关键词为基础，为广告主提供广告服务

AdWords 并不是世界上第一个借助搜索引擎进行广告推广的工具。在 20 世纪 90 年代，Lycos AskJeeves、Excite 等搜索引擎已经开始通过直显广告获得收入，但那些广告信息却在一段时间后点击量下降，搜索引擎公司和广告主的收入开始下降。谷歌在原有的搜索引擎直显广告模式的基础上，在 2000 年推出了 AdWords。广告主只需要通过 AdWords 创建简单的基于文字的广告，就可以使广告获得相应的展示。同时，广告主还可以在 AdWords 后台系统中看到广告的点击率、展示次数、平均排名等实时信息。谷歌也将 Ad Analytics 等分析工具整合进了 AdWords 管理系统，广告主可以根据自身需要，针对广告效果、投资回报率等生成分析报告，进一步优化广告投放，如图 7-8。

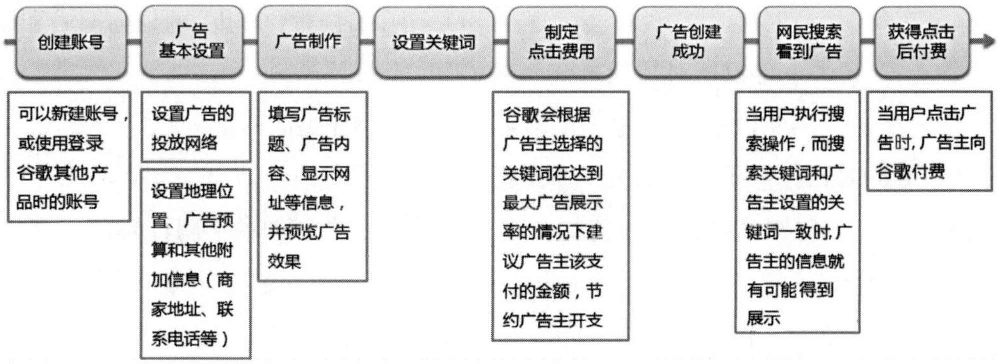

图 7-8　AdWords 使用流程

（二）AdSense：让发布商展示与网站内容相关的广告

现在全球排名前 200 位的网站中有 65%都使用 AdSense 来获得收入。网站站长

可以通过使用 AdSense 产品，成为发布商，以在自己的网站上展示各种类型的谷歌广告，或向网站用户提供搜索服务。谷歌会按照广告点击次数支付佣金，以帮助发布商网站将流量变现。

AdSense 现有的广告类型主要包括传统的内容广告和搜索广告，前者是在发布商网站上显示与页面内容高度相关的广告，吸引用户的关注；后者是在发布商网站中植入谷歌搜索框，让用户在自主搜索的过程中浏览广告。而随着移动终端的发展，AdSense也扩展到了移动广告领域，帮助发布商扩展盈利渠道。

此外，AdSense 的广告形式也有了新变化，例如出现了"跳转广告"和"互动广告"。以互动广告为例，用户可能想在网站上看一场音乐会的现场直播，AdSense 可将这一直播以广告的形式推送到发布商网站上，只要用户的鼠标在这则广告上停留超过 3 秒，这则静态广告就会扩展成一个较大的广告栏，用户可以直接在这个广告栏里观看整场音乐会。

（三）Google Display Network：广告主选择网站投放，网站从中获利

谷歌的平台级产品 Google Display Network（GDN）目前可以覆盖全球 83％以上的互联网用户。它相当于将互联网中的诸多网站集合起来，例如新闻网站、博客等，供广告主选择要在何处投放广告。广告形式也很多样，主要包括文字广告、图片广告、视频广告、富媒体广告等。广告主可以选择关键字、展示位置、受众、网站主题等定位方式，让 AdWords 知道广告在何处展示以及应覆盖哪些人群。例如，广告主可以定位"汽车与车辆"这一主题，其广告就会出现在 GDN 中内容与汽车相关的任何网站和展示位置上；广告主也可以同时定位要展示的网站，比如"newyorktimes. com"，其广告就会出现在 newyorktimes. com 这个网站中与汽车主题相关的网页上。

Google Display Network 还为广告主提供了多种类型的辅助定位工具，帮助其做出更好的判断。例如，"基于兴趣"定位工具，谷歌通过分析用户的上网行为，将人群根据不同的兴趣爱好进行分类，喜欢体育的是一群用户，喜欢旅游的是另一群用户。广告主可以利用这些数据，针对不同兴趣爱好展示与用户兴趣爱好最相关的广告信息。用户甚至可以通过广告偏好管理工具来自定义兴趣爱好，这样就可以只看自己感兴趣的广告，屏蔽掉那些无关紧要的广告信息。用户的这种行为还可以帮助广告主更精准地定位目标用户。

（四）DoubleClick Ad Exchange：打造更开放的广告生态系统

在互联网广告生态链条中，广告主和发布商分别处在一头一尾的位置。随着整个广告市场的扩大，会出现一个广告主面对成千上万发布商的局面，此时就需要一个中间方平台，同时为广告主和发布商服务。这样的中间方平台就是广告交易平台，谷歌的 DoubleClick Ad Exchange 就是其中之一，如图 7-9。

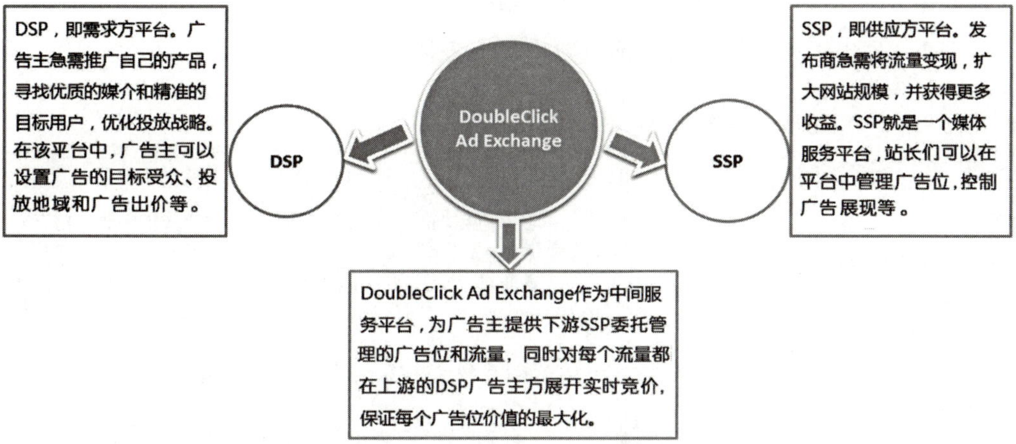

图 7-9　谷歌 DoubleClick Ad Exchange 交易过程

在 DoubleClick Ad Exchange 平台中，它的交易模式体现了“捕捉—反馈—竞价—展示”的全过程。首先，当用户浏览了 SSP 端的发布商网站，即浏览了网站中的某个广告位时，SSP 端就会向 DoubleClick Ad Exchange 发出访问讯号，告知有一个访问请求，并且将广告位的具体信息，例如所属站点、最低出价，以及通过数据管理平台分析匹配后的用户属性信息反馈给 DoubleClick Ad Exchange。DoubleClick Ad Exchange 会将这些信息发送至 DSP 端。接着，DSP 端多个广告主展开实时竞价，出价最高的广告主的广告将在 SSP 端发布商网站中得以展示，被用户浏览。

构建 DoubleClick Ad Exchange 开放平台的意义在于，对于 DSP 端的广告主来说，在平台中售卖的已经不是传统意义上的广告位，而是有可能浏览这个广告位的具体用户，广告主可以根据用户的具体属性，获得最大收益。而对于 SSP 端的发布商来说，也解决了他们急需将流量变现的现实问题。

为了让这些产品级或平台级的广告服务更好地服务客户，谷歌也开发了一系列配套的工具型产品。例如 Google Trend 和 Google Analytics。

以 Google Trend 为例，它是一种关键词研究工具，可以优化 AdWords 等产品服务的使用体验。其主要功能是查看关键词在谷歌上的搜索次数以及变化趋势。用户可以自行选择查询范围，可以选择在什么区域范围、在什么时间段，可以具体到某一天；可以选择是什么类别的内容，是游戏还是艺术；可以选择通过谷歌哪些产品页面查询，是关键词搜索还是图片搜索等。用户在输入需要查询的关键词（一个或多个）后，谷歌会用柱状图、曲线图显示出搜索量的变化情况，以及搜索这一关键词的用户搜索的其他相关的关键词的搜索数量和上升情况。

表 7-1 列出了谷歌开发的其他重要广告服务体系产品及其功能介绍。

表 7-1　谷歌广告服务体系其他重要产品(部分)

广告产品名称	发布时间	主要功能及优势
DoubleClick Admob	2009 年	1. 为 App 开发者做推广：Admob 利用自己庞大的网络，帮助开发者吸引更多用户，提升下载量，并可以在自己的应用中为自己做推广； 2. 让开发者通过 App 获利：开发者可以在自己的 App 中设置广告位，在用户点击广告后获得收益。
DoubleClick Admeld	2011 年	1. 为发布商提供技术服务，帮助其管理来自数百个信息员的展示广告； 2. 为发布商计算出哪个广告在哪个位置可获得最大收益。

资料链接

Backflip Studios 利用 Admob 为游戏 *Paper Toss*：*World Tour* 做推广

Backflip Studios 推出的免费版游戏 *Paper Toss* 自上线以来已经获得了 1,600 万次的下载量，在此基础上，公司又推出了付费游戏应用 *Paper Toss*：*World Tour*。为了销售这款付费游戏应用，Backflip 需要一个平台将新游戏展示给已有用户，并促使他们为新游戏付费。

公司通过 Admob 将移动广告植入到了 *Paper Toss* 的免费版本中，这样的广告方式给了 Backflip 在广告展示位置选择上完全的控制权。Backflip 也通过平台设置好了广告出现的频率。

最终，Backflip Studios 通过 Admob 平台每月获得 10 万美金的收入，移动端的收入占到公司月收入的 50%。

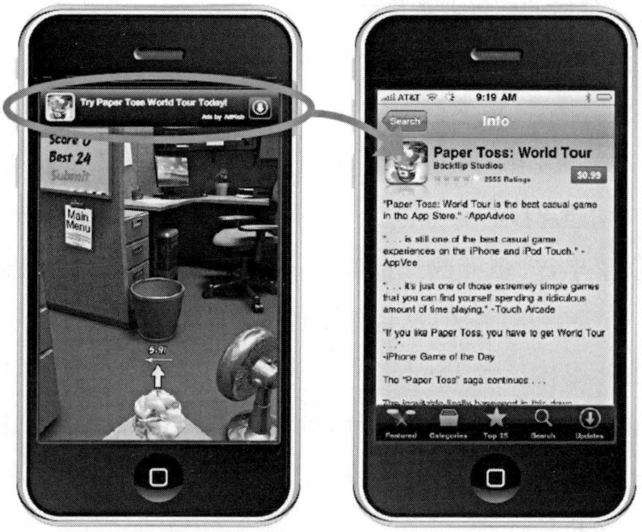

图 7-10　利用 Admob，应用开发者可以在已有 App 中为新应用做推广

二、谷歌的程序化广告战略与布局

2015 年 6 月 17 日，谷歌宣布对旗下 DoubleClick 产品进行全面升级，并发布新的 Logo，这预示着谷歌将为广告主和发布商提供更全面和更成熟的程序化服务。谷歌对程序化服务的探索以明确的平台定位为起点，继而开拓出清晰、完整的业务版图。经过多年精耕细作，谷歌的程序化业务已经初具规模，形成以技术为驱动、覆盖全流程的完整业务链条。

（一）明确定位，建构程序化版图

受益于美国发展相对成熟的数字广告市场，谷歌在程序化领域的探索也起步较早。2007 年，为了服务更多元的品牌广告主、拥有更广阔的市场空间，谷歌以 31 亿美元大手笔收购网络广告管理软件开发与广告服务商 DoubleClick 公司，在增强自身技术实力的同时，开始了在程序化领域的布局。

首先，谷歌对程序化这一概念的定义非常清晰，即通过技术实现自动化的广告投放、交易与优化，让广告主实现从购买媒体到购买精准受众的根本转变，真正提高广告投放的效率。基于此，谷歌将自身定义为广告主与发布商之间的“桥梁”，即帮助广告主实现高效、便捷的程序化广告投放与交易的平台。谷歌依托 DoubleClick 技术平台的原有架构以及长期积累的广告资源，构建程序化的业务版图，并将这一业务全面地对接和融合到谷歌整体的广告业务体系中。

从产业链的角度看，谷歌以 DoubleClick 平台为基础，引入实时竞价系统，推出广告交易平台 Ad Exchange、数字营销平台 DoubleClick Digital Marketing（DDM）以及发布者平台 DoubleClick for Publishier（DFP），三个平台共同打通从买方到卖方的整个广告投放环节，构建起核心业务链。从具体的服务来看，三个平台向广告主和媒体发布商分别提供了丰富、多元的产品与服务，支撑程序化业务的高效运行。其中，DDM 平台由多个产品和服务组成，包括第三方广告投放平台 DoubleClick Campaign Manager（DCM）、富媒体平台 DoubleClick Rich Media（DRM）、需求方平台 DoubleClick Bid Manager（DBM）以及搜索平台 DoubleClick Search（DS），这四个平台汇聚了不同需求的广告主，分别用于广告主对展示广告、富媒体广告和搜索广告等不同类型广告的统一监测、分析和管理。

DoubleClick Ad Exchange 作为广告交易场所，始终是进行程序化广告交易的关键所在。最初，该平台利用 RTB 技术实现了实时竞价广告购买模式，提升流量变现能力，实现广告的精准投放。2014 年，谷歌向该平台引入新的购买方式程序化直销（Programmatic Direct），用于满足部分品牌广告主对更优质流量的需求。在第一年内，平台中的程序化直销数量上涨 2 倍，在 25 家优质发布商中，有 8 家 10％的广告通过程序化直销的方式销售。围绕广告交易平台，谷歌还推出了受众管理、广告制作与管理、网站管理和规划服务、广告销售与财务管理服务、移动服务以及广告效果优化服务等多元的广告管理服务，用于帮助广告主更便捷、更有效地实现广告程序化投放。由此，在强大的技术支撑下，谷歌的程序化业务已经形成完整的业务架构，并通过不断完善，服务于日益多元的品牌广告主。

此外，谷歌将 AdSense、AdWords、Google Analytics 等其他平台的工具和所积累的资源对接、应用到程序化的平台上与不同的环节中，真正体现了谷歌的平台优势以及资源的汇聚能力。随着业务版图的清晰构建，谷歌已经建立了覆盖所有环节的、体系化的操作流程，能够为广告主提供真正“一站式”的程序化解决方案。

（二）基于开放数据，优化受众洞察

了解受众是实现广告有效投放的关键，而掌握并应用数据则是洞察受众的关键。谷歌以一种开放的姿态发挥“桥梁”作用，帮助广告主优化洞察结果。

第一，以开放心态汇聚并打通多源数据。汇聚在谷歌程序化平台上，用于了解受众的数据主要包含两类，其一是来自广告主的第一方数据，其二则是来源于第三方平

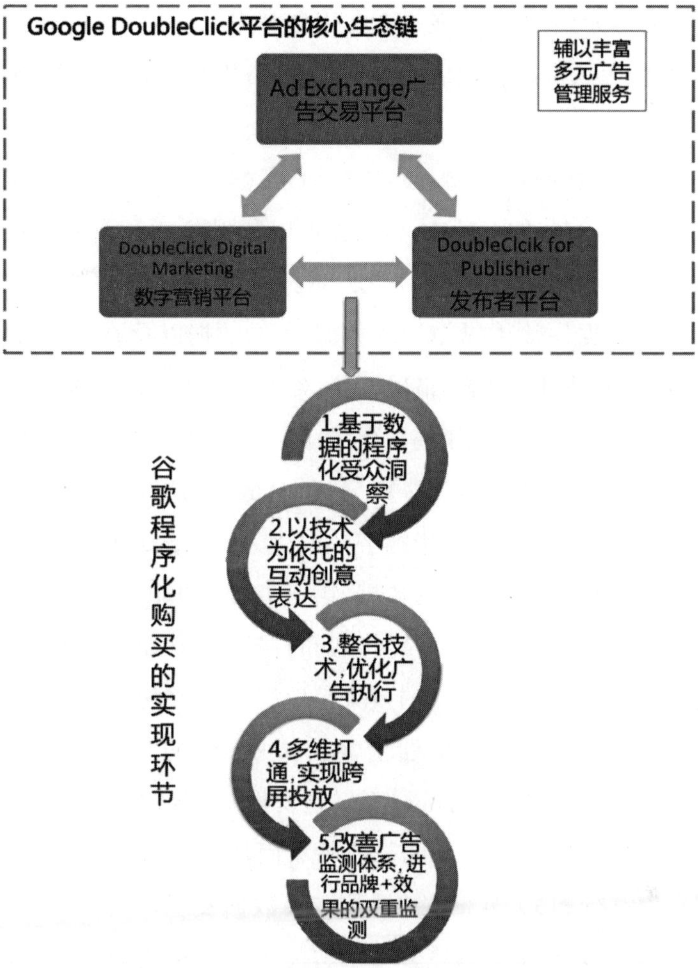

图 7-11　Google 程序化核心业务平台与实现环节图

台的数据；所覆盖的数据维度则包括用户的兴趣爱好、社交行为、媒体接触行为、在线买卖行为与生活轨迹等。而这些数据的获取方式主要有两种：第一种是通过直接的业务合作，包括与广告主、与第三方平台的合作直接获取；第二种则是通过谷歌旗下的其他产品或工具长期沉淀和积累所得。比如，通过 10 多亿的 Android 用户掌握大量的用户信息与行为数据；再如，并未与谷歌进行广告业务合作的广告主、电商网站，长期使用 Google Analytics Premium 中的功能分析自身网站运行状况，这些网站的部分数据自然而然地沉淀和汇聚到 Google Analytics 平台上，Google 在保证数据安全和用户隐私的前提下将这些数据用于程序化业务。

除了数据获取之外，数据打通的核心在于识别隐藏在不同终端背后的同一个用户，进而对其进行全面的洞察，实现精准的跨屏投放。在这方面，谷歌主要通过用户的同一登录 ID 识别在不同终端和媒体上的同一用户，进而打通该用户在不同渠道产生的各类数据。谷歌认为，数据的价值并不在于拥有多么优质的内容，而在于促成数据方面的合作。因此，无论数据获取还是数据联通，谷歌始终以一种开放的姿态谋求自身发展，推进行业进步。

第二，运用数据优化洞察。在数据运用层面，谷歌主要从以下三个层面帮助客户进行受众洞察：首先，在与用户的互动中，广告主可以利用 DoubleClick 平台中的标签管理系统，在每个品牌与用户的“接触点”收集用户数据；其次，通过对历史数据和实时数据的整合，包括数字分析数据、离线数据、CRM 数据、营销数据以及第一方和第三方数据，获得用户的跨屏、跨渠道、跨环境数据；最后，定期对产生于受众、广告创意以及媒介投放的数据进行分析，帮助广告主了解营销的可行性，从而进一步完善品牌的营销策略。

从本质上来说，谷歌并不以数据决定洞察，而是利用数据优化广告主洞察的准确性与营销策略的可行性。谷歌大中华区平台解决方案总经理郭志明先生曾经在接受媒体采访时表示：“无论是对第一方的数据、第三方的数据，还是对某些电商网站品牌旗舰店的第三方平台数据的利用，以及对客户自身不断累加的数据的利用，都是为了将洞察做得更好，利用数据优化洞察的效果。”以婴幼儿奶粉的受众为例，从受众人群来看，传统的营销会认为，22—44 岁、拥有 3 岁以下孩子的女性是这类广告的受众；但通过大量数据洞察可以发现，买奶粉的不仅是女性，男性（爸爸）也会买奶粉，年龄在 60 岁以上的人群（爷爷奶奶）同样会购买奶粉。而从购买时间来看，一般认为每周一早上 9 点钟受众会进行购买，但通过掌握的购买数据发现，真正买奶粉的时间可能是晚上 11 点以后。这些发现能够为广告主了解品牌的目标受众、制定营销策略提供重要的参考与支持。

（三）将技术运用到广告创意与投放中

为了帮用户创造真实的品牌体验，谷歌与时下最具代表性的品牌及最具创新意识的营销商合作，共同开展 Art Copy&Code 项目，旨在揭示如何将技术与创意巧妙、深度地结合起来。作为创意执行的“助手”，谷歌主要通过以下两种方式帮助广告主更巧妙、更便捷地表达和呈现创意：其一，帮助广告主运用 HTML5 技术，针对移动设备的特点进行创意表达的设计，包括触屏、加速计、基于位置的信息等；其二，则是用动态的创意设计向用户实时推送最具相关性的信息。

第一种通过富媒体广告方式呈现创意。DoubleClick 平台的 DoubleClick Rich Media 与 DoubleClick Studio 都支持 HTML 5 广告，广告主可以面向不同终端制作丰富的多媒体广告，并使承载不同系统的设备都能显示 DoubleClick 的互动富媒体广告。

以谷歌与 Burberry 共同打造的宣传活动“Burberry 之吻”为例，当消费者访问 kisses. burberry. com，对着网络摄像头噘起嘴，网站的亲吻检测技术就会检测嘴唇轮廓，如果用户使用的是触屏手机或平板电脑，可以直接亲吻屏幕来记录嘴唇轮廓。在镜头成功捕捉唇形后，用户可以选择 5 种不同颜色的 Burberry 新品唇膏来完善自己的唇印，男士还可以选择无口红选项。此外，用户在屏幕上捕捉自己的亲吻和传递亲吻时，会有音乐响起，引发情感共鸣。Web GL 和 CSS 3D 技术则在电脑桌面和手机上实现了 3D 城市天际线与全景图的结合，创造震撼的 3D 视觉体验。接下来，消费者可以填写邮件或是 Google+ 联系人，在发送之前附上一些“悄悄话”，点击“发送”就可以将专属的吻传递出去。这个吻借助 Google Earth 与 Google Street View 工具出现在用户所在的任何地点。乐于使用社交平台分享的消费者还能将吻上传至 Facebook 或 Twitter，分享给更多的朋友，如图 7-12、图 7-13。

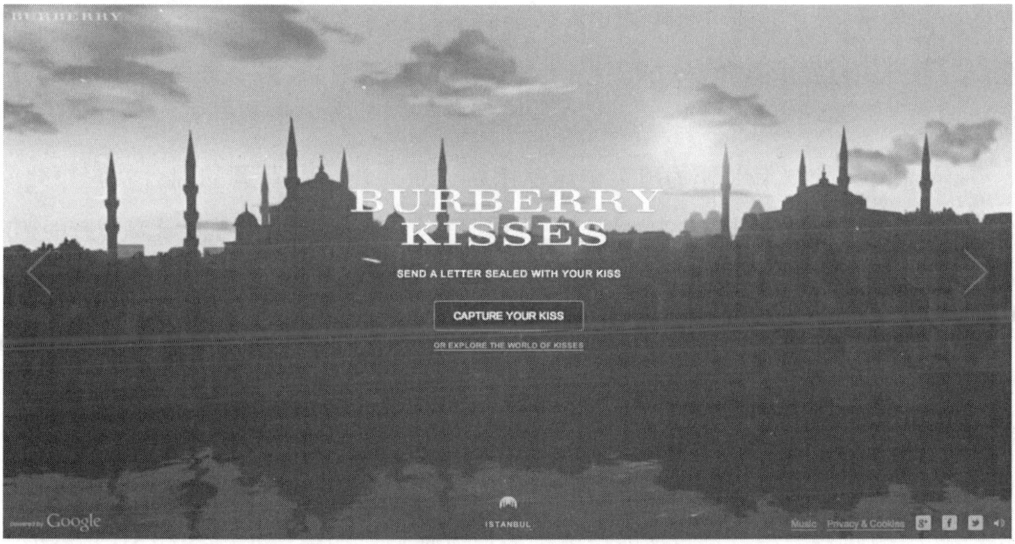

图 7-12　“Burberry 之吻”活动网站页面

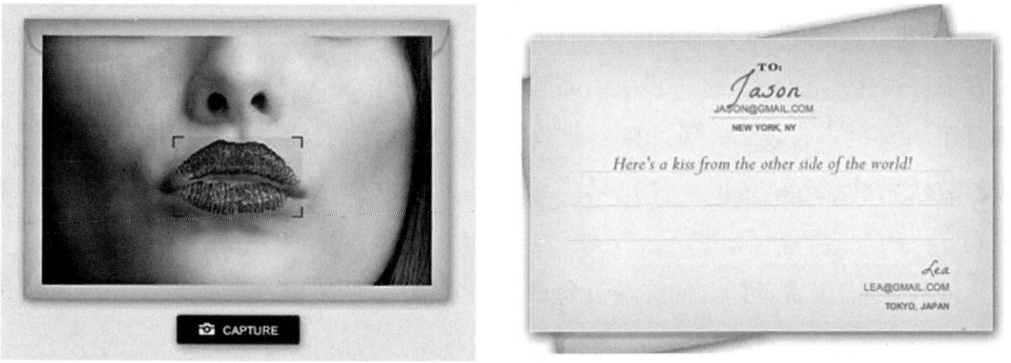

图 7-13　“Burberry 之吻”互动广告效果

第二种创意表达的方式是“千人千面”的动态创意呈现，主要指利用程序化技术让不同的受众在不同情境下看到相关度极高的广告。谷歌将不同的广告素材放到一个创意模板中，如果某个消费者 10 分钟前在某电商看过一个包但没有购买，程序化平台就会知道这个人对这个包是感兴趣的。当该用户出现在其他网站时，平台会将其识别出来，并向他投放刚才那个包的广告。

除此之外，随着消费者在移动设备上所花的时间越来越多，提供符合情境的原生广告体验变得比以往更加重要。2013 年 6 月，谷歌宣布 DoubleClick 平台开始支持原生广告的批量制作与传播。发布商可以创造个性化的原生广告形式，并决定自己的应用软件将会显示哪些广告；同时，DoubleClick 也将向大多数广告主提供自动生成的批量、标准化广告模板，以使广告主能够更加便捷地购买和调整原生广告。

在程序化的众多环节中，投放是最重要，也是最复杂的一环。充分的技术整合与高效协同的平台，才能让广告主真正有效地向不同媒体终端的用户传递精准的品牌信息。谷歌则通过技术整合，一方面优化广告活动的执行效果，另一方面进行高效的跨屏投放。

Google DoubleClick 作为覆盖全球范围媒介资源与多元业务的综合性程序化平台，在具体的广告投放过程中，向上对接数据洞察环节、强调消费者需求，通过单一的控制中心实现跨屏程序化投放；向下则连接广告效果监测，为广告主提供跨屏、跨平台、跨环境的效果报告，获取实时反馈，及时更新投放方案。郭志明也谈到，Google 的程序化平台在具体的广告执行过程中，通常会整合各流程的技术共同完成，从而最大程度地实现程序化投放的价值。

以 Intel 广告的投放为例，在广告投放的第一步，DoubleClick 平台对受众进行深入分析，了解哪些消费者会对该品牌感兴趣或者他们已经搜集了哪些相关信息，他们计划购买什么设备；第二步，基于上一环节的结果，可能会向这些消费者提供相关广告；第三步，通过广告效果监测的反馈，最终选择投放具有互动性的富媒体广告，让消费者能够直接点击注册，进一步了解品牌或购买品牌产品。这一投放流程帮助广告主提升了 40%的广告效率。通过在全球范围内实时地评估、购买与衡量媒介资源与广告投放效果，DoubleClick 平台积累了综合性的投放技术，能使程序化的价值真正显现。

此外，随着消费者拥有的终端设备日益丰富，广告的跨屏投放成为业界探讨的热点。对于谷歌而言，技术的打通与整合也是实现跨屏投放的关键。对于识别用户，谷歌根据匿名化的用户登录数据，已经打通了用户的跨屏数据。当用户通过不同终端设备登录时，程序化投放平台会判断出这是一个人，并向其投放其感兴趣的广告信息。除此之外，谷歌也在探索如何在保护用户隐私的前提下实现跨环境的数据打通。比如，用户使用同一个手机在视频应用和社交应用中跳转，两个不同的环境如何进行数据打通等。而对于跨设备的衡量，谷歌于 2015 年将跨设备衡量引入 DoubleClick 广告产品中，让营销人员能够对跨设备转换行为进行衡量。这让广告主不仅可以衡量从谷歌网络购买的广告，还可以对所有网络投放广告进行衡量。

(四)关注效果，改善广告监测体系

广告投放的效果始终是营销活动中广告主最关心的部分，而以平台之力改善广告监测体系，推动全行业建立统一的监测标准，是谷歌一直关注和探索的重要内容。

1. 改进监测技术，提升广告效果

程序化的广告购买需要更高的透明度，而一些互联网广告并不能被用户看到。比如，在一个门户网站中，门户页面很长，用户打开的仅是第一屏，但是广告在第二或第三屏才展示出来，而用户并没有看到，这些付费展示的广告也就没有收到应有的效果。由此，谷歌推出了一个行之有效的广告监测技术，用于监测广告的"可视性"，评判用户是否真的看到了广告。谷歌的"可见度"衡量标准规定，只有当不少于 50％的广告内容可视性达一秒及以上时(视频广告达两秒以上时)，购买了谷歌服务的广告主才需支付费用。与此同时，谷歌还自主开发了相关技术，除了测量广告是否出现外，还能够测量广告的哪一部分出现在了用户的屏幕前。郭志明在接受媒体采访时曾表示："由于广告效果真正得到了提升，这一标准正在被越来越多的广告主认可与接受。"在美国，"可视度"衡量方式早已被采用；在中国，这一方式也已被推广，并对整个行业产生了较大影响。

2015 年 1 月，谷歌再度发布新的监测服务，进一步推行"可见度"衡量方式。新服务能够帮助广告主了解观众是否观看了通过 DoubleClick 投放的视频广告。此外，谷歌还曾推出 Store Visits 广告效果统计工具，用于帮助广告主衡量线上广告点击转化为实体店消费的效率。通过不断改进监测技术，推出新的监测方式与标准，谷歌的 DoubleClick 平台能够帮助广告主获取更准确的广告投放效果数据，同时也提高了广告主与发布商对平台的信赖程度。

2. 注重品牌与效果的双重监测

谷歌目前能够利用同一体系同时衡量广告对品牌与效果两个维度的转化程度，相

应的技术与监测体系也已经成熟。

具体来说，谷歌使用同一条代码同时监测和记录广告投放过程中的曝光、点击、转化与消费者行动数据，并构建归因模型，分析广告投放所产生的直接点击、转化效果与品牌的 KPI 提升效果以及它们之间的关系。在品牌传播效果方面，谷歌通过具体的衡量指标，帮助品牌广告主判断哪些广告曝光给受众留下了符合预期的印象，指标包括有多少人记得某条广告、受众对某个品牌的认识程度及购买其产品的概率等。而在广告效果衡量方面，谷歌所能监测到的效果不仅是单一效果，而是更加深入和多维的效果。以点击付费的广告为例，谷歌的监测不再停留在广告点击这一环节，而是延续跟踪这一广告能够带来的用户注册量。比如，某银行推广信用卡，希望了解用户在看到广告后是否注册并提交信息，谷歌的程序化平台就可以进行无缝监测：该用户在三天前看过该信用卡广告，两天前登录过品牌网站，现在他提交了注册信息。

换言之，谷歌用同一套体系对广告主用于做品牌广告、CPC、CPA 等效果广告的不同预算投放进行追踪和监测，通过数据分析得到广告与品牌、效果之间清晰的因果关系。基于这一广告效果监测体系，谷歌同样为广告主提供了更加准确和高效的实时优化方案，提升广告投放的整体效果，并进一步挖掘和展现程序化的价值。

第四节　新媒体营销的机构案例：大数据与阿里妈妈的广告营销

阿里妈妈于 2007 年上线，是阿里推出的针对全网的广告交易平台。2012 年，淘宝联盟宣布升级并重新启用阿里妈妈品牌及域名，升级后的阿里妈妈将面向全网广告客户开放平台上的广告资源，同时将致力于发展以展示广告为核心的 Tanx 平台、以“淘宝客”业务为核心的淘宝联盟以及移动广告联盟等三大业务。2015 年 6 月，阿里妈妈宣布战略投资并控股易传媒，全面整合大数据营销技术提供商易传媒，计划未来组建基于阿里大数据的品牌营销服务中心。在全域营销的新战略下，依托阿里系庞大的数据资源，阿里妈妈将成为一家掌握阿里巴巴集团所有商业数据的企业，是阿里系资源与数据结合的核心枢纽、阿里流量变现的主要渠道。

在程序化广告方面，阿里妈妈涉及的环节包括 SSP、DSP、Ad Exchange 和 DMP，并在每个领域都有自己的产品，如图 7-14。

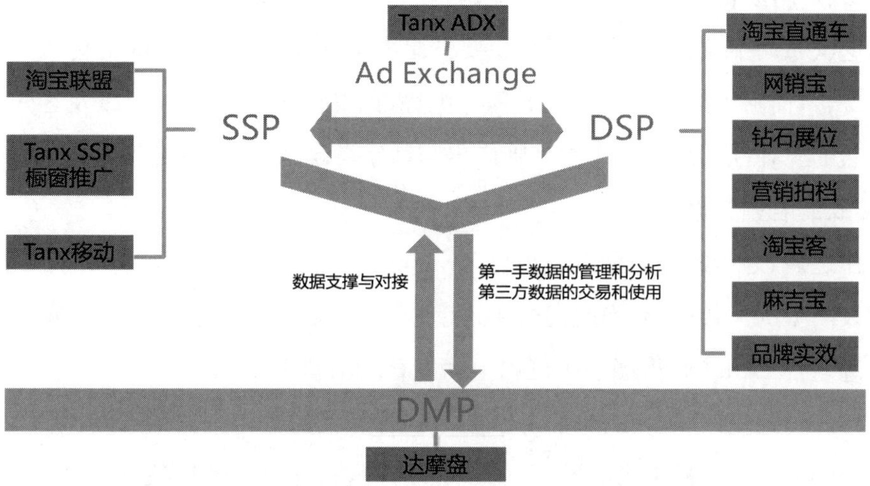

图 7-14　阿里妈妈程序化广告的各个环节及流程图

一、数据：用 DMP 承载起营销生态

（一）联手易传媒，实现技术整合 DMP

阿里巴巴近几年进行着急速的扩充，以收购的方式借力其他机构资源，扩充并完善自己的业务模式。2015 年年初，阿里巴巴宣布投资并控股整合数字营销平台易传媒，以“3 亿美元现金＋价值 7 亿美元数据＋阿里退还部分股权”的方案进行合作。阿里在控股易传媒之后，又拿出一部分股权奖励易传媒的核心团队，让创始团队的股份比例比合作前更多。阿里一方至少有 COO 级别的人在易传媒的董事会中占据一个席位，但是控股完成后，易传媒仍将保持独立运营。至此，阿里集团旗下营销推广平台阿里妈妈将与易传媒互补，共同打造阿里生态系统中大数据营销的闭环，逐步实现大数据营销能力的普及化。阿里妈妈将和易传媒一起在数字营销上形成无缝对接、优势互补。

阿里与易传媒合作后，双方将在三方面进行打通，这对于阿里妈妈和易传媒来说，都会有不言而喻的吸引力：第一，阿里巴巴全体系的大数据与易传媒打通，包括阿里巴巴旗下的天猫、淘宝、支付宝等用户规模综合覆盖超过四五亿的全线产品。第二，阿里巴巴的流量与易传媒打通，形成号称目前中国最大的流量池。第三，阿里巴巴的大商家与易传媒的大商家资源也会打通，品牌电商跟品牌广告连接起来，从而形成无缝的针对品牌的服务。

此次合作,易传媒主要看中了阿里妈妈的营销数据和营销战略。同样的,在阿里妈妈的这次布局中,我们也看到了它想要涉足电商营销的野心:之前易传媒一直聚焦于品牌广告,而阿里则在电商广告上具有优势,因此两者在媒体资源以及客户属性上有着天然的互补性。易传媒注重品牌广告与数字营销的结合,在数字营销的技术领域里,易传媒有着领先地位。

合作之后,易传媒的交易系统平台 Trading OS 及企业级 DMP 将基于阿里云、云服务以及阿里的大数据,充当起广告主、代理公司、媒体、第三方之间的桥梁。易传媒数据管理软件 Data OS 将涵盖 1 亿以上阿里日均活跃 UV。

易传媒与阿里的联合在中国构建起了真实的、大的数字广告生态圈,阿里的数据、易传媒"端到端"的基础平台的数据,给了数字广告行业更大的想象空间。

(二)达摩盘打通营销链路,实现与消费者的实时连接

根据阿里妈妈发布的《大数据营销白皮书》的描述,我们发现达摩盘从辅助客户制定营销目标、定向策略、投放计划,到衡量营销效果,覆盖了客户进行广告营销的每一步;然后再通过服务下一轮新的营销项目,帮助客户建立一个完整有效的营销闭环,如图 7-15。

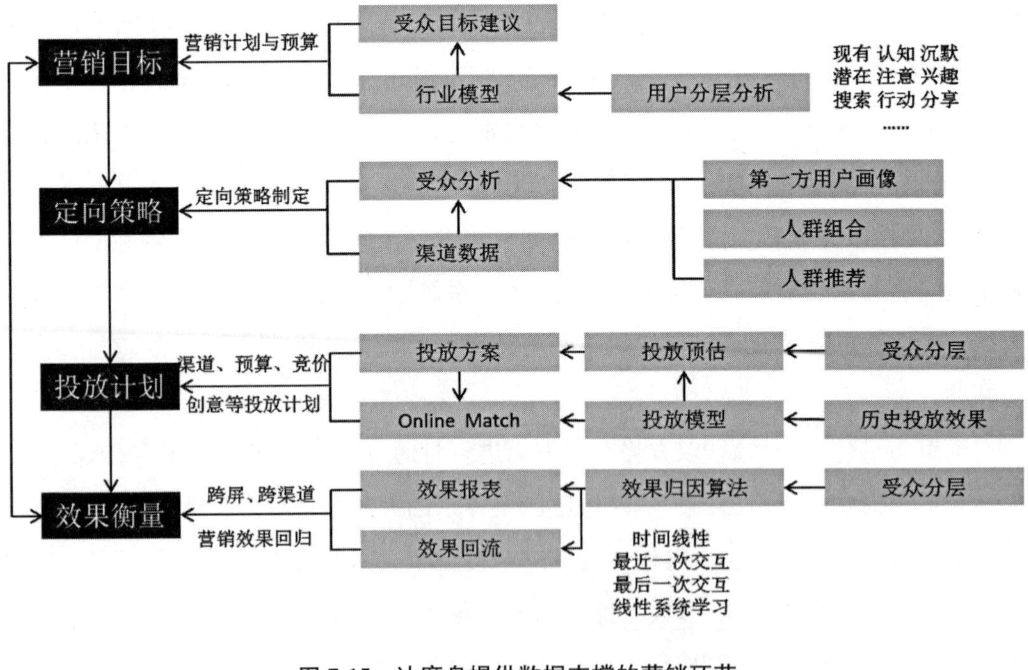

图 7-15　达摩盘提供数据支撑的营销环节

达摩盘重视对于消费者和互联网受众的数据挖掘。在数据接入方面，达摩盘不仅打通了淘宝站内外的不同投放渠道上的人的连接，同时打通了 PC 端、无线端、OTT 等不同场景下的人的行为数据。达摩盘的数据内容主要包括用户的浏览、搜索、点击、收藏、购物车、购买、分享等行为，同时也包括用户的位置信息。在营销 2.0 的背景下，数据所覆盖的用户量大大增加，用户在不同平台的行为相互连接、相互影响，全域覆盖才能有效地指导商家在大背景下做出正确的营销决策。针对不同的数据特点，达摩盘根据受众所处的意图阶段和兴趣行为程度对其进行分层。商家基于这些分层的消费者标签组合自己的定向规划，以满足个性化的人群选择。在数据的挖掘上，已知的目标消费者的数据并不能充分满足商家的需求，达摩盘通过有针对性的营销活动在潜在的消费者中建立连接，使其转化为商家的"消费者"。达摩盘的 Lookalike 算法有秒级、场景化、自助化从种子用户寻找潜在消费者并打通投放渠道的功能，可实现用户数据的营销意义。而且，达摩盘采用了消费者状态跟踪加多渠道归隐模型的营销效果方案，从消费者在传播模型中的状态出发，衡量多渠道在消费者状态流转中的协同率系数和转化率系数，为商家提供渠道投放计划建议。

达摩盘实现了在线营销的一次升级。相对于钻石展位、淘宝/天猫直通车等需求方平台上的数据服务而言，达摩盘的数据打通了各个投放渠道的用户追踪，并且能够跨渠道衡量投放效果，进而提升商家与消费者建立连接的效率，降低营销成本。

（二）达摩剑还原真实消费数据，开启真人营销

在收购了以品牌营销见长的易传媒之后，阿里在品牌数据上有了新的运营方向，推出了新的数据产品"达摩剑"。达摩剑是阿里妈妈旗下最新推出的全域大数据营销平台，也是国内领先的真人大数据营销平台(所谓"真人"，是指基于真实人口属性认证的精准人群)。依托阿里巴巴集团特有的真人、延续、实效数据，以及跨屏、跨设备的全域数字媒体的一站式触达，达摩剑同时为品牌广告主和电商广告主提供数字媒体高效覆盖的大数据营销服务。

在人群规模的支撑方面，达摩剑覆盖 98%的网民，PC 端整合移动端覆盖 6.3 亿用户，其中真实人口属性用户达 5 亿。达摩剑依托阿里大数据预测用户真实的消费行为意向。海量、真实、实时的消费行为，对用户消费兴趣的判断，助力达摩剑按消费标签圈定有明确购物需求的用户群进行定向投放；准确的消费意向细分，覆盖 99 个大品类，8,000 余个微分商品品类消费标签，每一类均有搜索、浏览、收藏、加入购物车、购买等内容，让广告更容易对号入座。除此以外，达摩剑还有心理标签定向、LBS 定向、重定向、自定义

定向、CRM 定向、“圈地找人”等丰富的独家受众触达手法，让品牌主更准确地触及目标受众。

另外，达摩剑的相关产品——“达摩剑 Plus”专注为客户搭建私有视频交易市场 Video PMP(Private Market Place)，利用专业、成熟的系统，结合阿里巴巴大数据，为品牌广告主在视频领域投放优质媒体资源。

二、产品：跨屏幕、跨渠道，增加消费者和商家的接触点

阿里妈妈运营平台工作脉络清晰，一方面针对广告主需求方提供包括淘宝直通车、钻石展位在内的 7 种产品，覆盖搜索营销、展示营销等多种广告形式；另一方面集合媒体资源平台，促成广告内容与可覆盖媒体的对接；连接双方平台，以 Tanx ADX 为产品代表的广告交易平台，旨在实现广告主与媒体之间的实时交易与营销优化。阿里妈妈有着庞大的消费、营销数据，其 DMP 主要记录阿里妈妈平台上的所有营销行为，整合来自广告主和媒体双方的数据资源，优化广告方案，增强媒体商业化。阿里妈妈的业务链条其实是以数据承载起的营销生态。

对于阿里妈妈来说，一直以来，阿里营销的产品服务都在为阿里集团下的电商平台，如淘宝、天猫等，提供营销方案，为电商卖家建立起与消费者沟通的桥梁，也为媒体搭建商业化平台。现在，阿里妈妈不再是一个简单地出售广告位的网页，其产品布局从多方位构建连接，实现卖家与消费者的接触，同时，完整的平台覆盖也加强了商家与消费者之间的联动，PC 端一直都是其广告营销的重点。近年来，随着移动互联网对于消费者行为的越来越深刻和实时的承载，阿里妈妈营销平台也在不断地向移动端转型和升级。

(一)PC 端——主要的营销平台与渠道

PC 端一直是阿里妈妈营销的大本营，对混迹于互联网平台多年的电商广告主而言，PC 端的营销活动常规且能完整地展示信息；同时，对传统品牌的营销来说，PC 端的活动网页营销等也在不断推进中。

以钻石展位为例，我们可以看到展示平台中 PC 端占了大半份额，展示类广告在 PC 端可以得到充分的传播，在 PC 端渠道的平台聚集也更加完整、覆盖面较大。但是，我们也可以看到钻石展位在无线端的扩张与发展，如图 7-16。

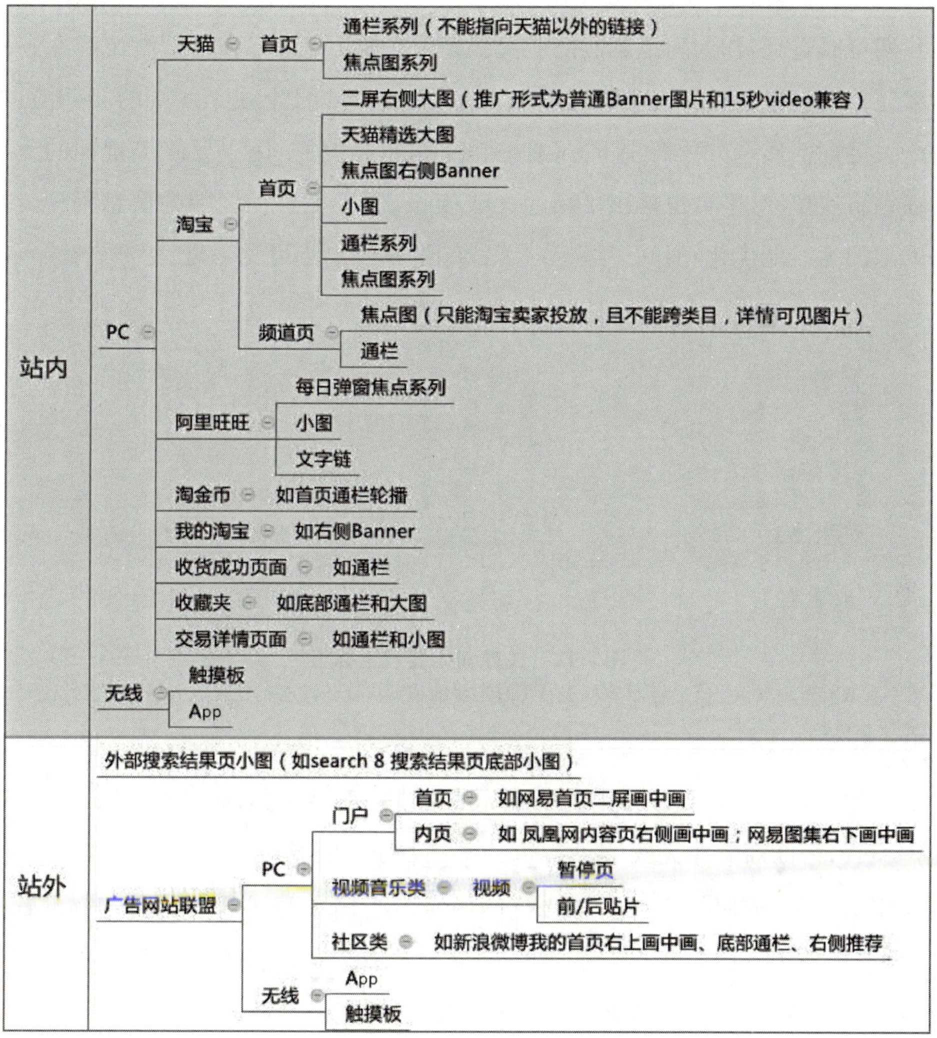

图 7-16　钻石展位展现平台

（二）移动端——逐渐成熟的后起之秀

移动互联网时代，手机和 iPad 等移动工具不再是单纯的曝光或者销售渠道，而是作为有着完整要素的生态存在的，它们创造和提供了大量的新营销渠道、消费者触点，也带来了更多新媒体营销方式、方法和工具。对于消费者而言，他们现在有了更多的主动性，可以方便地和其他人进行交流和互动，口碑也很容易传播开来。因而，在移动互联网时代，不应简单地把无线推广变成 Banner 或者插屏广告，那仅是 PC 的平移而已。在移动端，消费者会和商户、品牌主动发生关系，这个关系能够授权企业去和消费者产生触达，不管是短信、通知，还是消费者自主选择的像微淘订阅这类模式。这些是无线端推广所必须要了解的。

我们可以看到，作为阿里妈妈的明星级产品，淘宝直通车和钻石展位都在不断地探索和完善移动端业务。淘宝直通车在 2015 年 5 月 4 日上线无线端的新功能：在后台每个关键词的质量分页面左下方，有一个手机符号标志，用以反映关键词的无线质量。在钻石展位中，平台也推出了新的无线模板，用于完善无线端的信息呈现。虽是产品内部的无线端优化，但阿里妈妈向无线端进军的野心可见一斑。

图 7-17 关键词无线质量标志

（标志 1：代表有首屏展示机会。标志 2：代表有无线混排的展示机会。标志 3：代表该关键词下宝贝在无线端无任何展示机会）

麻吉宝是阿里妈妈最新推出的一款无线端推广营销工具，通过互动激励营销的创新推广模式，帮助商家在无线端进行流量渠道拓展，并进一步提升无线推广转化率。麻吉宝采取的是“按照行为计费”模式（CPA），即当用户完成商家在麻吉宝设置的任务后，才产生费用。目前麻吉宝主要的营销方式是让商家的推广创意变成用户互动“小任务”，借此赋予商家营销更多的内容，同时提升用户黏性。

无论是对 PC 端阵营的继续巩固，还是在移动端开展的新的业务，多渠道、跨屏幕的营销策略旨在以更多的展示机会使广告接触更多的消费者，进而建立起广告主与消费者之间的沟通桥梁。

三、平台：跨平台，实现多方连接

（一）从电商到品牌，连接更多角色

一直以来，阿里妈妈面对的基本都是淘宝卖家，在淘宝的“襁褓”里关注卖家与买家的连接。纵然阿里妈妈目前的产品焦点还是服务电商，但是从产品“品牌实效”开始，就已经将营销的触角从站内转向了站外。对于站外的品牌电商，“品牌实效”为其

搭建全景式的营销方案，品牌以其品牌实效站点为基础，建立新的活动界面，通过后台数据对接落地，实现千人千面的用户互动以及引流创意素材展现。从品牌推广到用户互动，以及新品推广、产品促销，"品牌实效"针对不同行业广告主的不同营销场景，结合消费者管理数据，提供有针对性的推广方案。

阿里妈妈目前将广告交易平台 Tanx ADX 划归为 DSP 产品，但是对于广告交易平台的搭建远不止于此。Tanx ADX 针对每次展示进行实时竞价的推广交换，帮助推广联盟、代理机构和第三方技术提供商通过实时竞价的方式购买众多互联网站点的推广资源。广告主可以使用这些产品收集处理属于目标客户的数据，自定义定向、出价和预算，在恰当的时机买入符合需求的推广资源。对于媒体资源方，SSP 平台聚集的站外平台为营销提供了更大的触达的可能性，不仅是大中小站点，同时包括个人网站，阿里妈妈希望能以此来扩大广告的可触达范围。更多媒体资源方和广告主通过广告交易平台连接，完善的程序化购买流程有助于实现双方共赢。

（二）跨平台数据

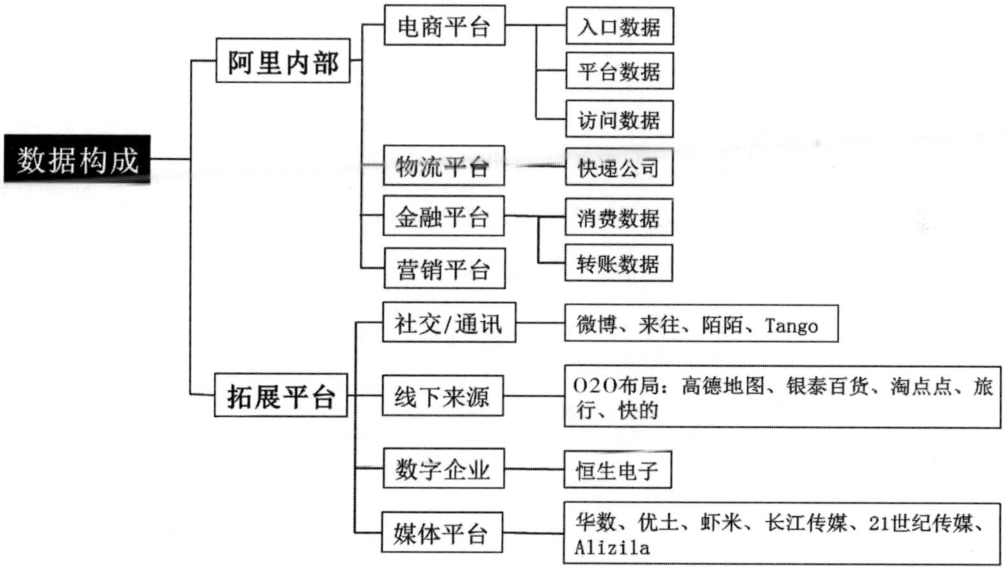

图 7-18　阿里巴巴集团数据构成

在阿里巴巴"武林大会"上，阿里妈妈还发布了数据联盟计划和好望角计划。前者第一次尝试在国内构建跨行业、跨平台的数据联盟，让不同的数据都能释放其价值；好望角计划则提出要扶持 10 万家媒体合作伙伴。

在阿里巴巴全域营销的概念中，全域的消费者数据就是一切营销的基础。如何通过数据维度和旧系统打通让数据得以流动？如何把握机会推动企业 IT 和 MT(Marketing Technology)的融合？如何与平台合作打造属于企业自己的 MT 战略？这些问题，不仅对新时代的 CMO，而且对新时代的企业来说也是巨大的挑战。数据营销的 2.0 时代就是希望通过建立以移动为中心的消费场景，放大数据的力量，帮助企业去更好地对接消费者的个性化需求。

阿里巴巴集团的数据覆盖范围广、来源丰富，目前，阿里妈妈拥有 6.3 亿用户数据，通过微博、陌陌了解用户社交数据，通过高德地图、滴滴打车了解用户地理位置，通过优酷土豆、虾米了解用户的娱乐情况，最终整合数据进行有效的大数据营销。借助这些布局广泛的业务平台，可以说，阿里妈妈营销有着打通各个平台数据的先天优势。阿里内部平台数据首先发力，电商、金融、物流数据都属于一个链条上的业务分布，而目前最大的优势是，阿里妈妈更加重视的站外平台数据也随着阿里对外合作的开展被营销体系所运用。通讯、社交、媒体、线下数据，伴随着平台的打通，相互之间产生关联，更有利于提升营销数据分析的准确性，从而为营销决策的制定奠定坚实的数据基础。

本章思考题

1. 大数据对新媒体营销产生了怎样的影响？
2. 谷歌利用大数据开发的广告产品体现了哪些特点？
3. 阿里妈妈如何利用大数据进行广告产品的优化？

第八章　大数据与新媒体的传播效果测评

本章要点

1. 媒介传播效果的定义，评估与测量的关系
2. 大数据如何影响视频内容测评

第一节　媒介传播效果的研究方法

一、正确理解媒介效果研究与传播效果研究

无论是新媒体还是传统媒体，在营销传播过程中都需要考虑其效果测评问题，而且，有效的效果测评应当贯穿传播流程的每个环节。

（一）媒介传播效果的定义

在学习营销传播学理论的过程中，拉斯韦尔所提出的“5W”模式是不可绕开的一个经典理论。基于“5W”模式，大众传播研究演变出五大研究范畴：控制分析、内容分析、媒介分析、受众分析和效果分析。这也是媒介传播效果研究的起源。

魏然教授在《媒介效果与社会变迁》一书中将媒介效果界定为大众传播研究的核心问题之一：“它是一个既悠久、又前沿而且充满争议的典范性课题。对于学者来说，媒介效果研究是一个令人着迷却又让人沮丧的领域，因为媒介早已成为现代人生活中不可或缺的一部分，它们无处不在，影响着人们生活的各个层面，但媒介的效果却仍然

不易捉摸，显著效果极难观测。”[①]同时，魏然教授也将媒介效果概念的界定进行了较为完整的梳理：拉斯韦尔所创建的经典媒介效果研究范式突出了大众传媒信息的线性传播过程，用客观、量化的研究方法检验了传播的效果。这一媒介效果研究在传统上被称为“直接式媒介效果”范式。这种范式最大的弱点是单向性，无法满足当下的需求。

另一个对传播影响力和媒介效果概念的界定来自麦奎尔（McQuail），他认为“媒体的效果是受众接触大众传媒后，有意或无意间产生的后果/结果”。美国传播学者詹姆斯·波特（James Potter）则从四个维度考察传媒效果，即逐渐与长期性的变化、坚定的立场型、立竿见影的效果和短期性起伏变化效果等，并由此提出了一般性的媒介效果概念，将一般性媒介效果界定为“大众传媒的效果是指大众传媒所传递的信息对于个人或社会实体产生影响进而出现的变化”。[②]

魏然教授等认为，总体来说，媒介效果虽然分类多样，但都是指传媒对受众、组织、社会及文化的影响。从有目的的计划型效果来看，可分为计划内与计划外效果；从内容来看，信息的出现或多寡会带来不同的效果；从层面来看，效果可以在个人、小组、团体、社会和文化等各层面发生；从媒介渠道来看，同样的信息通过不同的媒介传播，也会产生不同的效果。[③]

同时，魏然教授等认为在互联网媒介的语境下，人们对媒介的接触与使用已经今非昔比，对媒介效果进行研究的视角和手段都应当有所调整，媒介效果理论也需要与时俱进。

（二）“媒介效果研究”与“传播效果研究”的异同

在学术界，“媒介效果研究”与“传播效果研究”这两个概念是存在一定的区别的。

四川大学文学与新闻学院副教授张放曾经在《媒介效果研究：一个不能被“传播效果研究”代替的术语》一文中，对传播学领域中的“媒介效果研究”与“传播效果研究”这两个概念做过一定的区隔。

在张放的梳理中，美国的传播学界更倾向于使用“媒介效果研究”（media effect）一词，并由此衍生出耶鲁学派与哥伦比亚学派两个研究派系：卡尔·霍夫兰领衔的耶鲁大学心理学系“传播与态度改变研究”洛克菲勒基金项目组于 1942 年起利用心理学

---

① 魏然，周树华，罗文辉. 媒介效果与社会变迁[M]. 北京：中国人民大学出版社，2016：12.

② 魏然，周树华，罗文辉. 媒介效果与社会变迁[M]. 北京：中国人民大学出版社，2016：16.

③ 魏然，周树华，罗文辉. 媒介效果与社会变迁[M]. 北京：中国人民大学出版社，2016：21.

实验对说服传播展开了研究，前后历时近二十年，并出版了以《传播与说服——意见改变的心理学研究》(*Communication and Persuasion*：*Psychological Studies of Opinion Change*)为代表的一系列论著。与此同时，应用数学博士出身的“工具制造者”(tool maker)拉扎斯菲尔德将量化研究方法带到美国，并通过其创建的哥伦比亚大学应用社会研究局(Bureau of Applied Social Research)培养出了一代精通实证量化研究方法(主要是抽样调查方法)的社会科学精英，如詹姆斯·科尔曼(James Coleman)、彼得·布劳(Peter M. Blau)、伊莱休·卡茨(Elihu Katz)等。

二者由此被分别称为传播学的耶鲁学派和哥伦比亚学派，其多年兴盛使得控制实验、抽样调查、统计分析等带有浓厚“科学”气息的客观经验主义量化研究方法终于替代社会学芝加哥学派的“城市民族志”(urban ethnography)而成为当时美国传播学研究乃至社会学研究的主流方法。

不过，中国学者则更加倾向于使用“传播效果研究”这个概念。张放认为，在涉及传播学史的语境下，应尽量按照尊重学术历史和传统的原则使用专门术语“媒介效果研究”，而不宜以“传播效果研究”代之；在其他情况下，则可以使用“传播效果研究”。①

(三)广告效果的概念界定

由于营销本身也是一种传播活动，而且营销传播活动本身就带有极强的目的性。因此，广告主在利用各种媒体进行营销传播之初，就希望能够进行营销效果的测评。在这里，出现了第三个概念，也就是“广告效果”。

黄升民与段晶晶合著的《广告策划》认为，所谓“广告效果”，即广告讯息在传播过程中因刺激而引起的直接变化或间接变化的综合。广告主利用媒介传播某条广告，会给受众带来各种变化，也会给企业带来某些经济效益，同时还会给社会环境带来一定的影响，这些都可以称为广告的效果。真正了解广告影响受众的程度，才不会因知道有多少人看过某个广告而满足。我们要持续不断地分析有多少人接触到广告，他们对广告的理解和记忆是如何变化的，广告对促成购买有多大的作用等。此外，我们不仅要测量传统的广告媒体，还要关注与特殊时间相关的广告活动，如慈善活动、音乐会和各种体育比赛等。②

丁俊杰与康瑾则将广告效果测定解释为“了解消费者对广告的反应如何”。广义

---

① 张放. 媒介效果研究：一个不能被“传播效果研究”代替的术语[J]. 四川大学学报，2014(1)：88－94.

② 黄升民，段晶晶. 广告策划[M]. 2版. 北京：中国传媒大学出版社，2013：223.

的广告效果包括广告的心理效果、广告的销售效果和广告的社会效果。从世界范围来看，广告效果评价工作真正受到重视并得到广泛采用，是 20 世纪 50 年代的事情。广告效果评价工作已经由以往那种凭借经验等做出判断，逐步转变为以科学的方法、科学的手段进行严格准确的评价。尽管如此，经验、直觉和科学方法、各种数据之间并不互相排斥。广告效果既体现于广告计划之中，也存在于广告实施过程中，更显露于广告活动告一段落之后。因此，广告活动的各个环节都会影响广告效果，同时，市场环境、社会环境、政治环境也会影响广告效果。影响广告效果的因素的复杂性带来了广告效果的复合型。因此，在测定广告效果之前，必须搞清楚广告效果本身所具有的特点，并且根据测定目标设定具体的测评方式，在广告活动的前、中、后三个阶段进行有效的广告效果测定。①

通过以上论述可以看出，虽然“媒介效果研究”“传播效果研究”的概念存在一定的差异，在不同的语境中会有不同的含义，然而，对媒体的传播效果、营销效果进行监测，了解媒介传播对于受众和社会的影响，这是传播学与市场营销学中非常重要的研究主题。

不管具体概念如何界定，使用恰当的测量方法对媒介的营销传播效果进行监测、评估以及研究，是传播学领域一直以来的核心命题。在本课程的学习中，我们的重点在于了解如何利用数据对媒介的营销传播活动效果进行监测与评估，尤其是应当如何测评大数据时代新媒体的传播效果、广告营销效果。根据本课程的体系设计与目标设定，在接下来的部分，我们将新媒体效果研究这一主题拆分为两个部分，即新媒体内容传播的效果测评与基于新媒体的广告营销活动效果测评。前者主要针对新媒体的内容传播活动，后者主要针对新媒体的广告营销活动。

二、媒介效果研究的科学体系

第一，媒介效果研究是一个非常专业的研究视角，拥有自己的研究体系与研究框架。西方主流的媒介效果研究主要关注大众传媒对于社会、组织和个人的影响。这种影响既有正面的，也有负面的；对于负面影响的研究在很长一段时间内都是媒介效果研究的主要命题。在研究方法上，媒介的效果研究更倾向于使用量化的、实证的方式，定性的研究相对较少，但是在广告效果研究中，定量与定性的研究手段可以说是同等

① 丁俊杰，康瑾. 现代广告通论[M]. 2 版. 北京：中国传媒大学出版社，2007：243.

重要的。媒介效果的研究非常注重实用性，通常是以问题为导向，在研究之初就希望能够帮助媒体经营者以及媒体使用者解决相应的运营和管理问题。

第二，媒介效果研究与数据科学的发展紧密相连，其精准性会受到数据获取、处理技术的影响。

（一）大众传播时代建立起的传播效果研究方法

在大众传播时代，关于媒介效果以及传播效果的研究已经非常成熟，并建立起了相对完善的科学研究方法。接下来，我们将介绍比较常见的四种传播效果测量方法。

1. 实验室实验法

实验室实验法通常指在实验室内，借助各种实验仪器设备，严格控制实验条件，主动创造条件，用给定的刺激引起一定的行为反应，在这种条件下研究某种心理的原因、特点和规律的方法。但是这种方法一般难以准确地测定复杂的、深层的心理活动和个性心理，应用范围有限。

使用实验室实验法时，需要注意几个关键因素：首先，确定参与实验的对象，通常会设计两个组进行对比，称为控制组和对照组，通过两组实验对象的对比来完成实验论证。其次，控制关键变量，确定因变量和自变量，这是实验的重要步骤。最后，获取准确的实验结果，并对其进行必要的解释。

2. 调查研究法

调查研究法是科学研究中一个常用的方法，在描述性、解释性和探索性的研究中都可以运用。一般采用抽样的基本步骤，多以个体为分析单位，通过问卷、访谈等方法了解调查对象的有关信息，对其加以分析、研究。我们也可以利用他人收集的调查数据进行分析，即所谓的二手资料分析法。

在大众传播时代，调查研究方法中的抽样调查被普遍应用于研究人们的媒介使用习惯。利用这样的研究方法，调查机构可以获知受众在何时、何地、何种情况接触并使用了相应的媒体，及其对于媒体的内容感知和偏好情况等。电视、广播的收视率和收听率是最为典型的研究体系。

3. 焦点小组法

焦点小组法是用户研究中的一种方法，依据群体动力学原理请6—9个参试者(participant)对某一主题或观念进行深入讨论。焦点小组实施之前，通常需要列出一张清单，上面包括要讨论的问题及各类数据收集目标。实施过程需要一名专业的主持人，主持人要在不限制用户自由发表观点和评论的前提下，保持谈论的内容不偏离主题。同时，主持人还要让每个参试用户都能积极地参与，避免部分积极用户主导讨论，部分消极用户较少地参与讨论。

因为焦点小组通常邀请的被试者数量有限，所以这是一种定性方法，要避免通过焦点小组收集定量数据。在焦点小组的数据呈现过程中也要避免用定量的方式呈现结果。

4. 内容分析法

内容分析法是一种对传播内容进行客观、系统和定量的描述的研究方法。其实质是对传播内容所含信息量及其变化的分析，即由表征的、有意义的词句推断出准确意义的过程。内容分析的过程是层层推理的过程。

内容分析法几乎可以用在任何传播之中，但尤其适合大众媒介信息，因为这种方法能让我们准确地描述各类信息内容。内容分析是逻辑研究媒介效果的起点，帮助研究者发现内容所包含的信息可能会带来什么样的效果。在使用内容分析法时，首先需要确定研究的媒体样本；然后进行一定的编码，并将不同的内容信息按照相应的编码进行归类；此后需要对信息内容按照不同的类型进行解码；再进行统计分析，使用统计术语描述研究中得到的数据；最后是对调查结果进行必要的解释。①

（二）专业测评机构与专业测评产品

媒介传播效果研究的科学体系还建立在专业测评机构的发展与专业测评产品的丰富上。在第一章中，我们曾经简单介绍过业界较为专业的数据服务机构，事实上，这些机构的核心业务也都是进行媒介传播与营销效果测评。

以央视—索福瑞为例，该机构的数据搜集和测评服务既可以帮助媒介机构了解自身的收视状况，也就是内容传播效果，也可以借助这些数据进行媒体营销活动效果的测评。央视—索福瑞是 CTR 市场研究与 Kantar Media 集团等共同建立的合资公司，致力于专业的电视收视和广播收听市场研究，为中国内地和香港传媒行业提供可靠的、不间断的视听调查服务。作为电视节目、广播节目和广告交易“通用货币”的提供者，央视—索福瑞拥有世界上最大的广播电视受众调查网络，覆盖 6.05 万户样本家庭；其电视收视率调查网络所提供的数据可推及中国内地超过 12.8 亿和香港地区

① 格兰. 媒介效果研究概论[M]. 4 版. 何朝阳，王希华，译. 北京：中国人民大学出版社，2013：17.

640万的电视人口；其广播收听率调查的数据则可推及中国超过1.44亿的广播人口。截至2016年5月，央视一索福瑞已建立起163个提供独立数据的收视率调查网络（1个全国网，25个省级网，以及包括香港特别行政区在内的137个城市网），对1,084个电视频道的收视情况进行全天不间断调查；同时，央视一索福瑞也已在中国36个重点城市及3个省开展收听率调查业务，对466个广播频率进行收听率调查。

此外，央视一索福瑞还可以进行专业的体育与媒介的调研与评估。2002年，央视一索福瑞从TNS集团引进TNS Sport，成立体育与媒介研究部门（TNS Sport China，现更名为Kantar Sport China），为中国体育与赞助市场提供全方位的评估服务。Kantar Sport凭借其全球性的覆盖网络，成为目前世界上最大的专业体育调研公司，在全球范围内为体育研究提供完整的解决方案，建立体育研究行业的标准。该机构的体育赞助评估服务几乎涵盖了中国甚至亚洲所有的知名赛事，成为中国体育研究行业的先锋和权威。见表8-1。

表8-1　业界较为主流的效果测评机构

数据类型	机构	数据库与数据产品
对于媒体内容传播效果的评估	央视一索福瑞(CSM)	央视一索福瑞已建立起184个收视率调查网络(1个全国网,25个省级网,158个城市网),对1,249个电视频道的收视情况进行全天不间断调查
	央视一索福瑞(CSM)	央视一索福瑞在中国34个重点城市及2个省开展收听率调查业务,对418个广播频率进行收听率调查
	赛立信(SMR)	对500多个广播频率进行收听率调查
	尼尔森网联	已在全国40余个有线网络建立针对数字电视的海量样本监测网,每城市样本量达到1万户
	艾瑞、DCCI	进行网民行为监测、网联广告投放行为监测、网络广告投放效果评估,用户样本量近20万
对于媒体营销传播活动效果的测评	CTR	覆盖2,000多个电视频道,100多个广播频率,550多个平面媒体,1,000多个主流网络媒体,100多个城市的户外广告,40多个城市的楼宇、电梯、影院广告,全天候监测21个行业100万个品牌的广告投放行为,广告效果数据库已经积累了1,700个连续性视频广告案例和超过120个平面广告案例
	CTR	通过家庭购买记录监测主要消费品的家庭购买与使用情况,拥有4万个家庭用户的样本

续表

数据类型	机构	数据库与数据产品
对于媒体营销传播活动效果的测评	AC 尼尔森零售研究	针对零售终端，监测产品销售数据。覆盖 120 多个城市、400 多个城镇、超过 80 万个零售网点，数据采集覆盖 50 多个商品种类，每月采集一次数据
	新生代（CMMS）	每年访问近 9 万名 15－64 岁消费者，覆盖 35 个城市，深入到县级城市，针对 180 多个产品品类，5,000 多个产品品牌，1,000 种以上媒体
	电通	自主知识产权开发消费者行为调查工具，追踪中国消费者消费心态与行为的改变以及生活价值观念与人生观的演变；建立了城市 IQ 值，制作了 26 省市的"市场索引地图"
	奥美	针对中国的老年社会、城市母亲、乡镇市场等进行专项研究

当然，进入到互联网与大数据主导的新媒体时代之后，关于媒体营销传播效果的研究与测量方法也出现了极为明显的变化。

（三）理解数据监测与效果评估的异同

正如前文所述，要完成客观公正、较为精准的媒介传播效果评估，需要在传播的全流程中都置入测评的理念。所谓测评，我们可以拆分为监测与评估两个概念。通过监测营销传播的活动，汇总得到数据；通过对数据进行合理解释，形成评估报告，从而完成一次有效的效果测评。

1. 监测与评估密不可分

监测与评估两个行为几乎是同时进行的。所以我们很难找到在业界只做监测或者只做评估的机构。那么，监测与评估应该思考的几个问题是什么？或者说监测与评估的活动应该如何进行？

第一，要明确监测与评估的目标；第二，要采用正确的监测方法、评估方法；第三，选择合理的监测指标、评估指标，构建监测体系、评估体系；第四，严谨地执行监测行为、评估行为；第五，根据所得监测数据报告，进行相应的数据分析与评估，得出完整的评估报告。

2. 监测与评估的差异

当然，这两个行为也是存在显著差异的。

第一，监测更侧重于数据的搜集行为，评估更侧重于数据的分析行为；第二，监测指标不等同于评估指标，监测体系与评估体系是互相独立的两套系统；第三，监测行为是配合最终的评估目标来进行的，而评估行为也是结合监测行为来进行的，不能脱离评估目标谈监测，也不能离开监测谈评估目标；第四，监测行为决定了最终的评估结果，影响层面包括：数据量、数据来源、数据类型、数据的精准度等。

3. 完成一次有效的监测与评估的要点

通常来说，完成一次有效的监测与评估，需要回答这样五个问题：

第一，进行评估时应该从哪些数据着手？也就是思考监测对象是什么。第二，为什么选择这些数据？第三，得到这些数据之后如何进行评估？第四，评估数据将如何评价此次传播行为？第五，评估数据应该如何指导下一次的传播行为？

回答这些问题的过程，其实就是思考如何进行监测与评估的过程，我们可以通过这些问题思索数据与监测评估行为之间的关系。

第二节　大数据对新媒体内容传播活动效果测评的影响——以视频内容为例

一、视频内容测评的发展历程

媒体的传播效果研究离不开监测与评估行为，而监测与评估的重要对象就是"数据"。从这个角度来看，监测与评估的发展历程基本上也能够反映出数据科学的发展历程。在大数据时代，新媒体内容的传播活动的效果测评也发生了极大的改变。

（一）视频内容测评的三个发展阶段

我国的视频内容评估是从收视率的普及开始的。不过，收视率多用于后置评估，即内容的播后评估。随着数字电视、社交网站等数字媒体的出现，受众的行为发生了变化，除了收看电视，在电视端的点播、回看，在互联网上的意见分享等行为越来越普遍。此时，测评需求和目标也随之而变，出现了数字电视收视测量，以及基于用户互联网行为特征而对内容进行评估的产品。之后，移动互联网、互联网电视出现并普及，用户行为更加碎片化，跨屏成为必须面对的现实，大数据技术则成为全新测评体系的重要支撑，如图 8-1。

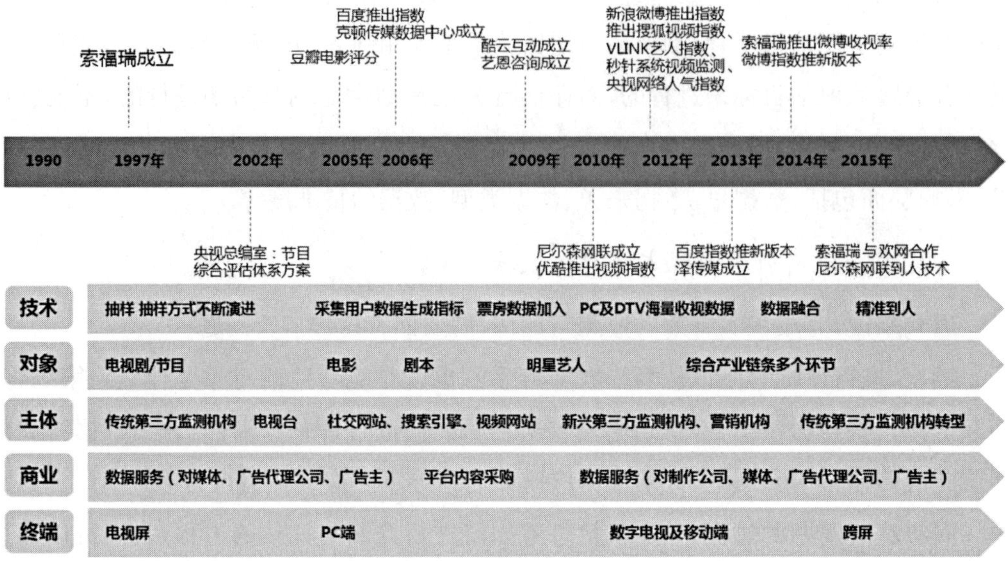

图 8-1 国内内容评估产品发展历史①

按照这样的发展进程进行梳理，王薇与吴殿义将内容评估划分为三个阶段：第一阶段是电视时代的收视率产品，基本以小样本的形式获取数据，以后置评估为主，并呈现出垄断的态势；第二阶段是互联网出现后，社交、搜索、视频等网站基于用户的点击、评分推出各自的指数，不做商业运营，只供用户使用和方便网站自身优化；第三阶段则是在新终端、新技术发展成熟后，电视屏幕的霸主地位被打破，逐渐出现了与此相适配的评估体系，对大数据的应用较为熟练，评估对象更为多元，涉及的产业也更加宽泛。

（二）关于大数据如何影响视频内容评估的研究

我国学界对于大数据环境下视频内容测评体系转型有过不少研究。潘洪涛在《大数据背景下收视评估体系再思考》中提出，在新媒体和大数据环境中，能够采集的用户数据几乎是用户的总体数据，而非传统收视率调研的样本数据，这需要在统计学理论上做出一定的修正。总体数据的获得，可以克服统计学样本无偏、正态的前提假设，但是需要发展更为高效的大数据处理方法。他指出，虽然大数据为我们描绘出重构收视评估体系的美好蓝图，但是在目前的情况下，还有一些问题亟待解决，比如家庭用户数据和个人用户数据整合问题、收视指标颗粒度大小问题等，如图 8-2。②

---

① 王薇，吴殿义. 内容评估“发展观”[J]. 广告大观（媒介版），2016(2)：32—37.

② 潘洪涛. 大数据背景下收视评估体系再思考[J]. 中国广播电视学刊，2013(6)：17—19.

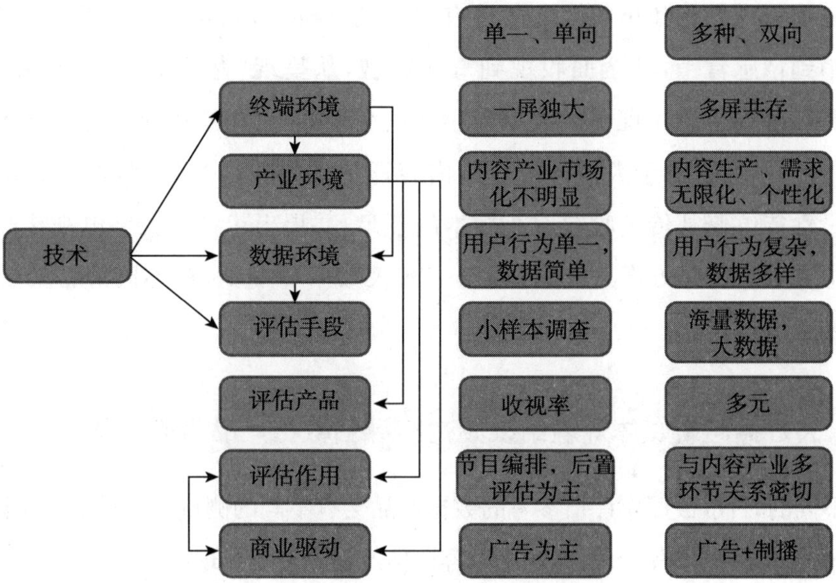

图 8-2　内容评估产品演进逻辑

对于大数据应用于视频内容评估，有较多的研究集中在利用数字电视的双向网络特点，改良传统的基于小样本的收视率调研技术，实现基于大数据的收视率调查上，例如在《大数据时代的电视收视调查与跨屏收视研究》中，尹培培、周文粲认为在数字电视终端上可以实现基于双向网络、海量样本回路技术的收视调查。这种调查方式结果精准，虽然目前全国性的监测网络并未建立，但会快速发展成为将来的主流技术。作者同时提出新型收视调查应将电视收视与新媒体收视结合起来，实现跨屏收视调查，结合大数据技术，建立基于多屏、跨屏、多维度的大数据的收视监测网络。① 陈嘉等在《IPTV 大数据收视分析优势》中提出 IPTV 因其双向互动的特性，可以做到全样本的收视行为采集，再借助大数据技术优势，所得出的分析结果更客观、及时、精细、准确。②

郑宇在《大数据与小数据的融合共生——节目生产、营销与评估的一种新思路》中，从数据来源、工具、目标、时效、方法等层面比较了大数据和小数据在内容评估以及营销等多个领域的优劣，提出大数据的短处在于被动呈现缺乏引导性，而小数据对个体心理情感的主动测试恰好能够予以弥补；小数据的短处在于微观瞬间呈现缺乏代表性，而大数据宏观巨量的一定时期的追踪统计正好能够对其加以补充。③

---

① 尹培培，周文粲. 大数据时代的电视收视调查与跨屏收视研究[J]. 广播电视信息，2014(3)：45—49.

② 陈嘉，钟宇霆，魏志刚，陈昕. IPTV 大数据收视分析优势[J]. 现代传播，2015(3)：59—63.

③ 郑宇. 大数据与小数据的融合共生——节目生产、营销与评估的一种新思路[J]. 中国广播电视学刊，2014(10)：60—62.

这充分显示出大数据和小数据之间具有很强的互补性，从定制生产到优化生产，从精确营销到情感营销，从全面收视到真实收视，从呈现“喜欢看什么”到解释“为什么喜欢看”，都深刻地体现了大数据与小数据交融共生、相辅相成的生态逻辑。

总体上看，目前对于大数据在视频内容评估中的作用的研究，都一致认为大数据的海量性能够修补传统收视率小样本的不足，并提出了基于数字电视终端双向性的新的电视收视测量方案，同时也指出了在大数据环境下，对不同屏幕的数据进行整合需要解决的问题。

二、大数据与新媒体环境给视频内容评估数据产品带来的改变

在不同的时代，被用作评估参考的数据产品会有不同的侧重。通过对现阶段各种数据产品的分析、总结来看，大数据对于内容评估产品的影响体现在以下两个基本层面。

(一)被纳入到测评体系中的数据类型、数据来源越来越丰富

在传统的电视时代，数据来源于用户在频道间的切换行为，而在数字时代，视频、新闻、社交、电商、文学、游戏——原有的线下活动纷纷转为线上行为，用户不只在网络上观看视频，还会阅读与影视剧相关联的文学作品、浏览娱乐新闻、购买所谓的“明星爆款”、下载衍生游戏、在社区进行讨论和互动。

这就意味着，用户数据来源不只是视频网站，还包含新闻、文学、电商等多种类型的应用，产生的动作包含点击、分享、评论、检索，数据的类型、格式、体量也与此前不同。

(二)技术发展带来测评体系的变革

总结前面内容评估发展的三个阶段，其实可以发现这样的规律：内容评估总是要基于用户行为，并采用与此相匹配的技术手段；而用户行为的变化，又源于媒介形态的沿革。这背后其实是技术在推动。

不妨从以下几个层面来解析技术对于评估的推动力。

1.数字技术催生了新的终端和新的渠道

数字电视、PC、手机、有线网、电信网、虚拟的互联网这类新终端、新渠道的出现，打破了电视一屏独大的格局，刺激了用户对内容的需求，进而促使内容产业加快制播分离，推动内容的工业化生产、播出。在这种产业环境下，制播方必须重视和学会利用数据，于是产生了全媒体、全流程评估的需求。

2. 新的数据环境中,新的评估产品应运而生

在这种数据环境的变化下,传统的评估手段就必须随之变革。在 PC、移动终端及互联网电视上使用的 Cookie、API、SDK 等技术,是对这种情况的回应。

在新终端的背景下,用户跨屏是数据环境的另一大变化。在一屏时代,用户的所有行为通过测量仪即可获得;而在多屏时代,用户在电视、PC、手机之间跳转,任何一个屏幕都无法完全映射出用户的喜好、态度,必须要整合三个屏幕的数据,才能够准确获知内容在用户端的接收情况。因此,跨屏监测与评估产品成为当下的行业热点,见表 8-2。

表 8-2 不同终端的数据监测技术

终端	用户行为	监测数据	技术手段(举例)	技术特点
传统电视	收看	传统收视率	日记卡、测量仪	
数字电视	点播、回看	数字电视收视率	回路数据测量	通过数字机顶盒,实时记录全网所有电视家庭用户的频道及广告收视、电视互动服务使用的情况,并回传至服务器端,从而形成实时的海量数据流
PC	搜索、分享、购物、视频……	用户行为数据	Cookie/API/SDK(多用于广告监测)	Cookie 是一种能够让网站 Web 服务器把少量数据储存到客户端的硬盘或内存里,或是从客户端的硬盘里读取数据的一种技术。Cookie 文件则是指在用户浏览某个网站时,由 Web 服务器的 CGI 脚本创建的存储在浏览器客户端计算机上的一个小文本文件,其格式为:用户名@网站地址[数字].txt Cookie 文件记录了用户的有关信息,如身份识别号码 ID、密码、浏览过的网页、停留的时间、用户在 Web 站点购物的方式或用户访问该站点的次数等,当用户再次链接 Web 服务器时,浏览器读取 Cookie 信息并传递给 Web 站点
手机	聊天、购物、休闲……	用户行为	SDK(多用于广告监测)	根据投放管理模块所传递的参数,按照监测参数配置文档,在提供的监测 URL 后拼接 SDK 额外获取的参数(如 OpenUDID、机型和操作系统、屏幕分辨率、加密的 MAC 地址等参数),向第三方监测系统服务器提交监测请求 通用监测 SDK 中的签名模块对监测 URL 进行签名校验。通用监测 SDK,根据输入 URL 生成签名校验串并拼接在 URL 尾部,发送到监测系统,监测公司在服务器端反解签名串进行校验

(三)大数据与新媒体环境带来全新的测评产品

数据技术与媒体环境的变化使传统的评估手段也发生变革。在多屏时代,用户会在电视、PC、手机等多个屏幕之间跳转,或者同时接触多个终端。我们已经无法用传统的测量方法或测量设备去完整地映射出用户的喜好、态度。因此,跨屏监测与评估产品成为新的方向。与此同时,测评产品的专业化和精细化特点也得到了极大的凸显。

一方面是对视频产业链条上的剧本、明星等元素进行细分评估的产品开始出现,如克顿传媒的剧本评估(如图 8-3)、VLINK 的艺人指数等。艺恩咨询推出的评估产品可以对整个电影链条的多个环节进行评估,是此类产品中的典型,如图 8-4。

另一方面,针对不同终端的测评产品出现。例如,尼尔森网联是专门针对数字电视收视行为的监测调查机构和数据提供机构。索福瑞也与新浪微博合作推出了微博收视率指数,又针对智能电视中的时移功能搭建起时移收视率体系,见表 8-3。

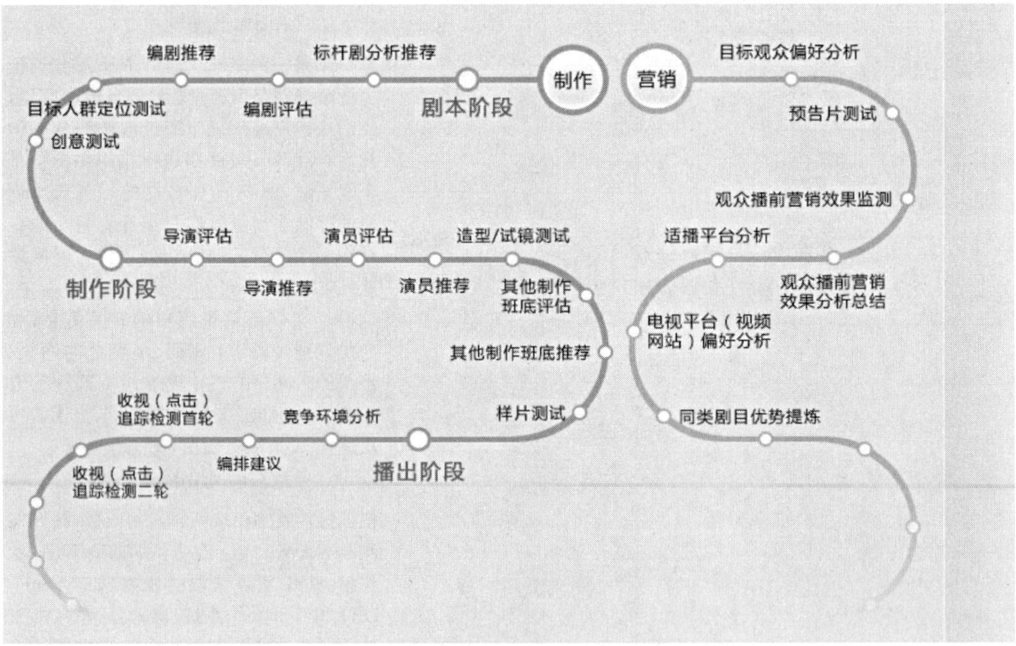

图 8-3 克顿传媒电视剧评估流程

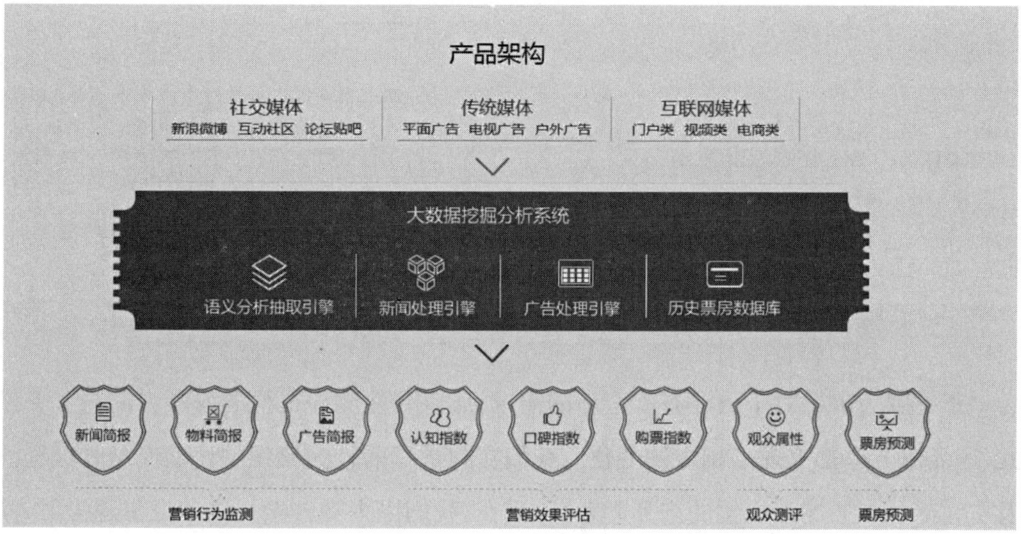

图 8-4 艺恩产品架构

表 8-3 多元化的评估产品(不完全统计)①

企业/网站	评估对象	评估产品	产品简介
豆瓣	影视内容	豆瓣星级	用户打分后,豆瓣网基于一定算法计算星级(据豆瓣 CEO 介绍为基于算数平均值)
百度	影视内容、娱乐人物、事件	百度指数	主要功能模块有:基于单个词的趋势研究(包含整体趋势、PC 趋势、移动趋势)、需求图谱、舆情管家、人群画像;基于行业的整体趋势、地域分布、人群属性、搜索时间特征
优酷	影视内容	中国网络视频指数	分析视频播放周期、用户核心特征(性别、年龄、职业学历、地域)、用户播放行为(使用设备、观看网站、拖拽及互动等)、视频热度排行
搜狐	影视内容	搜狐视频指数	分性别、年龄、学历、职业、收入的电视剧及电影榜单;对单个内容的收视行为、人群分布进行分析
克顿传媒	全流程评估	数据中心	对制播不同阶段提供不同的数据服务
艺恩咨询	电影全流程评估	艺恩娱乐决策智库	包括电影营销智库、艺人品牌智库、票房智库等

① 王薇,吴殿义. 内容评估"发展观"[J]. 广告大观(媒介版),2016(2):32—37.

续表

企业/网站	评估对象	评估产品	产品简介
尼尔森网联	数字电视收视监测等		服务内容包括海量样本收视率监测、全媒体广告监测与媒介咨询服务三大体系，范围涵盖数字电视收视行为测量、广告投放监测与监播、广告效果评估与诊断、媒介投放策略规划等多个市场领域

三、大数据技术与新媒体环境推动效果测评机构的变革

正是因为市场对于测评有了全新的需求，所以专业测评机构的发展方向与业务模式、产品服务也都出现了相应的变化。我们在列举目前较为典型的评估产品时已经涉及了一部分专业测评机构的产品和业务，现在，我们以央视一索福瑞和尼尔森为例，简单介绍大数据技术以及新媒体环境所推动的专业效果测评机构的变革。

(一)央视-索福瑞:不断增加全新的测评领域，丰富原有的测评体系

在上文中，我们已经简单介绍过央视一索福瑞的发展背景与核心业务，即专业的电视收视和广播收听市场研究。伴随着新媒体环境的到来，观众的收视行为发生了极大的变化，视频内容提供方、播出平台、广告主等相关机构也都提出了新的需求。因此，央视一索福瑞也开始调整自身的业务领域，通过新的测评产品与服务来丰富原本的测评体系，如图 8-5、图 8-6。

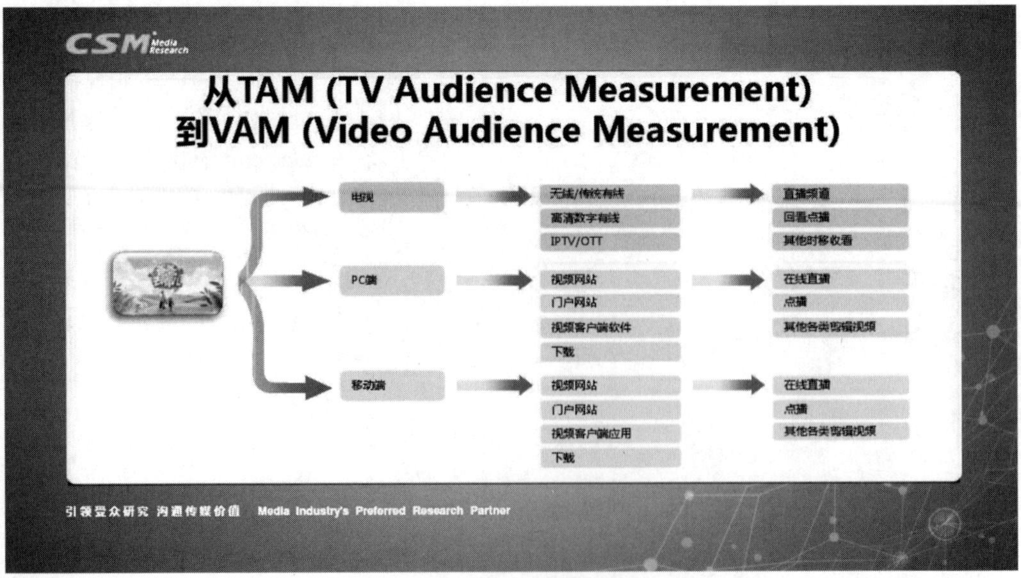

图 8-5　央视一索福瑞新的测评产品

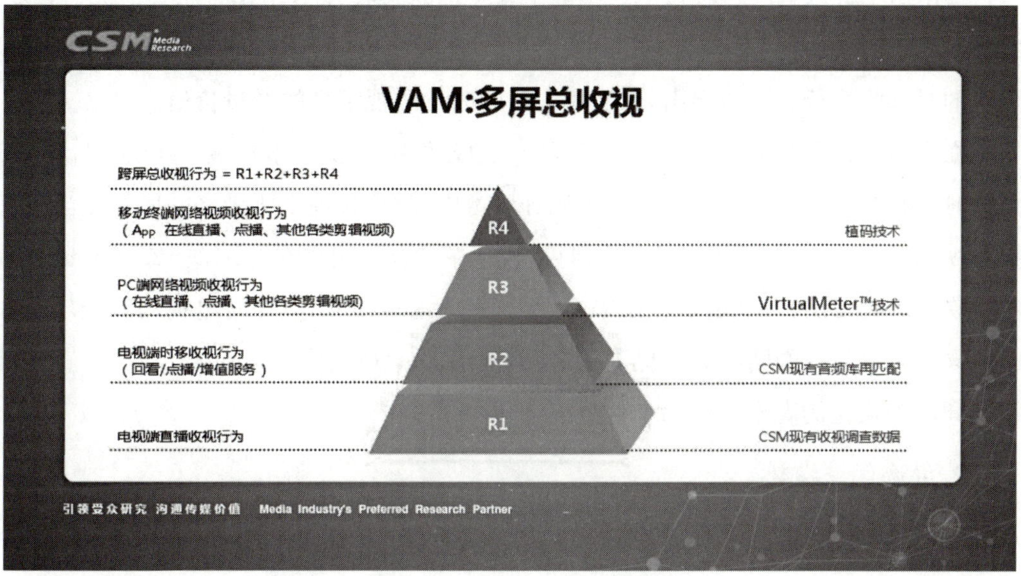

图 8-6 央视一索福瑞全新的测评体系

1. 电视端的时移收视率

随着数字电视、IPTV、互联网电视的普及，用户通过点播、回看等时移方式收看电视的行为越来越普遍，用户在电视屏上的收视行为已经从直播时代“你什么时候播，我什么时候看”的固定、被动式收看升级成“在可选择的时间内，自主决定观看时间”这样的主动式收看。

从 2013 年开始，央视一索福瑞在原有的电视收视率调查的基础上，陆续开始对观众在电视端的时移收视[①]进行测量，其中包括 2014 年和 2015 年中央电视台春节联欢晚会、2014 年巴西世界杯、2014 年 APEC 会议等重大事件的电视时移收视测量。2015 年初，央视一索福瑞开始在全国 12 个重点城市开展全天候、连续性的电视时移收视测量试运行，同步提供时移收视数据和电视直播收视数据，并将两者统一整合至原有的 Infosys＋软件（即央视一索福瑞针对传统收视行为的收视率软件）中，实现了时移收视与电视直播收视分析计算的完全融合。

2015 年 12 月，央视一索福瑞发布了《2015 年电视时移收视报告》，通过分析观众点播、回看的收视行为数据，更完整地呈现了节目在电视端的收视价值，这也是国内第一份关于电视时移收视的权威性报告。央视一索福瑞时移收视率调查服务提供的是

① 时移电视指观众在观看 DVB 数字电视节目时，可以通过时移菜单进入时移节目列表，选择之前漏看的电视节目，也可以通过在电视直播过程中按遥控器“后退/快进”键进入时移，也可以选择几天前的电视节目。

节目播出后7天内的时移收视率。国际上常见的时移收视率计算周期有7天、14天、21天、28天等,央视一索福瑞对国内观众时移收看的长期追踪研究发现,节目播出7天内的时移收看行为更为突出,更能集中反映时移收视带来的增量价值。

在实际的运用当中,时移收视率已经初显成效:据央视一索福瑞2016年1月至3月的时移收视率分析显示,在15个被调查城市中,时移收视率所带来的增量相当于直播收视率的2.5%;从收视时间来看,时移收视率的高峰出现在21:30—22:00,比直播收视晚了大约1小时;从观众规模来看,平均每天通过回看、点播看电视的观众规模占6%;同时时移收视的同龄观众更为年轻,25—44岁的观众比例达到35.7%,比直播收视的同龄观众比例高出了5.1个百分点。

2.微博电视指数

微博的热度值能够客观反映一个关键词或话题的传播覆盖面,是该话题在微博中传播效果的量化反映,也是微博舆情事件热度预测的重要指标。因此,通过合适的方法构建电视节目在微博上的收视评价体系,可以为媒体方提供新的内容评估标准,也可以为广告商提供新的电视节目收视评级依据。

2014年,央视一索福瑞与新浪微博达成战略合作,共同推出微博收视指数,为电视媒体从社会化传播的维度开展节目评估、营销传播提供标准化分析工具。该指数参照国际通行标准,对新浪微博上关于电视节目的讨论量及用户规模等进行规范化统计分析,为电视节目在微博上的传播、营销与评估提供更有效的系统化、标准化支持。

在国际市场,媒体调研机构对社交媒体与电视收视率之间关系的研究表明,95%与电视相关的社会公共讨论内容均来自Twitter,有关某一电视节目的推文数量的增加,能使该节目在近1/3的播放时间内提升收视率。在国内市场,电视节目收视率与微博讨论热度也成正相关。

微博电视指数作为央视一索福瑞与微博整体合作的第一阶段产品,是电视节目微博指数标准化的初步呈现。随着产品的不断提升和完善,电视节目微博数据将实现应用的唯一性、融合性以及工具统一化,促使电视媒体、节目运营商等机构在节目整体设计及运营中积极地采纳与应用所融入数据,如图8-7。

图 8-7　CSM 微博电视指数

（二）尼尔森网联：基于数字媒体环境的收视测评体系

起初，尼尔森与央视－索福瑞共同在中国的电视收视率市场中竞争，直至 2009 年尼尔森宣布退出中国市场。2010 年，尼尔森高调宣布“回归”，以尼尔森网联（尼尔森网联媒介数据服务有限公司，Nielsen－CCData）为依托，全面进入中国数字电视收视测评市场。

尼尔森网联是尼尔森旗下的合资公司，专注数字化环境下的媒介研究和受众研究，服务内容包括海量样本收视率监测、全媒体广告监测与媒介咨询服务三大体系，范围涵盖数字电视收视行为测量、广告投放监测与监播、广告效果评估与诊断、媒介投放策略规划等多个市场领域。

1. 从海量样本收视测量起步

2008 年，尼尔森网联的前身在杭州完成了 2 万个样本的 RPD（回路数据技术，Return Path Data）监测网络建设，同时开始进行大样本的收视测量体系搭建工作。2011 年，尼尔森网联获得五项针对海量样本收视监测的国家专利，其 RPD 监测网络已经在国内 15 个城市完成布局。

2012 年，尼尔森网联的“掌握・收视”iOS 与 Android 版客户端程序正式上线；户外广告监测系统研发成功；实时收视率系统研发成功。2013 年，尼尔森网联的 UMA

节目与频道综合评估产品正式上线，并在北京电视台、重庆电视台投入实际应用。

由于尼尔森网联起步于中国的有线数字电视收视测量体系，最初强调的就是海量样本，所以在大数据技术和新媒体环境下的视频内容传播效果测评方面具有一定的技术优势以及市场先发优势。

2. 基于新媒体的多样态效果测评

目前，尼尔森网联能够提供的媒体传播及效果测量产品包括：海量样本收视率 mTAM、全媒体广告监测 AIS、测量仪收听率 RAM、媒体价值评估产品 CP 以及流媒体测量产品 TAM+、小微企业解决方案 ADHOC 等。尼尔森网联主要运用的监测及数据处理技术体系包括 RPD 模式下的收视行为测量技术、WATCH BOX 收视率采集技术、人脸/人体识别技术、实时收视率监测、LISTEN BOX 收听率采集技术、百万样本实时收视率系统、交互电视数据分析系统等。

2016 年，尼尔森网联计划推出“全内容收视率”(Total Content Ratings)系统，全面覆盖传统电视、数字平台和视频点播的收视数据。

阅读资料

海外内容评估实践[①]

从传统的电影评分计算公式到受众研究，再到大数据时代以多样化海量数据分析为基础的内容评估，海外内容评估一路走来，越发科学、精准。一些优秀的研究方法和评估手段甚至被世界其他国家所引进，作为各自本土内容评估的开拓工具。影视产业的多个环节，如影视投资、影视评分、电影票房、电视收视等，都有一套自身的内容评估方法和逻辑。

一、建立一整套科学评分算法，计算内容评级

传统的电影评分可以说是内容评估中最为古老的方式之一。在电影内容评估中，IMDb 最具代表性，在全球也最具影响力。IMDb(Internet Movie Database，互联网电影数据库)是一个关于电影演员、电影、电视节目、电视明星、电子游戏和电影制作的在线数据库，是全球最大的网上电影资料库，也是网上第一个完全以电影为内容的网站。IMDb 创建于 1990 年，几乎囊括了全球所有电影以及 1982 年以后的电视剧。就电影而言，IMDb 的电影资料中包含着丰富的信息，不仅有影片演员、导演、剧情、分级、片

---

① 唐瑞娟，王薇. 海外内容评估实践[J]. 广告大观(媒介版)，2016(2)：59－67.

长、影评等基本信息，也有影片相关的花絮琐事、片中漏洞、不同版本、屏幕尺寸、影片音轨等更具体的信息。据不完全统计，IMDb 收录了共 2,362,964 部作品以及 4,948,789个人物的资料。Top 250 与 IMDbPro、用户个人数据库更是被奉为 IMDb 的三大王牌产品和业务。

谈及 Top 250，其评分方式一直被业界视为经典，平均每月有高达 2,000 万的电影爱好者访问 IMDb 的评分系统。IMDb 以数学公式为基础，建立了一整套的科学评分算法来为电影内容计算评分。因此，IMDb 的电影评分也被认为是权威，我们日常生活中看到的电影评分几乎都援引于此，因而具有很大的参考价值。从 IMDb Top 250 给出的"所有评分者评分情况列表"中，我们可以看到各个分数段的大致投票比例。一般情况下，IMDb 会给所有评分者评分的两个数值，即算术平均值（arithmetic mean）和中值（median）。然而，IMDb 最后给出的评分绝不是简单地由这两个数值直接得出的，而是使用在贝叶斯统计的算法中得出的加权分（Weighted Rank）作为最后的分数。

值得注意的是，并不是所有人都可以成为投票者，只有"常规投票者（regular voters）"才有资格进行 IMDb Top 250 的投票，而如何成为所谓的"常规投票者"却不得而知。有专业人士猜测，大概是"投票电影超过×××部"、投票的时间与频率分布状况等类似的标准。IMDb 这样做旨在将 Top 250 的投票范围锁定在那些资深、理性的影迷上，防止因某类电影的影迷疯狂拉票而影响 Top 250 结果的权威性和专业性，同时避免因只看票数或评分的片面评价方式而出现影片质量与排名极不相符的情况。

IMDb 的评分方式除了给出一个客观的得分，还给出一份详细的投票人列表。在这个投票人列表中，分数根据不同的年龄段、不同性别、不同身份、不同国籍等归类呈现。在投票人列表中，有几个有意思的统计：一是表中第十五项"IMDb 员工"的评分；二是表中第十六项"Top 1000 voters"的评分。设计这两个统计值的本意与"常规投票者"异曲同工，而"Top 1000 voters"的标准也处于保密状态，目的都在于保证其公布的最终评分能最准确地反映"民意"。

当用户选择更符合自己兴趣的影片时，投票人列表的作用便显现出来。例如，除了将动画片式影片整体的最终得分作为参考之外，更应该点选和参考的是小于 18 岁，或者 30—44 岁选项的评分，因为这部分人才是这类电影的最大观众群，他们的评分更有参考价值。

此外，对比 IMDb 网站主页面和其 Top 250 列表中的分数，不难发现，二者的评分

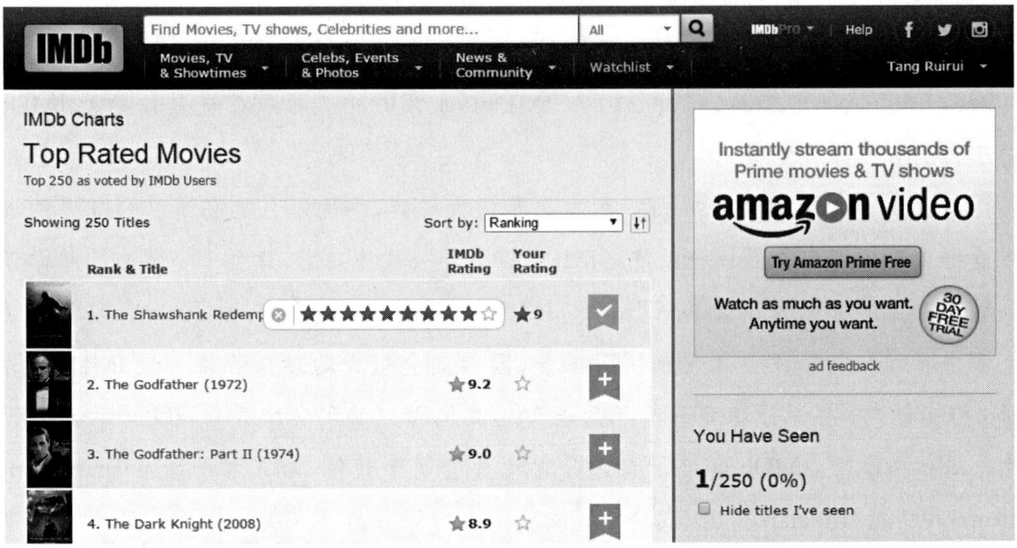

图 1 用户投票界面图

略有不同。《肖申克的救赎》在网站主页面上的评分为 9.3，而 Top 250 上的评分却为 9.2。越是娱乐片，这种差异越大，这也从侧面说明 IMDb Top 250 的评分标准相对客观，投票者对影片的要求更为严格。

IMDb 这套评分的标准与其他网站相比，更为科学和完善，但也不是完美无瑕。一方面，由于 IMDb 大本营在美国，因而参与评分的影迷大多为美国人，且美国人对于本国影片更加关心，导致前 100 名的电影大多是“美籍”；另一方面，经典影片的影迷基数随着时间的推移越来越大，其评分很难下降，而新片上线后缺乏时间上的沉淀和影迷基数的积累，因此在评分上并不占优势。

2002 年 1 月，IMDb 衍生出收费的姐妹网站 IMDbPro.com，为专业人士提供额外的信息，如电影业界人士的联系方式、电影活动日期表等。例如，投资者可以在 IMDbPro上公开发布招募角色的公告，说明所要拍摄影片的时间、地点、主要情节、角色所需素质、报酬等信息，演员则可以自行选择所钟爱的角色提出申请，双方达成一致便可交易。

从 Top 250 的评分方式中不难发现，IMDb 的用户质量对最后的评分起着至关重要的作用。因此，完善的用户个人数据库对 IMDb 来说是不可或缺的部分。在 IMDb 用户的个人数据库中，包含用户档案、用户清单、用户级别、最近观看四个部分，具体又细分为多个以用户行为特征为内容的子菜单。当互动达到一定标准之后，用户便可参与到 Top 250 的投票中。

二、借助高敏感设备仪器，监测受众反馈结果

就评估方式而言，除对内容本身的直接评估外，对受众观看后的反馈结果进行间接评估也是极其重要的。毕竟，受众是内容的直接消费者和最终接触者，他们的评价更具实用价值。因此，借助高敏感的设备和仪器实时监测受众，便被众多内容产业的相关从业人员所看重。在这方面，受众研究公司 ASI Entertainment 颇具话语权。ASI Entertainment 主要提供第三方的内容质量评估，从事电视节目、专题广告片、电影，以及多种媒体测试服务已有五十多年，服务范围也遍及全球。

从技术和设备上讲，ASI Entertainment 有两大独家产品：一是基于专属的 ViewTrac 技术的 ViewTrac Dial Testing System；二是两间高清影院。这两大核心产品共同为 ASI Entertainment 的受众研究提供了技术和设备上的支持。

通过 ViewTrac Dial Testing System，ASI Entertainment 能够提供实时观看测试。这一套实时拨号测试方式在过去的几十年里，一直被称为内容测试的黄金标准。在观众观看电影、电视、广告专题片等的同时，ASI Entertainment 实时测试观众的观看反应，其中包括但不限于影视节目中的节奏、人物、攻击性内容、音乐、情节等要素，而这些常常是难以被发现和洞察到的。具体的操作方法大致有以下几个步骤：首先进行样本的筛选；参与测试的受试者进入测试实验室（也就是后文将提到的高清影院）观看样片；在实时观看拨动测试仪表盘上有“tune-outs”和“opt-in”两个按钮，受众在观看节目的过程中通过实时拨动这两个测试仪按钮来表达对节目是否喜好以及喜好的程度，基于高度敏感性和系统每秒产生的信号，测试仪能实时将观众的喜好程度回传，生成喜好度的平均分、动态曲线以及变化状况，当然，节目内容的生产者及相关工作人员可以在高清影院的现场亲自观察和记录受试者的行为、表情的变化；观看完样片之后，ASI Entertainment 会结合问卷调查和焦点小组访谈，形成一份测量的结果和分析报告。通过这样的测试进行受众研究，让内容生产者了解观众到底对什么样的内容感兴趣。只有真正了解能够引起观众注意和兴趣的内容要素，内容生产者才能做出最佳的战略决策。

ASI Entertainment 有两间 48 座的圆形研究剧场，也就是高清影院。每间配备高清晰 ViewTrac 拨号系统、高清视频显示投影和捕捉技术、高端 5.1 环绕音响系统、多媒体支持、高清视频会议及进行远程传输和参与的 Web 流媒体功能等设备和技术。这两间高清影院与 ViewTrac Dial Testing System 结合，使内容生产者在监测受试者的观看态度的过程中可随时做出相应的调整性决策。

从提供的服务上讲，ASI Entertainment 在实时拨号测试和高清影院的基础上，不

仅能够为电视节目、试播样片、电影、专题广告片、戏剧、纪录片、新闻广播、情景喜剧等整个广播电视网络、好莱坞主要制片厂,甚至现场艺术提供内容测试服务,还能为政治选举活动提供模拟测试服务。此外,ASI Entertainment 的测试服务不再受实验场所的限制,"实验室"可以搬迁至每一个受试者的家中。在这种情况下,ASI Entertainment 会让招募来的受试者按指定的电视频道和时间在家观看电视节目。受试者观看完节目后,ASI Entertainment 会通过电话联系受试者尽快完成问卷调查。实验过程的改进在一定程度上突破了空间的限制,使 ASI Entertainment 的内容测试实验有更大的样本量和更广泛的样本范围,实验过程的可复制性也大大提升了其海外测试的能力。目前,ASI Entertainment 的样本涵盖不同的人口和政治范围,仅在洛杉矶就有百万的受众样本。

正是由于 ASI Entertainment 在受众研究领域占据重要地位,2014 年 8 月,ASI Entertainment 被电影研究公司 Screen Engine 收购,二者合并为 Screen Engine/ASI。电影研究公司 Screen Engine 此举的目的便是要借助 ASI Entertainment 继续从事受众研究,扩大自己在电影研究领域的影响力。

三、以海量数据为基础,数据分析实用化

在互联网时代,大数据的使用已是常规手段,依据数据分析进行的内容评估便顺理成章。依据类型的差别,可将数据大致分为数据库数据、自平台数据、搜索数据、社交数据以及跨平台交互数据。在多样化的海量数据的基础之上,进行精准的数据分析来挖掘内容的价值,这其中涉及影视投资预测、内容生产和优化、票房与前景预测、电视收视预测等多个方面。这样的内容评估方式使影视等内容的生产和媒体投资决策不再单单凭借直觉、经验、有限的信息和数据进行,而是在海量的多样化数据下转变数据理念,通过数据的交叉关联分析,专业地挖掘和可视化地处理这些数据,将冰冷的数据"活化"为有生命力的战略性媒体投资决策,将隐性的数据彻底变为显性的内容生产力,最终实现内容价值,将数据与数据分析真正实用化。

1. 数据库数据:相对论传媒的电影投资预测模式

相对论传媒(Relativity Media)是美国的一家独立电影公司,从事电影、电视内容制作与发行,参与大公司出品电影的联合投资,拥有音乐唱片、体育、数码媒体等多种娱乐产业的全媒体业务。虽然在 2015 年 8 月已经申请破产,但其曾经的一系列创新之举对我们仍有借鉴意义,其破产缘由更是发人深省。

相对论传媒成立于 2004 年,因与环球和索尼签订了一份注资超过 10 亿美元的条款而引人注目。在纽约本土基金对冲集团 Elliott Management 的支持下,相对论传媒

陆续与这两家公司联合制作了《速度与激情 6》《伴娘》《特工绍特》和《社交网络》等经典影片。公司参与制作、发行了超过 200 部影片，有 37 部电影登上北美票房榜冠军，58 部电影的全球票房超过 1 亿美元，总计全球票房超过 170 亿美元，获得 60 个奥斯卡奖提名。

相对论传媒从一家独立制片公司、电影融资公司转变为全球娱乐业巨头，受到整个好莱坞的注视，首先得益于其创始人瑞恩·卡瓦诺夫(Ryan Kavanaugh)提出的电影投资预测模式。数据库是该模式的核心，原理是利用成千上万部电影的数据，结合预算、演员、发行日期、影片类型等参数，来预测任何一部电影上映后的票房，再使用一种计算机算法来计算电影的风险性，最后做出风险投资预测。具体来讲，首先建立起一个包含过去十年的电影的数据库，以此评估新项目的类型、制作成本、宣发费用，之后计算机程序会进行一万种模拟票房的演练，计算出电影盈利的可能性，以及哪种情况的盈利最多。

如何降低投资、提高盈利无疑是相对论传媒电影投资预测模式的中心思想，这也意味着对预算的严格控制。而相对论传媒利用这样的电影投资模式并不是为了追求电影的卖座，而是追求以最小的投资实现盈利。以相对论传媒投资的《电影 43》(*Movie*43)为例，这部电影拥有休·杰克曼(Hugh Jackman)、凯特·温斯莱特(Kate Winslet)和艾玛·斯通(Emma Stone)的全明星阵容，但却在卡瓦诺夫和导演的说服下将明星预算控制在 600 万美元。电影上映后，口碑并不好，被称为喜剧小品的大杂烩，在票房榜上排名第七，收入也只有 480 万美元，全球收入共计 2,300 万美元。对于大多数电影来说，这是噩耗；但如果用相对论传媒的投资目标来衡量和计算，这却是成功的。因为单凭电影的海外预售收入，就能支付《电影 43》的全部制作费用；除去制片的费用，相对论传媒靠票房收入就能达到收支平衡；而在电影上映后，以销售家庭录影带的方式获得的收入就是纯利润。这种票房惨败却仍有盈利的电影正是相对论传媒所追求的投资对象。

相对论传媒的“王牌”究竟是什么？从其电影投资预测模式来看，恐怕不是卖座的电影，而是电影的销售发行渠道、合作伙伴。当《纸牌屋》还没有上线视频网站 Netflix，付费电视 Showtime 和 HBO 阻拦 Netflix 购买电影版权时，相对论传媒就率先与 Netflix 成为合作伙伴。2010 年 7 月，相对论传媒和视频网站 Netflix 签了一份为期 5 年的合同：相对论的电影下映之后会在 Netflix 上播放，而不是优先给付费电视或者发行 DVD。这是第一次有大电影公司优先为在线视频网站提供长期片源，意义非凡。瑞恩·卡瓦诺夫曾说：“很明显，这是电影市场发展的必然趋势，将会为行业带来全新的机会。相对论和 Netflix 分享共同的前景，我们的合作是电影业的一次改变。”

2. Netflix 运用自平台数据帮助内容评估和生产优化

2012 年，Netflix 的一部《纸牌屋》(*House of Cards*)给整个网站带来了光环效应，同时也深刻“震慑”到传统电视人。2010 年，Netflix 在《纸牌屋》的版权争夺中击败了 HBO、AMC 等竞争对手，从而拥有《纸牌屋》的首播权以及两年的独家播放权。为此，Netflix 将《纸牌屋》分为两季，共 26 集，并提前支付了 1 亿美元制作费。

在制作的过程中，Netflix 押注大数据。从这些数据中，Netflix 能知道哪位导演的作品获得了最高的点击量，有多少用户正在观看史派西和芬奇的电影，也能知道用户喜欢什么样的政治惊悚片，甚至知道用户觉得什么情节不够吸引他，而点击暂停去了洗手间……如果这样的数据量积累得够大，数据挖掘得够精细的话，是非常有意义的，能够有效提高内容成功的几率。于是，最终我们看到了《纸牌屋》的第一季，它由曾摄制《社交网络》的导演大卫·费舍尔执导，著名影星凯文·史派西主演。Netflix 首席内容官兼副总裁泰德·萨兰多斯也透露，该剧自播出以来，已在 Netflix 覆盖的所有国家中成为收视率最高的电视剧集，观剧的人数和总观看时长都高居榜首。

Netflix 建立了一套极致精细的用于评估的数据库。这个数据库构建的基础一方面是平台实时的观看数据沉淀，另一方面是对内容进行细分、解构、加标签的过程。Netflix 内部把这个分类过程称为“altgenres”，这种解构方法和系统非常精确、繁复。根据《大西洋月刊》的记者粗略统计报道：“Netflix 至少把影片分成 76,897 种‘微类型’，这打破了原本粗放式的影片类型分类方法。Netflix 能由此分析出最受欢迎的影片类型以及最受欢迎的演员与导演等。除了 Netflix 的员工以外，没有人了解 Netflix 是如何细致分类的。他们要面对好莱坞那般空前的数据储存，而记者所统计的类型数量只是冰山一角。Netflix 首先要雇佣一群人，让他们阅读一份长达 36 页的培训文档，训练他们对影片的性暗示内容、暴力程度、浪漫桥段，甚至情节等元素做出精确的评级细分，他们捕捉了数万种不同的电影属性，甚至是人物的道德派别。”

基于这样的解构和标签分类，Netflix 评估体系中对影片信息的定义和描述也非常细致，如果用公式来表述的话，就是“影片定义 = 影片地区 + 影片主题 + 形容词元素 + 类型片类型 + 演员 + 演员特性 + 创作来源 + 时间 + 故事情节 + 内容 + 得奖状况 + 适宜观看的人群 + ……”，这将是一个能具体到非常细微的环节的指标体系。它的价值在于，Netflix 可以将这些标签和观看数据进行交叉，用于已有内容的评估、尚未生产的内容的决策、内容营销、内容交易等各个环节。“我们要把影片内容撕裂，通过这些分类标签，Netflix 不仅能给我们的订户推荐影片，甚至可以告诉他们‘你喜欢的类型究竟是什么’。基于 Netflix 算法，我们甚至可以提前帮用户预估，他们看完影片，会给影片打几分。”Netflix 副总裁托德・耶林（Todd Yellin）曾这样公开表示。

3. 谷歌利用搜索数据推出电影票房预测模型

作为搜索领域巨头的谷歌，早在 2012 年就发布了《谷歌搜索预测电影票房白皮书》，其中公布了一个基于其搜索数据的电影票房预测模型。据说，谷歌的这个电影票房预测模型能够提前一个月预测电影上映第一周的票房收入，准确度高达 94%。这一模型一经提出便引起广泛的关注和讨论。

谷歌电影票房预测模型的基础其实是与电影相关的搜索量。根据谷歌从 2011 年到 2012 年的统计数据看，关于电影的搜索量与电影票房之间存在着一定的关联。从电影票房收入与电影搜索曲线的对比中不难发现，两条曲线的起伏变化基本一致。

若将关于电影的搜索细化为含电影名的搜索和未含电影名的搜索，将这两个数据与电影票房收入曲线再次进行对比，可以发现在多数情况下，含电影名的搜索量高于未含电影名的搜索量，但电影淡季结果相反。这也能解释为什么在淡季时由于缺乏知名电影，人们使用的搜索关键词往往更为宽泛。这一研究结果给了电影宣发和营销人员明确的指导，尤其是在购买电影搜索关键词的时候，应当考虑是否需要涉及电影名。

2012 年票房收入和两类电影搜索量曲线如图 2、图 3。

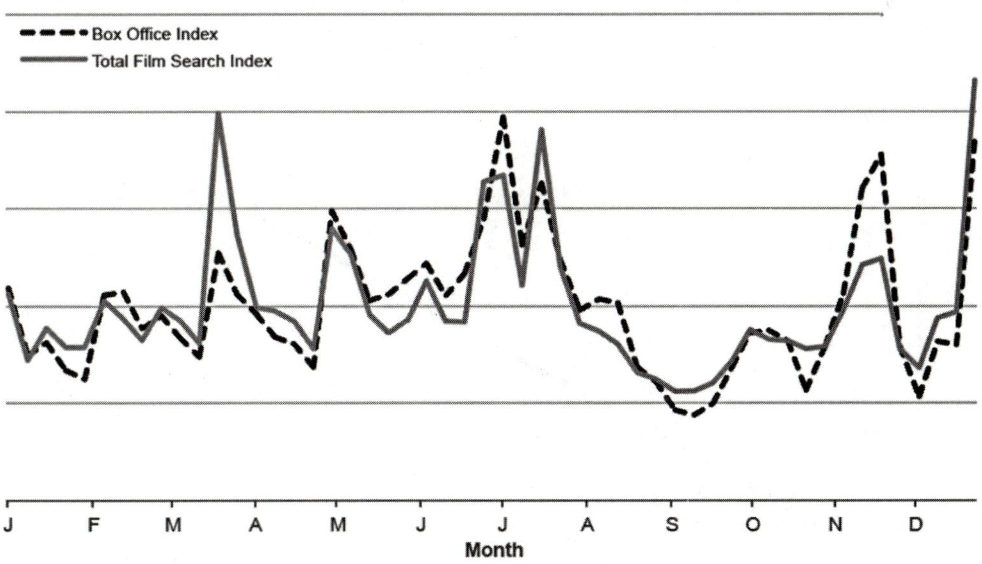

图 2　电影搜索量曲线图（含电影名）

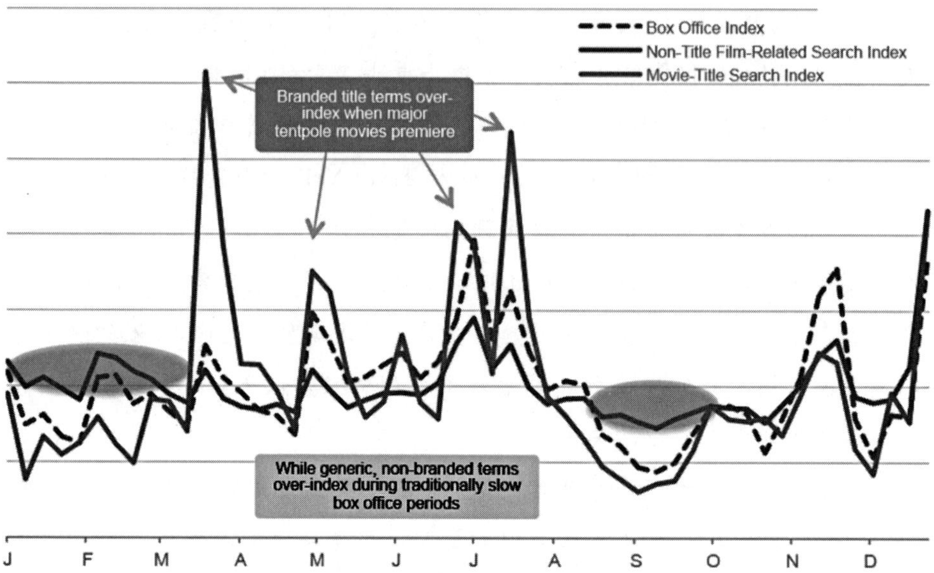

图 3　电影搜索量曲线图(未含电影名)

单纯依靠电影的搜索量来预测电影的票房收入,准确率往往不高,大约在 70%。因此,谷歌采用了更丰富的指标来构建精准性更强的电影票房预测模型。这些指标包括(电影放映前一周的)电影搜索量、(电影放映前一周的)电影广告的点击量、上映影院数量、同系列电影前几部的票房表现。在这些指标的基础上,谷歌构建起的电影票房预测模型更加精准,在参考四个指标的条件下,提前一周预测电影票房的准确率为 92%。

单一指标下搜索量与电影票房收入之间的关系如图 4。

多指标条件下提前一周预测票房结果的效果如图 5。

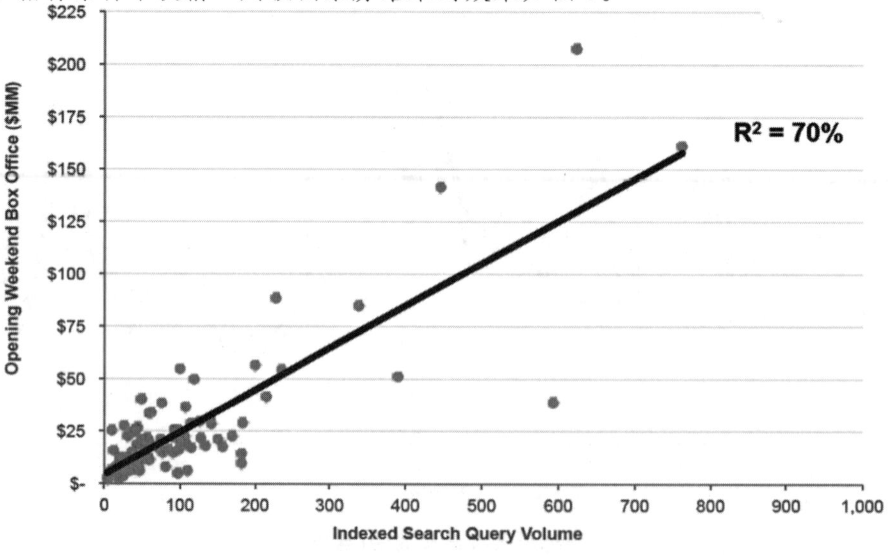

图 4　搜索量与电影票房收入之间的关系图

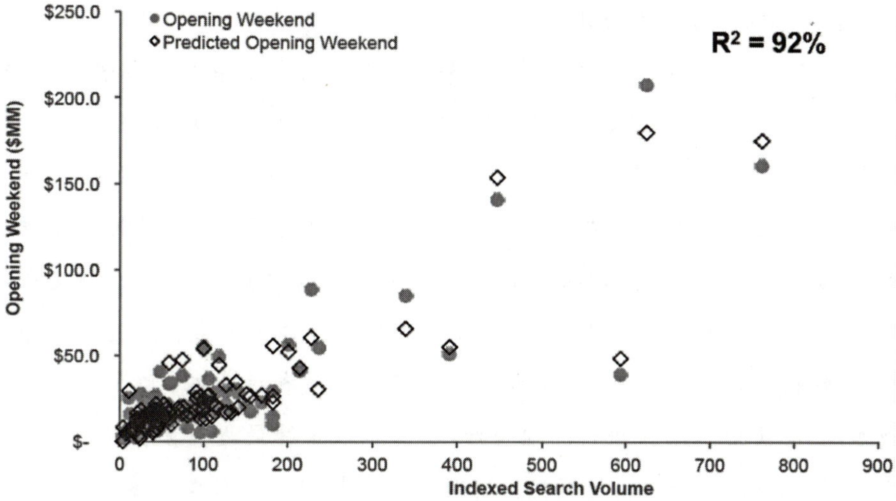

图 5　提前一周预测票房结果的效果图

然而，对电影的营销者来说，用一周的时间调整策略的难度太大，因此，使用四个指标的提前一周预测电影票房的模型不具有很强的使用价值。面对这样的问题，谷歌再次调整指标，将其变为电影预告片的搜索量、同系列电影前几部的票房表现、档期的季节性特征。提前一个月预测的准确率提升为94%，实用性也大大提高。谷歌的电影票房收入预测模型实质上是大数据分析，尤其是分析搜索数据在电影行业的成功运用，基于搜索数据和数据分析技术，将行业中处于模糊状态的经验之学有效地变为更加科学的分析之策。

多指标下提前一个月预测票房结果的效果如图6。

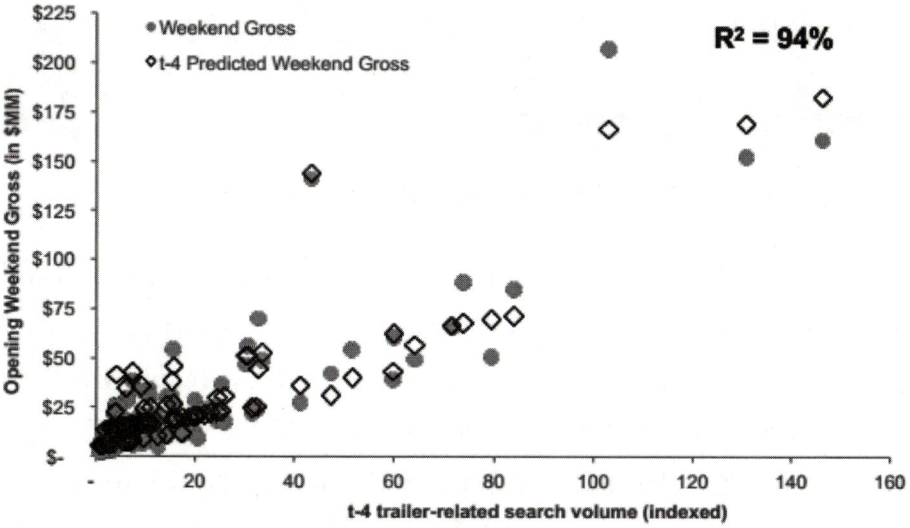

图 6　提前一个月预测票房结果的效果图

4. Topsy Labs 基于社交媒体数据的预测

数据及其分析不止用于搜索数据，同样也可以分析和使用社交数据。有“社交搜索版谷歌”之称的 Topsy Labs 创立于 2007 年，是一家社交媒体数据分析公司。Topsy Labs 之所以在社交媒体数据分析领域中占据一席之地，主要原因是 Topsy Labs 获取了社交网站 Twitter 的数据接口。这一优势使 Topsy Labs 得到自 2006 年以来 Twitter 上超过 4,250 亿个数据点，Topsy Labs 也因此可以提供基于 Twitter 社交媒体数据的搜索分析服务，帮助用户从 Twitter 或是其他社交媒体中搜索、提取数据，进行关键词追踪，判断社交媒体中用户对任意话题或标签的态度和讨论热度。

例如，利用 Topsy Labs 进行一项查询，不仅可以追踪最近有多少 Twitter 词条涉及苹果、三星、微软三家厂商，还能把竞争对手的数据也同时搜索出来（三条线自上而下分别代表苹果、三星和微软）。

利用 Topsy Labs 追踪 Twitter 上涉及苹果、三星、微软三家厂商的词条的数据，结果如图 7。

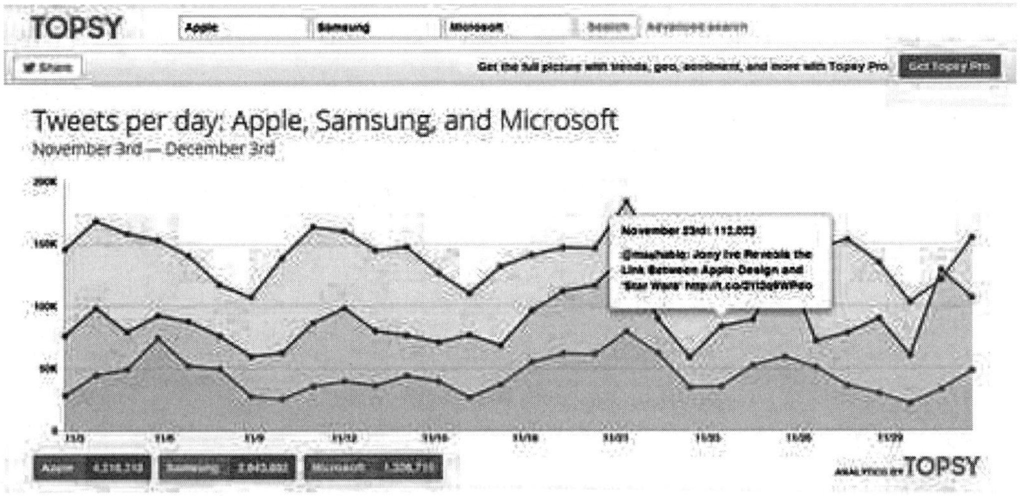

图 7　苹果、三星、微软三家厂商词条数据图

Topsy Labs 的数据分析对品牌、广告主作用重大，其基于数据分析进行的预测更让人惊叹。在 2013 年奥斯卡颁奖典礼开始之前，Topsy 与 Twitter 再次联手，成功预测了奥斯卡六项大奖中的五项。除了最佳影片失手外，Topsy 预测的最佳导演，最佳男、女主角和最佳男、女配角全部命中。精准的预测结果不是偶然，而是 Topsy Labs 基于社交媒体数据进行科学化评估后得到的成果。早在 2012 年，Topsy Labs 就通过此法与 Twitter 合作推出“政治指数”，通过精密算法来实时反映选民的立场变化，并成功预测美国政治大选。首先，Topsy Labs统计所有推文信息，通过自然语义分析得出用户的政治立场，再据此建立一条中性基准线。接下来，Topsy Labs分别统计与两名总统候选人相关的推文信息并进行意向分析。最后，Topsy会根据与两者相关的推文在总推文中的比例，计算出他们的得分，最终成功预测奥巴马获选。

快速发展的Topsy Labs迅速引起科技巨头的关注。2013年12月，苹果公司以超过2亿美元的价格收购Topsy Labs，其数据提供者Twitter最终与这一机遇失之交臂。至于苹果公司为何收购Topsy Labs，也一直是未解之谜。2015年12月，有消息称苹果公司宣布关闭旗下的Topsy Labs。

5.跨平台交互数据：尼尔森（美国）推出Twitter电视收视率（Nielsen Twitter TV Rating）

互联网下视频网站的发展壮大让电视等传统媒体如坐针毡，不再坐以待毙。2012年，电视收视率统计领域中最具权威性的市场研究机构尼尔森与Twitter达成协议，推出Twitter电视收视率。Twitter电视收视率是基于网民在Twitter上发布的与电视节目相关的推文（Tweet）数量、观众群体规模、电视节目的观众数量等跨平台交互数据来为电视节目收视情况排行的方式。

推出这样的收视排行方式是有科学依据和现实基础的。据尼尔森的网络调查显示，美国民众花23%的上网时间在Facebook及Twitter等社交网站上，这超越了他们花在电子邮件、阅读网络新闻及传统门户网站上的时间。也就是说，美国人在社交网站上花费的时间最多。根据Keller Fay Group给出的数据显示，80%有关电视节目的会话都在人们见面时发生，10%在电话中发生，剩余10%则大部分在网络上发生。而超过1.4亿用户每两天半就会生产10亿条的Twitter信息，并且绝大部分是公开的，这就使Twitter的数据成为反映电视节目内容所引发的讨论量的重要指标。同时，从Twitter的收入构成来看，电视相关广告对其收入增长有一定的助推作用。

Twitter电视收视率对Twitter用户在观看影视剧时发表的评论，以及通过智能手机、平板电脑等“第二屏”分享的推文进行数据统计。测量数据涵盖了对某个电视节目进行讨论的人数、阅读这些讨论的Twitter用户数、用户的活跃度和覆盖范围等，通过分析这些数据，可以对电视效应和用户规模进行更加有效的评估。在独立作者数、Twitter发布数量、独立访问人数、Twitter浏览数等指标中，前两者为发布指标，后两者为到达指标。发布指标具体指在剧集或节目首轮播映后的3小时内，在Twitter上发布与之相关的内容的独立作者数；而到达指标则指截至首播后第二天凌晨5点，前3小时内被监测到的Twitter的访问人数和浏览量。

以2013年播出的新一季《实习医生格蕾》(*Grey's Anatomy*)为例,据尼尔森公布的研究报告显示,2013年8月总计有9.86万观众在Twitter上发布了该电视剧两小时首播的相关话题,与当晚收看这部电视剧的总观众数930万相比实属微小。但数据同时显示,就是这9.86万观众发布的22.5万条Twitter相关评论,总计被280万个不同Twitter账号查看过,而这些用户随后极有可能通过数字视频录像机或笔记本观看这部电视剧。虽然很难判断到底有多少用户是因为这些Twitter消息而收看电视剧的,但确有研究发现,Twitter消息在部分情况下将有效提升电视剧的收视率,Twitter讨论量与收视率之间有着正相关性,覆盖Twitter用户越多,讨论量越多,其Twitter电视收视率排行也越靠前。《绝命毒师》(*Breaking Bad*)此前成功登顶Twitter电视收视率排行榜,而尼尔森数据显示,同该剧相关的120万条消息总共覆盖了930万个Twitter账户;两期《美国好声音》(*The Voice*)成功闯入前十,这两期分别覆盖了380万和270万个Twitter用户账户。

四、海外内容评估业务的发展特点

海外内容评估的发展路径多样,各具特色。以网友投票为基础,套用计算公式进行内容评估,在互联网时代已经不算新鲜,但其评估结果因其巨大的网友基数和长期的口碑积累,依然是用户心中的权威。有着深刻历史根源的传统受众研究方式在内容评估中仍占据重要地位。大数据不再被神化,多角度的分析变得更加实用,成为深入挖掘内容价值的重要工具。

1. 网友投票+公式计算,公正科学

以不同级别的网友投票为基础,凭借科学的计算公式、对外保密的运算过程等手段,对电影等内容给出一个相对客观的评分,这就是IMDb多年所做的内容评估工作。随着网站用户的积累,一些与影视相关的专业人员也入驻到IMDb,这推动了姐妹网站的建立。在IMDb的评估方式中,虽然并不是所有的网友都能成为最终评估结果的有效投票者,但筛选是在所有网友中进行的,可见网友对电影内容的评估是整个评估过程的基础,这样的评估方式相对更开放、公平。只要你是长期观影并能给出客观评价的电影观众,就有机会成为有效投票者,而这样的评分方式和结果拥有极好的口碑,甚至被奉为权威。

2. 借助仪器设备的受众研究依旧有着举足轻重的地位

借助高敏感度的仪器设备来监测受众的实时反馈结果有着深刻的历史根源,这在传播学的受众研究中早已有之。比如从20世纪后半叶开始,拉扎斯菲尔德·斯坦顿节目分析器、伯纳德·D.柯林的反应记录仪以及霍普金斯电子投票器便相继出现,这些仪器设备从根本原理上讲都是相同的，目的就是在受众观影过程中对其进行实时监测，只是在具体的技术操作上有所不同，而这些设备成为日后受众研究的雏形和基础。从最初的广播节目测试，到后来的电视、电影测试，测量仪器设备的精密性和准确性越来越强，装置的实用价值也越来越高。经过长期不懈的测试积累，传统的受众研究积攒了大量的受众人群，沉淀了海量的受众数据，这成为传统受众研究相较于互联网下受众数据分析的优势所在，同样也是其在现今受众研究领域依旧有着举足轻重地位的原因。

3. 运用多样化数据，深入挖掘内容价值

在互联网时代，大数据被普遍使用。在数据库数据、自平台数据、搜索数据、社交数据、跨平台交互数据等多样化海量数据的基础上，从不同角度进行数据分析，最终或是用于预测，如投资预测、票房预测，或是用于内容评估，如电视收视排行、影视剧生产优化，数据的分析和使用更加贴近实际。互联网的大数据在纵向历史上与传统受众研究相比虽不具优势，但在横向范围上却具有极大的优势。具体来说，数据的容量巨大，只要使用互联网就会产生痕迹，就会有数据产生；同时，根据互联网用户的使用行为轨迹，数据是动态变化且复杂的。在这些数据的基础上，研究者能够分析得出与用户相关的众多信息，用户在大数据面前变得更加透明，用户画像被描绘得更加精准，无限接近真实用户。因此，数据不再只是数字，而是伴随数据分析一同成为深入挖掘内容价值的重要工具。

本章思考题

1. 媒介效果研究概念的发展和定义？
2. 视频内容测评经历过怎样的发展阶段？
3. 大数据从哪些方面影响着媒介效果测评？

第九章 大数据与新媒体的产品设计及商业模式构建

■ **本章要点**

1. 产品设计的概念
2. 商业模式的概念
3. 互联网产品设计

第一节 新媒体的产品设计与商业模式

一、对新媒体产品设计的界定

对于新媒体机构而言,产品是运营的核心,盈利是运营的目的。所以,在新媒体的运营过程中,产品设计与商业模式的构建是非常重要的任务。

(一)关于产品与产品设计的定义

《中国大百科全书》对“产品”的定义是:产品一般指物质生产领域的劳动者所创造的物质资料。广义指具有使用价值、能够满足人们的某种需要和欲望的东西。按产品的完善程度可以分为试制新产品、未定型产品、定型产品和标准化产品等。伴随着社会的发展,产品的品种、规格和款式也会相应地改变。

在市场营销理论中,20 世纪 90 年代以来,菲利普·科特勒等学者倾向于使用五个层次来表述产品整体概念,这五个基本层次是:核心产品,即向顾客提供的产品的基本效用或可能带来的利益;形式产品,指核心产品借以实现的形式(品质、式样、特征、商标及包装）；期望产品，指购买者在购买产品时期望得到的与产品密切相关的一整套属性和条件；延伸产品，指顾客购买形式产品和期望产品时附带获得的各种利益的总和；潜在产品，指现有产品，包括所有附加产品在内的，未来可能发展成为最终产品的潜在状态的产品。①

人们对产品设计的定义也有广义与狭义之分。在过去，产品设计往往被等同于工业设计，是对人类赖以生存与生活的诸如工具、器械与产品等物质性装备所进行的设计。当虚拟产品出现时，这个概念得到了延伸，《财经大辞典·上卷》对"产品设计"是这样界定的：从制订出新产品设计任务书起到设计出产品样品为止的一系列技术工作。百度百科对"产品设计"的定义则更加体现了互联网的特色：产品设计是一个创造性的综合信息处理过程，通过线条、符号、数字、色彩等把产品展示在人们面前。它是将人的某种目的或需要转换为一个具体的物理形式或工具的过程，把一种计划、规划设想、解决问题的方法，通过合适的载体，以美好的形式表达出来。②

（二）新媒体产品及产品设计的定义

在本课程中，我们对新媒体的理解是互联网出现之后，与传统广播、电视、报刊、户外媒体等相对应的媒介载体的概念。所以，当人们讨论新媒体产品及产品设计时，"互联网产品"以及"互联网产品设计"这两个概念会经常出现。既然所有的新媒体都具有互联网的属性，在很大程度上，新媒体的产品及产品设计与互联网产品及产品设计的概念是相通的。

在《互联网产品设计》一书中，作者认为，互联网产品从表面上来看是指在互联网上运行的各种满足大众需求的产品，但是绝对不等同于软件产品。互联网产品具备几个较为突出的特点，包括可访问性、可用性、标准化、兼容性以及友好性等，这些都是在进行产品设计时必须要具备的要素。③

兰迪·J·亨特(Randy·J. Hunt)所著的 *Proudct Design for the Web* 中则这样表述："管理、促销和沟通对业务起到的助推作用远不止一个网站能起到的作用。你所使用的互联网从表面上看起来像一个网站，但是进一步查看，你会发现它的特性、功能、意图和设计是非常不同的。你可能会使用相同的浏览器、电脑、平板电脑或手机去访问网站和互联网产品，但是它们有着非常巨大的差异，这些差异会影响你的设计。"

---

① 吴健安. 市场营销学[M]. 北京：高等教育出版社，2011.

② http://baike.baidu.com/item/%E4%BA%A7%E5%93%81%E8%AE%BE%E8%AE%A1.

③ 李海玲. 互联网产品设计[M]. 北京：高等教育出版社，2012：3.

作者认为，互联网的产品设计是设计一种可以被理解的体验，给用户设置一个适当的期望并予以满足。在这个设计过程中，界面元素必须准确地反映期望的目标。当用户与这些界面元素进行交互时，结果应当满足人的预期。所以，卓越的产品设计包括让用户感觉熟悉，让操作行为适合内容（如在需要某元素时，它正好出现在那里），或两者皆有。①

所以，我们可以将新媒体的产品设计理解为：创造一个有意义且可以理解的体验，让用户在体验产品、服务的过程中产生预期、获得满足，同时与产品、服务的提供者产生必要的互动。在这个过程中，我们需要完成产品的信息架构，平衡用户、技术和业务需求等各项要素的比重，创造界面和交互来塑造用户行为，通过编写代码使产品可用，用必要的语言去解释产品，通过恰当的方式去进行产品的营销推广，通过贯穿始终的调研来了解、验证产品设计与构想。

二、对新媒体商业设计的界定

简而言之，商业模式是企业及机构获得利益的方式与途径。对于任何一家新媒体机构而言，进行产品的设计、运营，最终目的都是获益，所以我们必须对"商业模式"的概念有一个较为清晰的了解。

（一）商业模式的定义

三谷宏治所著的《商业模式全史》对"商业模式"这个概念的发展做了较为明晰的梳理。作者认为，"商业模式"作为商业术语，其发展经历了三个阶段。第一个阶段是从远古时期到1990年前后。这个时期虽然也存在着商业模式的概念以及相关术语，并且这些概念和术语对日后诸多方面的变革都起到了决定性的作用，但当时使用它们的人却寥寥无几。第二个阶段是1991年到2001年。为了解释互联网经济，商业模式的相关概念和术语迅速发展至顶峰。第三个阶段是2002年之后，商业模式回答了"竞争优势的持续性"问题以及"革新方法"的问题。书中写道："归根结底，也就是把采购来的货生产出的价值提供给他人，以换取同等的价值。这些要素的组合就是商业模式。凡是有实力的企业无不拥有自己的商业模式。"②

由哈佛大学教授约翰逊（Mark Johnson）、克里斯坦森（Clayton Christensen）和

---

① RANDY J H. 互联网产品设计[M]. 宁成功，黄雪珂，杨林，杨薇薇，译. 北京：人民邮电出版社，2014：20.

② 三谷宏治. 商业模式全史[M]. 马云雷，杜君林，译，南京：江苏凤凰文艺出版社，2016：28.

SAP公司的CEO孔翰宁(Henning Kagermann)共同撰写的《商业模式创新白皮书》把商业模式的三个要素概括为:“客户价值主张”,指在一个既定价格上,企业向其客户或消费者提供服务、产品时所需要完成的任务;“资源和生产过程”,即支持客户价值主张和盈利模式的具体经营模式;“盈利公式”,即企业为股东实现经济价值的过程。

魏炜、朱武祥两位教授曾提出商业模式的六要素——业务系统、定位、盈利模式、关键资源能力、现金流结构和企业价值。有了交易价值、交易成本和交易风险这三把标尺,商业模式的设计思路变得更加清晰。商业模式六要素的解读实际上是从不同的侧面解释了“利益相关者的交易结构”。

要构建健康的商业模式,首先需要拥有核心产品。甚至在产品设计的过程中就应当考虑上线之后的商业模式。所以,对于任何企业与机构来说,产品设计与商业模式是紧密相连的,新媒体机构也不例外。

(二)新媒体的商业模式构建

综合以上各种定义,我们可以将新媒体的商业模式构建理解为:新媒体机构对自身盈利模式、渠道、手段进行打造的过程。由于商业模式是可以不断创新、变革与调整的,所以新媒体的商业模式构建也是一个持续变化的过程,是一个不断契合其生存、竞争环境,契合市场需求与合作者需求变化的利益获取体系。

通过对大量新媒体机构商业模式的分析和解读,我们可以获知一般而言新媒体机构的盈利点与盈利手段。总的来说,这种盈利方式和盈利点包括以下三种:

第一种是广告的模式。这是所有新旧媒体都最容易获益的一种商业模式。也就是说,媒体机构通过对自身媒体所附着的广告资源进行设计、规划,形成一定的广告产品,再将这些广告产品销售给相应的广告主,从而获取利润。

第二种是用户付费的模式。所谓用户,根据媒体机构的性质与特点的不同,可以分为机构用户和个人用户。为了获取媒体机构所提供的产品及服务,使用者需要向其缴纳一定的费用,这会成为媒体运营者的利润来源。在我们的日常生活中,视频网站的付费会员制度,QQ的红钻、黄钻,游戏中的各种道具与虚拟货币,流媒体音乐播放器的付费下载和播放等都属于个人用户付费的典型案例。

第三种是内容销售的模式。媒体机构在运营过程中必然需要进行相应的内容生产,当这些内容足够优质或者特别时,产业链中的其他环节机构就可能对其产生兴趣,进而产生付费购买的意愿。这也就是前文中我们所讲述的内容交易的发生。通过内容销售,媒体机构可以获得一定的利润。

虽然关于商业模式的定义有很多，但是大家都没有否认商业模式与创新之间的重要关联，甚至学术界有观点认为商业模式的改变就是革新的源泉。按照哈佛商学院的克里斯坦森的观点，苹果公司并不是因为 iPod 才发明了便携式音频播放器，也并非在技术层面做了巨大的创新，它只不过改变了原有的商业模式，就实现了创新。iPhone 也是一样的，智能手机并非苹果公司的首创，但苹果公司通过创意和统一平台，让许多应用在此生根发芽，也牢牢地将其中的部分利润捏在了自己的手里。任天堂是全球统一平台的开创者，它通过游戏软件实现盈利，因此，任天堂宁愿以低于成本的价格大力推广产品硬件。微软采取了不卖硬件、只卖系统的销售战略。为了提升操作系统的魅力，微软选择免费附赠浏览器和音乐播放器，但对办公软件实行收费。通过这一系列举措，微软公司的财富与日俱增。①

接下来我们将探讨的是，大数据如何改变、影响新媒体机构的产品设计，进而影响其商业模式构建。

第二节　大数据对新媒体的产品设计、商业模式构建的影响

一、利用大数据优化原有产品及商业模式

根据此前的诸多论述，我们已经明确了一个基本的观点：当人类可用的数据量越大、数据类型越多样，数据处理的速度越快、精度也越高的时候，我们从数据中可以获得的有价值的信息也就越多。所以，利用大数据来优化原有的产品及商业模式，是新媒体机构在大数据利用方面的一个重要方向。

（一）大数据优化在线翻译工具

在线翻译工具的优化就是一个典型代表。2015 年中，根据《中国语言服务发展报告》的统计数据显示，我国整个翻译行业的产值可达 2,600 亿元人民币，从业人数也达到了 119 万人。同时，在“大数据”“语言资产”及“知识管理”等理念的倡导下，翻译行业也正在进行大规模的信息化改造，为翻译大数据和语言资产积累做好了准备。事实上，这种趋势在全球范围内都相当明显。

---

① 三谷宏治. 商业模式全史[M]. 马云雷，杜君林，译，南京：江苏凤凰文艺出版社，2016：39.

翻译领域在大数据时代的信息化改造，可谓是全方位的，从业务平台、工具到内容都相应一一出现。业务平台方面有国外的 ProZ、Freelancer 和国内的译云、UTH 国际，工具方面有国外的 SDL Trados 和 Memoq，内容方面有国外的 Tausdata、Mymemory 和国内的 Tmxmall。根据国际翻译自动化用户协会(Translation Automation User Society，简称 TAUS)的预测，翻译行业将以云端翻译记忆库为核心，融合整个翻译行业。新的互联网翻译行业正在成型。

新媒体机构推出机器翻译工具的历史由来已久。在大数据出现之前，传统机器翻译遵循以下规则：先设定好一套尽可能完善的语法规则以及两种语言的对应词库，然后根据这套规则对输入的语言进行翻译。而大数据技术的出现则显著提升了机器翻译的质量。

谷歌翻译(Google Translate)项目起源于 2001 年，当时仅提供 9 种语言互译的服务。尽管它采用了当时世界领先的机器翻译，但是翻译质量并不高。2003 年，谷歌发现了一种数据驱动的方法——通过收集大量网络语言资源进行辅助，但是起初运行速度非常慢。2006 年，谷歌翻译改进了"统计机器翻译"。谷歌翻译的核心技术在于"统计机器翻译"，之所以采用"统计机器翻译"，一个重要原因是谷歌的云计算架构。机器翻译需要海量的数据储存空间以及高效的运算能力，而谷歌拥有分布式计算系统和分布式储存系统，恰好满足了这方面的需求。简单来说，使用大数据进行翻译并不是按照语法规则来翻译的，而是将整个句子放到互联网库中进行搜索，统计出整个互联网上所有与这句话的翻译相关的结果，而统计次数最高的译文就可以作为最终答案参考。这样一来，谷歌翻译出来的结果就有了很好的效果，用户的接受程度也最高，翻译的质量有了很大提高。

2012 年 8 月，Facebook 收购了一家语言翻译软件公司 Mobile Technologies，这项收购被 Facebook 产品管理总监描述为"长期的产品路线图的投资"。Mobile Technologies 的产品中有一款叫 Jibbigo 的能执行语音翻译的应用。

以这两者为代表的在线翻译工具的共同点在于，它们都有庞大的实体语言数据库作为后盾。谷歌和微软都有能捕获网络实时数据的搜索引擎，Facebook 有多达十几亿的实时聊天用户，所有这一切都给翻译资料提供了海量数据宝库。

(二)大数据优化在线交友工具

2012 年底，网易旗下全新婚恋交友网站"花田"上线。花田以免费沟通为卖点，主打一、二线城市中高端市场。摒弃了传统婚恋网站的"人工红娘"，花田不提供任何人工服务，从推荐到搜索全由系统自动完成。通过对用户行为数据的积累和研究，网易花田利用大数据重塑了传统的在线交友、婚恋网站的产品特点以及使用方式，成为在线交友、婚恋网站利用大数据进行优化、升级的一次全新尝试和探索。

网易花田对数据的挖掘体现在以下三个方面：

第一，基于用户公开显示的基本资料，为用户贴标签。年龄、身高、职业、收入、择偶要求等这些用户公开的资料，最直接反映用户的个人现状和择偶期望，但让用户自己去发掘的时间成本很高。网易花田通过对这些数据进行挖掘分析，一方面能够为全平台的用户主动推荐匹配度较高的人选；另一方面，由于用户规模足够大，数据分析结果还能够基本反映出大众的择偶要求，比如，年龄为 22 岁的男性用户寻找的异性年龄一般在 18—22 岁之间。

第二，挖掘用户的行为数据，反映用户真实的择偶期望。网易花田超过 30%的每日活跃用户会产生互动行为，例如点击感兴趣的异性的页面，对异性动态发表评论或"点赞"等。用户互动作为一种隐式反馈，相比用户填写的资料更加具体，能够更精准地反映出用户对什么类型的异性更感兴趣。一般情况下，虽然用户的择偶要求较明确，但基于比较宽泛的筛选条件，一些隐含要求比如购房、购车等没有表达出来，而网易花田通过对用户行为数据的分析能够得到更精准的用户兴趣模型。

第三，分析用户 Q&A 数据，促使用户快速沟通。Q&A 是网易花田推出的一个问答题库系统，通过设置价值观、兴趣爱好、生活习惯、爱情观等分类问题，让用户参与答题。目前平台已经有 20%左右的用户拥有 Q&A 数据，答题量超过 400 万。网易花田通过对 Q&A 数据的分析，能够发现两个异性之间在生活习惯、价值观、兴趣爱好等方面的契合度，从而帮助用户快速找到沟通的话题。

二、利用大数据打造全新产品及商业模式

在第一章中，我们曾经提及大数据对于新媒体产品设计、商业模式构建的影响：只要借助适当的挖掘方式，我们可以从数据中获得极有价值的信息，利用这些信息，我们可以打造全新的产品，从而为新媒体机构带来盈利的可能。这也符合我们在第一章中所描绘的"知识模型"：数据—信息—知识—智慧—利润。

(一)各类预测型、指数型产品的打造与运营

在利用数据挖掘、打造全新产品这个方面，各类新媒体的"指数"产品是最为典型

的案例。

谷歌的工程师们很早就发现，某些搜索字词非常有助于了解流感疫情：在流感季节，与流感有关的搜索会明显增多；到了过敏季节，与过敏有关的搜索会显著上升；而到了夏季，与晒伤有关的搜索又会大幅增加。于是，2008 年谷歌推出了“谷歌流感趋势”(GFT)，这个工具根据经过汇总的谷歌搜索数据，近乎实时地对全球当前的流感疫情进行估测，但当时并没有引起太多人的关注。

2009 年在 H1N1 爆发几周前，谷歌公司的工程师们在 *Nature* 上发表了一篇论文，介绍了 GFT，成功预测了 H1N1 在全美范围的传播，甚至具体到特定的地区和州，而且判断非常及时，令公共卫生官员们和计算机科学家们备感震惊。与习惯性滞后的官方数据相比，谷歌成了一个更有效、更及时的指示标，不像疾控中心一样，要在流感爆发一两周之后才发布相关信息。这个工具最初运行表现很好，许多国家的研究人员已经证实，其对流感样疾病(influenza－like illness，ILI)的估计是准确的。谷歌认为，他们可以比权威机构 CDC，即美国卫生及人力服务署疾病防控中心提前一周到十天预测地方性的传染病爆发。

2010 年，南路易斯安那大学发布数据指出，Twitter 在预测方面赶超了 CDC。计算机科学专业副教授阿伦·库洛塔和两位学生助理对 2009 年内 8 个月超过 5 亿条 Twitter 信息进行了分析。这个团队通过少量关键词来跟踪人们发布流感相关信息的频率，从而预测将来流感爆发的频率。团队由此所得的数据与 CDC 发布的全美健康统计数据的契合度达到 95%。库洛塔指出，相较于 CDC，利用 Twitter 进行预测，不仅预测速度快，还具有经济优势：像 Twitter 一样的微社区是网络监测的重要数据来源，因为社交网络中的信息量大、更新频率高并且容易获取。相较于医院和医疗服务机构每周填写信息收集表格，通过社交网络收集数据更加快捷和便宜。疾控中心每周都会发布预测，但这些报告比实际情况延迟了 1—2 周。而通过社交网络收集数据，可以每天发布预测结果。①

不过，这类产品也会因为数据、算法等的改变而发生变化，甚至发生“估算失误”的情况。例如，2013 年 1 月，美国流感发生率达到峰值，谷歌流感趋势的估计比实际数据高两倍，就是这种不精确性再次引起了媒体的关注。事实上，在 2013 年的报道之前，GFT 就多次过高地估计了流感的流行情况。从 2011 年 8 月到 2013 年 9 月的 108

① ALLISON C，KEVIN E，JERRY P. 商业模式重构：大数据、移动化和全球化[M]. 朱莹莹，廖晓红，陈晓佳，译，北京：人民邮电出版社，2014：29.

周中，谷歌开发工具高估流感流行多达100周。2012—2013年度与2011—2012年度相比，它高估流感流行趋势的次数增长超过50%。在2013年冬天流感的高峰季节，谷歌追踪的数据是美国疾病防控中心实际搜集数据的两倍。这些错误不是随机分布的。例如，前一周的错误会影响下一周的预测(时间自相关)，错误的方向和大小随季节而变化，这些模式使GFT额外收集了相当多的信息，而这些信息原本是可以通过传统统计方法提取而避免的。

在国内，百度根据自身的搜索引擎所积累的数据推出了“百度指数”。百度指数能够告诉用户：某个关键词在百度的搜索规模有多大，该规模一段时间内的涨跌态势以及相关的新闻舆论变化；关注这些词的网民是什么样的，分布在哪里，同时还搜索了哪些相关的词，进而帮助用户优化数字营销活动方案。截至2014年，百度指数的主要功能模块有：基于单个词的趋势研究(包含整体趋势、PC趋势和移动趋势)、需求图谱、舆情管家、人群画像；基于行业的整体趋势、地域分布、人群属性、搜索时间特征。

以需求图谱这个细分产品为例：每一个用户在百度的检索行为都是主动意愿的展示，每一次的检索行为都可能成为该消费者消费意愿的表达，百度指数的需求图谱基于语义挖掘技术，向用户呈现关键词中隐藏的关注焦点、消费欲望。如果用户搜索的是一个品牌名，需求图谱工具能显示用户对该网站的形象认知分布，了解该用户在使用百度搜索的过程中经常把哪些词语与该品牌联系起来，从而为产品分析与营销提供更为直观的数据基础。

(二)大数据打造的在线流媒体播放软件Spotify

在竞争激烈的流媒体播放软件市场中，精确预知用户的需求与喜好，进而进行相应的音乐推荐，是提升用户满意度以及产品体验的重要方式。因此，大数据被越来越多地运用在流媒体音乐播放软件中。

Spotify是全球最大的正版流媒体音乐服务平台，2008年10月在瑞典首都斯德哥尔摩正式上线。Spotify提供的服务分为免费和付费两种，免费用户在使用Spotify的服务时将被插播一定的广告；而付费用户则没有广告，且可以拥有更好的音质，在移动设备上也可以使用所有的功能。截至2015年6月，Spotify已经拥有超过7,500万的用户，其中1,500万为付费用户，这离不开Spotify卓越的音乐推荐功能。2014年，Spotify收购了智能音乐平台The Echo Nest。The Echo Nest的工作基础是管理与维护音乐相关数据，进行大规模的音乐数据处理，从而提供精准的音乐推荐。2015年6月，Spotify的Discover Weekly功能借助算法，每周向用户推荐播放列表，里面包含了30首歌曲。在一年的时间内，该播放列表中的歌曲总计被播放17亿次，充分说明了该播放列表洞察用户需求的精准性。

Discover Weekly的主要组成部分来自于所有用户。Spotify首先查看了用户创建的20亿个播放列表，每一个列表都反映了用户的偏好。这些用户对于歌曲的选择和分组构成了Discover Weekly推荐的核心。但Discover Weekly为用户推荐的播放列表更为复杂。Spotify针对每个用户的音乐品位，为每个用户创建了一个profile，按照艺术家和音乐流派进行分类，不仅仅是划分为常见的“摇滚”和“说唱”类型，而是更细粒度的，如“合成器流行乐”和“南方灵魂乐”等类型，这些可以借助The Echo Nest的技术进行分析。The Echo Nest通过机器读取音乐网站，从而了解新的专辑，并对音乐进行进一步分析。根据对用户收听数据的了解，Spotify给用户贴上了各种“标签”，从而更好地为用户推荐音乐。

通过Spotify的算法，可以建立20亿个播放列表的数据与用户个人口味之间的联系。其方法包括：协同过滤，例如在亚马逊中经常见到的功能“客户买了这个东西也会买……”；自然语言处理，The Echo Nest有独特的算法来理解音乐博客与播放列表标题的关系；采用开源软件Kafka来对数据实施实时管理。通过协同过滤模型，Spotify将用户和歌曲投影到一个共享的低维隐空间中，一首歌曲在空间中的位置编码了所有反映用户偏好的信息，如果两首歌曲在空间中非常靠近，它们可能非常相似；如果一首歌曲与一个用户非常接近，那么它对于用户来说可能是个好的推荐（只要他们以前没有听过）。通过分析音频来预测一首歌曲在空间中的位置，就能够选择合适的歌曲推荐给听众，而不仅仅依赖于用户的历史行为数据。

本章思考题

1. 大数据是如何影响新媒体产品设计的？

2. 新媒体商业模式构建的基本模式是什么？

图书在版编目(CIP)数据

大数据与新媒体运营/刘珊著. -- 北京:中国传媒大学出版社,2017.10(2021.12 重印)
(网络与新媒体专业"十二五"规划教材)
ISBN 978-7-5657-1873-1

Ⅰ.①大… Ⅱ.①刘… Ⅲ.①传播媒介—运营管理—高等学校—教材
Ⅳ.①G206.2

中国版本图书馆 CIP 数据核字(2016)第 294210 号

网络与新媒体专业"十二五"规划教材

大数据与新媒体运营

DASHUJU YU XINMEITI YUNYING

著　　者 刘　珊
责任编辑 王雁来
特约编辑 沈梦绮
装帧设计指导 吴学夫　杨　蕾　郭开鹤　吴　颖
设计总监 杨　蕾
装帧设计 刘鑫、方雪悦等平面设计团队
责任印制 李志鹏

出版发行 中国传媒大学出版社
社　　址 北京市朝阳区定福庄东街 1 号　　**邮　　编** 100024
电　　话 86-10-65450528　65450532　　**传　　真** 65779405
网　　址 http://cucp.cuc.edu.cn
经　　销 全国新华书店

印　　刷 唐山玺诚印务有限公司
开　　本 787mm×1092mm　1/16
印　　张 15.5
字　　数 285 千字
版　　次 2017 年 10 月第 1 版
印　　次 2021 年 12 月第 3 次印刷

书　　号 ISBN 978-7-5657-1873-1/G・1873　　**定　　价** 52.00 元

致力专业核心教材建设　提升学科与学校影响力

中国传媒大学出版社陆续推出

我校15个专业“十二五”规划教材约160种

播音与主持艺术专业（10种）
广播电视编导专业（电视编辑方向）（11种）
广播电视编导专业（文艺编导方向）（10种）
广播电视新闻专业（11种）
广播电视工程专业（9种）
广告学专业（12种）
摄影专业（11种）
录音艺术专业（12种）
动画专业（10种）
数字媒体艺术专业（12种）
数字游戏设计专业（10种）
网络与新媒体专业（12种）
网络工程专业（11种）
信息安全专业（10种）
文化产业管理专业（10种）

微博关注我们　　微信关注我们

本书更多相关资源可从中国传媒大学出版社网站下载
网址：http://cucp.cuc.edu.cn
责任编辑：王雁来　　　意见反馈及投稿邮箱：1150593914@qq.com
联系电话：010-65783283